깨어나는 삶, 화엄의 길

깨어나는 삶, 화엄의 길

관응스님의 입법계품 강의

선재동자는
왜 53명의 선지식을 만나고 다니는가?

불교시대사
1% 나눔의 기쁨

출판에 즈음하여

　부처님의 말씀을 집대성한 것이 팔만대장경(八萬大藏經)이라면 대장경 가운데 진수(眞髓)는 단연 『화엄경(華嚴經)』이 아닐 수 없다. 부처님이 처음 깨달았을 때 확 열린 세계를 설하고 있는 『화엄경』은 입으로 설한 것이 아니라 법리 그대로가 드러난 것이다. 『화엄경』의 내용은 삶의 이치(理致)와 우주법계(宇宙法界)의 모든 법이 함축되어 오늘날까지 변화하는 공간에 변하지 않고 흐르는 시간에 흐르지 않으며, 우리 사바의 중생과 더불어 3000여 년의 인류 역사와 함께하는 생명의 진리(眞理)가 아닐 수 없다.

　그러나 부처님 생전에는 경전이 없었으며 부처님 열반 후 오백 상수제자(五百 上首弟子)들께서 부처님 법을 보지 못하고 듣지 못하는 후세인을 걱정하여 결집(結集)하게 된 것이다.

　그 가운데 『화엄경』은 대승정신(大乘精神)의 진면목(眞面

目)이요. 절대 평등 그 자체이며, 더구나 귀천(貴賤)과 상하(上下)가 있을 수 없다. 모든 진리의 총체인 것이다.

그러한 경전이 전하고 전하여 오늘날 우리의 시간과 공간에 맞이하였으나 어려운 한자와 고대 문자의 난해함으로 지금의 한글 문화생활에서는 많은 사람들에게 쉽게 전달되어지기란 불편함이 너무 큰 실정이다.

평소 우리 불자들을 위하여 많은 법을 설하신 관응(觀應) 큰스님께서 노구(老軀)에 자주 법좌(法座)에 오르지 못한 안타까움과 아쉬움에 몇 해 전 법등스님께서 큰 스님께 청법하여 대법회를 열어 대장경 가운데 가장 최상법인 『화엄경』을 설하셨다. 그때 녹음 기록한 자료들을 정리하여 큰스님 전강제자인 시현 스님과 시자인 제가 법등 스님의 협조를 얻어 조촐하나마 큰스님 설법집을 펴내게 되었다.

큰스님의 높으신 법덕에 옥의 티가 아닌지 심히 걱정스럽지만 보다 많은 불자를 포함한 비불자들에게 『화엄경』과 인연을 맺어 세세생생 깨달음을 이루길 간절히 바라는 마음 뿐이다. 부족하고 학문이 얕은 저로서는 큰스님의 깊은 사상을 온전히 표현해 내는데 역부족이 아닌가 싶다. 고르지 못한 문맥이나 내용이 있으면 소납의 불찰임을 양해하시고 큰스님의 허물이 아님을 상고(詳考)하여 주시길 거듭

밝혀두고자 한다.

끝으로 이 책이 나오기까지 도움을 주신 모든 분들과 편집과 교정을 맡아주신 불교시대사 관계자 분들께 심심한 감사를 드린다.

경오 백중절(庚午 百衆節) 사문(沙門) 시현(時玄). 도진(道眞)

을사년 봄 관응문도회 합장

차례

출판에 즈음하여 ………………………………………… 4

I 화엄경의 대의(大義)

1. 화엄경은 무엇인가 ………………………………… 12
2. 깨달음에서 보이는 세간 ………………………… 14

   1) 중생세간 ……………………………………… 14
   2) 기세간 ………………………………………… 18
   3) 지정각세간 …………………………………… 19

II 화엄경의 구성

1. 화엄경의 종류 ……………………………………… 22
2. 화엄경을 설한 때와 장소 ………………………… 24
3. 화엄경 제명의 의미 ……………………………… 25

Ⅲ 화엄경 입법계품 강의

1. 오백보살 마하살 ·· 34
2. 법을 청함 ··· 44
3. 설법을 하기 위한 장엄 ································ 65
4. 대성문들 ·· 94
5. 선재 동자 ··· 135

   1) 문수보살을 만나다 ································ 138
   2) 승락국의 덕운비구 ································ 165
   3) 해문국의 해운비구 ································ 176
   4) 해안마을의 선주비구 ····························· 195
   5) 자재성의 미가선인 ································ 210
   6) 주림마을의 해탈장자 ····························· 222
   7) 마리가라의 해당비구 ····························· 238
   8) 해조의 휴사 우바이 ······························ 256
   9) 나라소의 비목구사 선인 ························ 285
   10) 이사나의 승열 바라문 ························· 306

법성계 의상스님 ·· 315

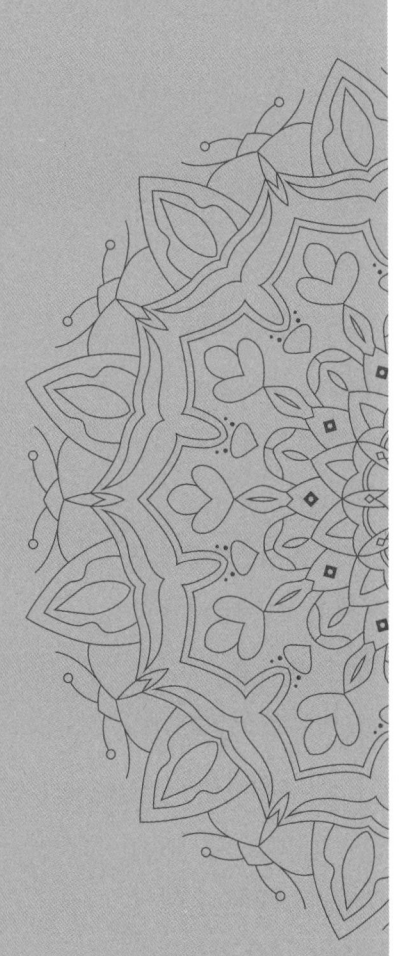

I

화엄경의 대의(大義)

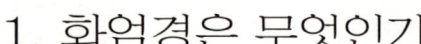

1. 화엄경은 무엇인가

『화엄경』은 대승경전 가운데 대표적인 경전이다. 시공을 초월해 깨달음을 얻으신 부처님의 세계를 설하는 방대한 양의 경전인 것이다. 즉, 여타의 대승경전과는 달리 『화엄경』은 부처님께서 직접 설한 내용이 아니다.

부처님께서는 음력 12월 8일 깨달음을 얻으셨다. 그 이전까지는 부처님께서도 우리 중생과 마찬가지로 미혹(迷)한 세계, 즉 깨닫지 못한 세계에 계셨다. 『화엄경』은 부처님께서 깨달음을 얻으신 후, 그 내용을 직접 설하신 것이 아니라 부처님과 조기의 정도가 같은 상수(上首)보살들이 '내가 부처님의 깨달은 내용을 보니까 이러이러 하더라.'고 묘사한 것이다.

이것은 『화엄경』의 처음에 나오는 「세주묘엄품世主妙嚴品」에 잘 나타난다. 세상에는 임금들이 있기 마련이다. 나라에는 나라 일을 다스리는 인왕(人王)이 있고, 귀신에는 귀왕(鬼王), 나무에는 목왕(木王)이 있다고 했다. 이 모든 세상의 임금을 세상의 주인이라고 해서 세주(世主)

라고 한 것이다. 『화엄경』의 내용은 세상의 주인들이 부처님께서 깨달 으신 모습을 사진을 찍듯이 찍어 놓은 것이다. 「세주묘엄품」에는 이것을 '이 세상의 모든 세주들이 제각기 여래의 힘의 경계에 들어가며, 제각기 여래의 해탈 경계에 들어갔다'고 표현하고 있다.

여기에서 해탈의 경계 즉 깨달음의 내용은 무엇인가? 우리와 같이 미혹한 세계에 있는 중생들은 한 시간 뒤의 일을 알 수 없다. 또 지나간 일도 잊어버리기 마련이다. 그리고 만약 눈을 가린다면 세상의 만물을 볼 수 없을 것이다. 그러나 깨달은 세계에서는 이 모든 것이 한 번에 보인다. 우리 중생은 과거, 미래, 현재가 차례로 나오는데, 깨달은 세계의 부처님은 이것이 도장을 찍은 듯이 한 번에 보인다는 것이다. 그래서 그 열린 세계를 해인삼매(海印三昧) 라고 한다.

해인삼매란 향수해(香水海)라는 바다가 어찌나 맑던지 세상의 모든 사물이 여기에 한 번에 비친다고 하는데, 이 바다에 모든 사물이 도장을 찍은 것과 같이 한 번에 비치는 것을 깨달음의 세계의 경지에 비유한 말이다. 따라서 깨달음을 얻게 되면 누구에게나 해인삼매의 경지에 이르게 되는데 이때 한 번에 보이는 세간을 불교에서는 세 가지로 나누고 있다. 그것은 중생세간(衆生世間), 기세간(器世間), 지정각세간(智正覺世間)이다.

2. 깨달음에서 보이는 세간

1) 중생세간

　중생세간은 우리가 살고 있는 세계를 말한다. 중생세간의 중생은 인간은 물론 모든 생명을 의미한다. 『금강경(金剛經)』에서는 이 생명의 종류를 아홉 가지로 나누고 있다.
　첫째는 유색신(有色身)인데 이것은 육신을 가진 생명이다. 불교에서는 육신을 빛 색(色)자로 나타내고 있다. 인간이나 동물이 이에 해당한다. 둘째는 무색신(無色身)이다. 육신이 없는 생명이다. 영혼이나 귀신이 이에 해당하나 우리의 사고로서는 믿기 어려운 생명이다. 이 생명 역시 무수히 존재하고 있다고 한다.
　셋째는 생각이 있는 생명으로 유상신(有想身)이다. 몸을 바늘로 찌르면 따끔하고, 불에 대면 뜨거운 것을 느끼는 것은 우리에게 바로 이 생각이 있기 때문이다. 이렇게 감각을 느끼는 생명을 '유상신'이라고 한다.

넷째는 무상신(無想身)인데 우리는 생각이 있는 것을 당연하고 자연스럽게 여기기 때문에 생각이 없는 생명을 쉽게 이해하지 못하지만, 우리의 몸에도 그런 곳이 있다. 나무나 풀은 몸에 상처를 내도 모르듯이, 우리 몸의 손톱, 발톱, 머리카락은 잘라내도 아프지가 않다. 이와 같이 감각은 있으되 생각이 없는 생명을 '무상신'이라고 한다. 다섯째로는 생각이 있는 것도 없는 것도 아닌 그런 생명을 가리키는 말로 '비상비비상신(非想非非想身)'이 있다.

이러한 다섯 가지 종류의 생명에 태어나는 과정에 따라 분류한 네 가지 생명이 더 있다. 인간처럼 태(胎)로 태어나는 생명, 또 새나 물고기처럼 알(卵)로 태어나는 생명, 습기(濕) 습생이란 습한 곳에서 태어나는 곰팡이나 버섯 같은 것 등을 말한다. 화생(化生)은 우리가 극히 악한 일을 하던지, 극히 착한 일을 하던지 하면 아홉 달 동안 부모의 태에 있다 태어나지 않고, 전깃불이 켜지듯이 단번에 나타나는 생명을 말한다.

『금강경』에서는 이러한 아홉 가지의 생명을 구류생명(九類生命)이라고 한다. 이러한 아홉 가지의 생명이 이 세상에서 제각기 삶을 살고 있는데 야부송(冶父頌)에 보면 다음과 같이 표현하고 있다.

구류동거일법계 九類同居一法界
자라장리산진주 紫羅帳裏撒眞珠

이것은 아홉 가지 종류의 중생이 모두 다 한 법계(法界)에 살고 있는데, 마치 붉은 장막 가운데 진주를 흩어 놓은 것과 같다는 의미이다.

중생세간에는 이렇게 많은 생명이 살고 있지만 우리가 알 수 있는 생명은 유상신(有想身), 유색신(有色身) 밖에 없다. 그런데 이렇게 육신을 가진 생명만도 이 땅위에는 헤아릴 수 없이 많다. 영국의 생물학자인 웰레스(Wallace 1823~1913)의 통계에 의하면 땅 위에 사는 모든 생명의 가지 수가 육지, 하늘, 바다를 포함하여 60만 가지나 된다고 한다. 인간도 그 60만 가지 중의 하나이다. 그런데 그 숫자는 60억 이상이다. 60만분의 일인 인간의 숫자가 이렇게 많으니 나머지 생명의 숫자는 우리가 셀 수 없을 만큼 많은 것임을 알 수가 있다. 불교에서는 이처럼 어마어마한 숫자의 생명을 한데 묶어서 무리 중(衆)자, 날 생(生)자를 써서 중생이라고 표현하고 있다. 그래서 중생세간이라고 하는 것이다.

그러나 이렇게 많은 중생들이 생명을 가지고 살지만 그 누구도 자기의 생명이 어디서 오는지 어디로 가는지 모르고 있다. 생명이 떠난 육신은 그대로 고깃덩어리에 불과하다. 즉 단순한 물질인 것이다. 물질에 불과한 육신에 생명이 들어오게 되면 눈으로 볼 수도 있고, 귀로 들을 수도 있고, 코로 냄새도 맡을 수 있고, 생각도 할 수 있게 되는 것이다. 이것은 다시 말하면 육신에 생명이 들어와야지만 「삶」이라고 할 수 있다는 말이다.

그런데도 우리들은 생명의 출처에 관해서는 알지 못하고 있으며, 심지어 불교를 좀 안다고 하는 사람들도 잘못 알고 있는 경우가 많다. 이것을 보고 미혹(迷惑)하다고 하는 것이다. 대부분의 사람들은 '생명이 어떻게 되었느냐'고 질문을 하면 '내 몸 속에 있는 것, 즉 나(我)라는 몸

전체가 생명이다'라고 대답한다. 이것을 불교에서는 「즉온아(卽蘊我)」라고 한다. 온(蘊)은 오온(五蘊)을 가리키는데 영원히 존재하는 것이 아닌 인연에 의해 생멸 변화하는 색(色), 수(受), 상(想), 행(行), 식(識)을 말한다. 그러므로 즉온아는 오온과 더불어 '나' 라는 존재가 있다고 집착을 하는 것을 의미한다. 그런데 대부분 보통사람들은 이렇게 생각하고 있다. 이외에도 소승불교(小乘佛敎)의 독자부(犢子部), 경량부(經量部)에서 처럼 오온에 즉한 것도 여읜 것도 아니라는 오온을 떠나서 내가 있다는 학설이 있다.

이러한 학설은 소수의 사람에게만 국한 되어 있고 대부분의 사람들은 내 몸 속에 생명이 있으며 다른 생명도 그와 같다고 믿고 있다. 예를 들어 파리의 수명이 21일이라면 파리는 그 속에 생명이 있어 21일 밖에 생명이 없다고 믿는 것이다. 만약 이러한 생각대로라면 우리의 생명은 공간적으로는 여섯 자도 못되고 시간적으로는 육·칠십년에 불과한 것이 된다. 그러나 우리 생명은 횡변시방(橫徧十方)이요, 수궁삼제(豎窮三際)라는 말과 같이 횡으로는 시방에 가득 찼고, 수로는 과거·현재·미래가 끝이 없는 것이다.

이렇게 생명의 정체를 잘못 알고 사니까 바른 생활이 안 되고 어긋나는 생각이 이어져 그것이 입으로 가면 구업(口業)이 되고, 몸으로 가면 신업(身業)이 되고, 생각으로 가면 의업(意業)이 되는 것이다. 이러한 신·구·의 삼업(三業)이 생명의 본질(本質)하고 맞지 않아 일법계를 통달하지 않아서(不達一法界故) 나오는 것을 합하여 오온이라고 하는데 그것이 우리들이 지금 아무 의심 없이 생각하는 생명인 것이다.

부처님께서 깨닫고 난 후 중생의 세간을 살펴보니 이와 같이 내 몸 속에 따로 내가 하나 있다는 망상(妄想)을 하고 있는 것이었다. 이러한 생각을 하니까 중생의 삶은 전후사방의 좁은 공간을 스스로 만들어 시간과 공간 속에 빠져 헤어 나오지 못하고 있는 것이다. 부처님은 내 속에 '나'라는 생명이 있다고 착각하는 것을 아뢰야식(阿賴耶識)이라고 하였다. 따라서 이러한 생각에 사로잡혀 있는 생명은 중생이며 그러한 중생이 사는 세계를 중생세간(衆生世間)이라고 하는 것이다. 부처님은 이러한 중생에게 말씀하셨던 것이다.

2) 기세간

법성원융무이상(法性圓融無二相)이란 생명의 본질은 원융해서 둘이 아니라는 것이다. 그러므로 여기에서 나(我)라는 분별을 가져 구분을 하고 집착을 하면 탐심(貪心)과 진심(瞋心)이 나올 수밖에 없다. 하지만 수많은 사람이 앉아서 나 라는 집착을 한다고 해도 법성은 원융한 그대로이다. 허공이 탐 난다고 해서 칼로 잘라내어 내 것으로 만들 수 없는 것과 같다.

이와 마찬가지로 법성도 자기 것이라 집착을 한다고 자기 것이 될 수 없다. 불가분(不可分)이라, 가히 나눌 수 없고, 불가단(不可斷)이라, 가히 시간적으로 끊을 수 없는 것이 법성인 것이다. 이것을 자꾸 나누고 끊어서 자기 것으로 하려고 하니 불가능할 수밖에 없고 따라서 법성의 세계와는 점점 멀어지는 것이다.

불교에서는 법성의 세계와 멀어진 중생세간을 다른 말로 18계(界)라고 하는 데 육근(六根 : 눈, 귀, 코, 혀, 몸, 뜻)과 육경(六境 : 모양, 소리, 냄새, 맛, 느낌, 법,)과 육식(六識 : 안식, 이식, 비식, 설식, 신식, 의식)을 말하며 이는 모두 번뇌망상의 근본이며 탐(貪), 진(瞋), 치(痴)의 근원인 것이다. 깨닫지 못한 중생세간에서는 18계가 한 번에 열리고 육근 밖에는 육진(六塵 : 중생의 마음을 더럽히는 여섯 가지)이 있고, 중간에는 육식이 생기는 것이다.

중생세간은 우리와 같이 생명을 갖고 있는 유정세간(有情世間) 외에도 땅이나 책상, 집, 컵 등의 생명이 없는 물건들도 많이 있다. 이것을 무정세간(無情世間) 혹은 그릇 기(器)자를 써서 기세간(器世間)이라고도 한다. 우리들은 이 기세간 속에서 삶을 영위하고 있는 것이다.

3) 지정각세간

중생세간과 기세간 속에 사는 우리들이 생명의 본질을 알지 못하여 어리석은 삶을 사는 것을 미혹(迷)하다고 하는 것은 이미 이야기한 바와 같다. 여기서 말하는 지정각세간(智正覺世間)은 부처님께서 깨달으신 세계를 이야기하는 것이다. 깨달음의 세계에서는 18계의 구분이 무너져 하나로 보인다. 부처님께서 깨닫고 나서 미간(眉間) 백호광(白毫光)을 한 번 놓으니까 동방으로 1만8팔천 토가 비쳤다는 말은 18계가 한 번에 보인다는 의미이다.

『법화경』「방편품方便品」에 보면 부처님께서 성취한 법을 십여시(十

如是)로 설명하고 있다. 즉 여시상(如是相), 여시성(如是性), 여시체(如是體), 여시력(如是力), 여시작(如是作), 여시인(如是因), 여시연(如是緣), 여시과(如是果), 여시보(如是報), 여시본말구경(如是本末究竟) 등, 낱낱 물건의 실상을 처음부터 끝까지 모두 한 번에 안다는 의미이다.

부처님께서 이렇게 깨달은 눈으로 중생세간을 바라보니, 모든 중생들이 과거에서부터 미혹(迷)한 상태에 처해서 앞으로 몇 백겁, 몇 천겁 후에까지 윤회를 하게 되는데 그것은 바로 '나' 라는 집착을 버리지 않기 때문이다. 그 집착을 아집(我執)이라고 하는데 아집으로 인하여 생사(生死)를 두려워하고 자기의 생활이 욕망대로 되지 않는다고 하여 고통과 번뇌에 쌓여 있는 것이다.

부처님께서는 이와 같은 모양, 이와 같은 성질 등 이와 같은 중생의 처음부터 끝까지를 모두 한 번에 도장 찍어 놓은 것 같이 보고 있는 것이다. 이것이 바로 깨달은 세계 즉 지정각세간(智正覺世間)이다.

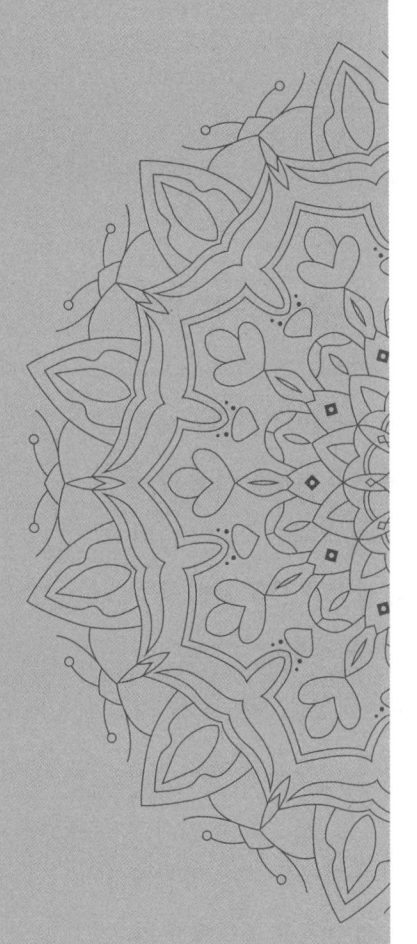
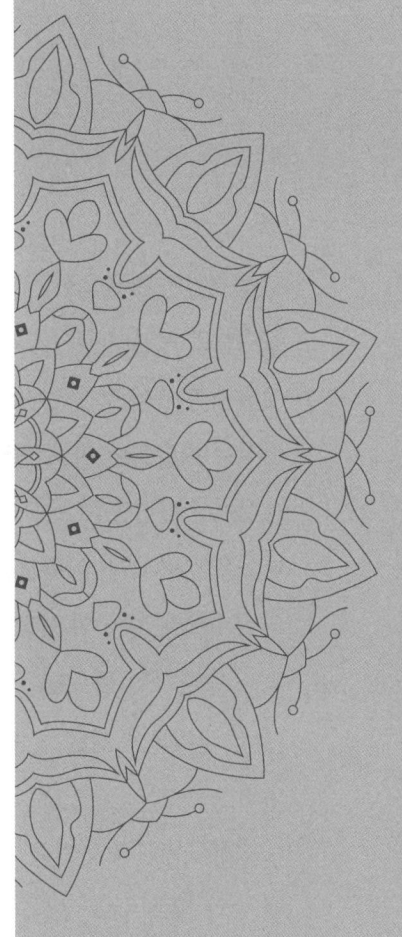

II

화엄경의 구성

1. 화엄경의 종류

 부처님이 깨달으신 세계, 지정각세간에는 우리 중생세간과는 달리 무수한 부처님이 있다. 그 숫자는 마치 삼천대천(三千大千)세계의 땅덩어리를 부수어 만든 먼지와 같이 셀 수가 없다. 왜냐하면 지정각세간에서는 깨달음이 다 부처님이기 때문이다. 모든 부처님은 그에 따른 삼십이상 팔십종호(三十二相 八十種好), 즉 정보(正報)의 몸이 있고, 아미타불은 극락세계, 아촉불은 동방의 아촉세계, 남방의 환희세계, 북방의 무우세계, 중방의 화장세계 등 각각의 의보(依報)가 있다.
 다시 말하면 무수한 부처님과 무수한 세계가 지정각세간이라는 것이다. 그러므로 깨달은 세계를 묘사한 『화엄경』은 지금은 80권이지만 엄청난 분량으로 구성된 경전이다.
 상본(上本) 『화엄경』은 삼천대천세계를 부셔서 가루를 내어 먼지를 낸 수와 같은 수로 구성되어 있다. 이 『화엄경』의 내용은 깨닫지 못한 이들은 아무도 설명할 수 없고 들을 수도 없다. 그래서 이것을 줄여 놓은 『화엄경』을 중본(中本) 화엄경이라고 하는데 49,881,300품이 있다고 한다. 따라서 중본『화엄경』에는 이 세상에 존재하는 모든 유정(有情), 무정(無情)이 다 담겨져 있다. 이 방대한『화엄경』을 줄이고 줄여서 우리 근기에 맞게 구성하여 놓은 것이 오늘 우리가 보는 약본(略本)『화엄경』80권이다.

그러나 이렇게 줄여놓은『화엄경』도 우리가 이해하기에는 대단히 어렵다.『화엄경』에 나오는 글자 수를 옛 사람들은 10조9만5천48자라고 세어 놓았는데 이것이 맞는지는 알 수 없지만 그 방대한 양과 깊은 내용은 우리 중생의 근기로는 알 수 없는 점이 많다는 것은 사실이다. 그것은 우리 중생들이 모든 사물을 자기 기준으로 보고 듣기 때문이다.

인과(因果)의 업(業)은 자기를 기준으로 해서 좋은 업을 받아들일 때는 좋은 과를 맺고, 나쁜 업을 받아들일 때 나쁜 과를 맺는 것이다. 따라서『화엄경』은 자기의 기준을 떠나 실상의 세계를 보는 마음가짐으로 대하여야 조금이나마 올바른 이해를 할 수 있는 것이다.

2. 화엄경을 설한 때와 장소

『화엄경』을 설한 장소로 나눈 것을 칠처구회(七處九會)라고 한다. 즉 일곱 군데의 장소에서 『화엄경』을 설하였고 그중에 한군데에서는 세 번을 설하였기 때문에 칠처구회라고 한다. 이것을 품수로 나눈 것이 39품이다. 여기에서 이야기할 내용은 앞의 38품을 제외한 마지막 39품인 「입법계품入法界品」이다. 왜냐하면 앞의 38품의 내용은 이미 '화엄경의 대의'에서 이야기했기 때문이다.

「입법계품」은 복성(福城)의 동쪽에 있는 장엄당사라숲(莊嚴幢娑羅林)의 선재(善財)동자를 내세워 『화엄경』의 진리를 탐구해 가는 내용이다. 선재동자는 53명의 선지식을 만나는데 이것은 『화엄경』의 진리를 마치 53층의 계단을 밟아 올라가듯 배워가는 것을 말한다. 따라서 「입법계품」의 내용을 우리가 잘 알게 되면 『화엄경』 전체를 이해할 수가 있는 것이다. 그러면 「입법계품」에 들어가기 전에 우선 『화엄경』의 제명(題名)에 대한 의미부터 살펴보기로 한다.

3. 화엄경 제명의 의미

『화엄경』의 본래 이름은 『대방광불화엄경大方廣佛華嚴經』이다. 여기에는 깊은 의미가 있다 우선 대(大)는 크다는 의미이다. 그러면 크다는 것은 무엇이 크다는 것인가를 알아보자.

우리 중생들은 내 몸 속에 내가 하나 들었다고 생각하기 때문에 작게 살 수밖에 없다. 그러나 우리 생명은 그렇게 작은 것이 아니다. 우리들은 생명이 어디서 오는지 어떻게 되는지 조차 모르고 있다. 예를 들면 우리는 눈이 본다고 말을 하지만 사실은 그렇지가 않다. 만약 눈이 본다고 하면 눈만 떼어서 책상 위에 두어도 그것이 혼자 볼 수 있어야 한다. 그러나 실제로는 눈이 혼자 볼 수가 없다. 그것은 귀로 듣는 것도 마찬가지이고 혀로 말하는 것도 마찬가지이다. 그러므로 보고 듣고 말하는 것은 눈이나 귀, 혀가 아니라 다른 어떤 정신적인 기능이 있다고 볼 수 있다. 인간의 육체 뿐만 아니라 모든 생물의 육체에 이 정신적인 기능이 들어오면 보고 듣고 말할 수 있는 것이다.

이것을 불교에서는 법계성(法界性)이라고 한다. 법계성이 나에게 들어오면 내가 살고, 풀에 들어가면 풀이 살고, 나무에 들어가면 나무가 살고, 바위에 들어가면 바위가 무너지지 않고, 물에 들어가면 물이 맑은 기운을 가지게 되는 것이다. 이 세상의 모든 만물은 법계성을 간직하고 육체라는 탈을 하나씩 덮어쓰고 있는 것이다. 그러므로 법계성은 다른 말로 하면 생명줄이라 할 수 있다.『화엄경』에서는 이것을 법성(法性)이라고 한다.

따라서 신라의 고승 의상스님께서『화엄경』의 깊은 의미를 잘 함축시켜 이것의 이름을 법성게(法性偈)라고 하신 것이다. 또『기신론起信論』에 가면 법(法)이라는 글자 하나로 법계성을 표현하였고,『법화경』에서는 경의 제목에도 있듯이『묘법연화경妙法蓮華經』이라고 해서 실상묘법(實相妙法)이라고 하였다.

불교에서는 법(法)이라는 말이 자주 나온다. 모든 불교인들은 불(佛), 법(法), 승(僧)에 귀의한다고 하는 것을 삼귀의라고 하는데 여기에서도 법이 나오고 있다. 또 법을 깨달은 사람을 우리는 부처라 하고 법을 깨닫지 못하고 배우는 사람을 불제자라고 한다. 그러면 여기에서 법은 무슨 의미인가 생각해보자.

「기신론」에서는 '소언법자 위중생심(所言法者 爲衆生心)'이라고 하였다. '법이라는 말은 여러 가지 생명의 중심'이라는 뜻이다. 그러나 여러 가지 생명의 중심이 되는 것은 여러 개가 아니고 하나이다. 그 하나 속에 내가 따로 있다는 것은 관념 뿐이고 실체는 없다는 것이다. 그래서『능엄경愣嚴經』에서는 '법은 단지 그 이름이 있을 뿐 실제의 대상은 없다(但有其名 都無實有)'고 하였다. 그러므로 법, 법성은 허공을 잘라 내 것으로 만들 수 없듯이 법성 역시 내 것으로 만들 수 없는 것이다. 육조스님은 『육조단경』에서 말씀하셨다.

  無上大涅槃 무상의 근본 법성인 대열반은
  圓明常寂照 둥글게 밝아서 항상 고요히 관조하건만
  凡愚謂之死 범부는 어리석어 죽는다 하고
  外道執謂斷 외도는 집착하여 단멸한다 말하네.

지금까지 살펴본 바와 같이 우리의 몸 속에는 내가 하나 따로 들어 있는 것이 아니다. 모든 생명의 중심이 되는 법계성은 횡으로는 시방에 가득차고 시간으로는 시간의 끝까지 가는 아주 큰 것이다. 『대방광불화엄경』의 대(大)는 이렇게 큰 생명의 중심을 말하는 것이다. 다른 말로 이야기하면 크다는 것은 법의 체(體)를 두고 하는 말이다. 체란 것은 예를 들어 컵은 유리로 되어 있고 촛대는 쇠로 되어 있고 초는 파라핀이나 밀납으로 만든 것을 말한다. 그리고 컵이 둥글고 가운데가 파여 있는 모습을 보고 상(相)이라고 하고, 그것이 물을 마시는 데 사용되는 것을 보고 용(用)이라고 한다.

 이러한 체(體), 상(相), 용(用)을 우리의 마음자리에 비교한 것이 법의 체, 상, 용이다. 우리의 마음자리는 비록 눈에는 보이지 않지만 그 체는 한없이 크고 깨끗하다는 것이 대(大)의 뜻이다. 청정법신(淸淨法身) 비로자나불이란 말도 여기에서 나온 것이다.

 『대방광불화엄경』의 방(方)은 이런 의미에서 법의 모양을 말하는 것이다. 그것을 상(相)이라고 한다. 법의 모양은 물론 눈에 보이지 않는다. 그러나 그 안보이는 법의 모양이 눈에 가면 볼 수 있게 되고, 코에 가면 냄새를 맡고, 귀에 가면 듣게 되고, 몸에 가면 손으로 만지고, 발로 걸어가고 해서 모양이 나타나게 된다. 따라서 모 방(方)자를 쓰는 것이다.

이것을 다시 한 번 정리해보면 대(大)자는 심지체(心之體)요, 크다는 것은 마음의 덩어리 체를 말하는 것이고, 방(方)자는 심지상(心之相)이요, 방이라는 것은 마음의 모양을 이야기한 것이며, 그것이 눈, 코, 귀, 혀, 몸에 들어가서 모양이 나타나는 것이 용(用)인 것이다.

다음의 광(廣)은 법의 용(用)의 한계가 넓은 것을 말한다. 따라서 이것 역시 체용(體用)의 모습을 말한 것이다. 불(佛)은 깨달음에 이른 결과를 말하는 것이다. 이것을 심지과(心之果)라고 한다. 그러나 그 결과는 씨를 심어서 정성을 다하는 공덕이 있어야 나타나는 것이다. 여기서 씨를 심는 것을 화(華)에 비유할 수 있다. 그래서 화는 심지인(心之因)이다. 꽃이 피면 열매가 맺듯이 부처의 경지는 마음을 닦아서 스스로 수행을 하면 가을에 실과가 달리듯 깨달음에 이른다는 의미이다. 따라서 심지인은 보리심을 발하는 초발심(初發心)을 의미한다.

엄(嚴)은 마음자리에 장엄을 하는 것이다. 이것은 심지행(心之行)이다. 마음자리에 장엄을 하는 것은 바로 실천을 통해 우리의 마음을 청정하게 가꾸어 나가는 것을 말한다. 그러므로 우선 육바라밀의 보시, 지계, 인욕, 선정, 정진, 지혜로 자신의 마음을 가꾸며 실천하는 것이 심지행, 즉 엄(嚴)의 바른 의미인 것이다. 마지막으로 경(經)은 깨달은 바를 써 놓은 것이며 심지전(心之詮)이라고 한다.

이상에서 설명한 『대방광불화엄경』이라는 제목은 크게 두 부분으로 나눌 수 있다. 앞의 대방광 3자는 깨달아야 하는 객관의 대상인 소증지법계(所證之法界)이고 뒤의 불화엄경 4자는 깨닫는 주체인 능증지심(能證之心)을 말한다. 즉 대방광은 우주의 대진리인 법의 체·상·용을 설명한 말씀이며, 불화엄경은 스스로의 마음을 닦는 수행을 통해 깨달음에 이르는 경지를 나타낸 말씀이다. 따라서 『화엄경』은 경 전체를 읽고 외우는 것도 좋지만 경의 제목인 『대방광불화엄경』 7자만 수지독송해도 대단한 공덕이 있다고 한다. 여기에 대해서는 다음과 같은 이야기가 있다.

옛날에 과천 땅에 어떤 총각이 살았다고 한다. 이 사람은 어려서 부모를 잃고 남의 집에서 머슴살이를 하고 살았는데 7년이 지나자 그동안 자기가 일한 품삯을 받고 자기 신세를 생각해 보았다. 어려서 부모를 잃고, 가난하게 남의 집 머슴살이를 하며, 30세가 다 되도록 장가도 못간 자기 처지를 생각하니 서글퍼졌다. 이 총각은 나도 한번 멋지게 살아보자는 큰 뜻을 품고 7년간 일한 품삯을 받아 가지고 길을 떠나기로 하였다.

이 총각은 길을 떠나기 전에 자신의 운명을 알고 싶어 '시구문(尸口門)(도성(都城)에서 시체를 버리는 문)' 옆의 맹인에게 점을 치러갔다. 총각은 맹인에게 7년간 일해서 받은 품삯을 몽땅 복채로 주고 점을 쳐 달라고 하였다. 그러나 점장이는 아무 말도 하지 않고 대방광불화엄경이라는 일곱 자를 써주는 것이었다.

　총각은 자기가 7년 동안 받은 많은 품삯을 주고 용하다는 점장이에게 자신의 운명을 알려고 했는데 고작 종이에다 일곱 자의 글자만을 써주고 뜻도 가르쳐 주지 않은 채 가져가라고 하니 그만 정신이 나가 미쳐버린 것이다.

　그래서 총각은 대방광불화엄경, 대방광불화엄경하면서 이리저리 길거리를 헤매다 산 속으로 들어가서도 일주일동안 아무것도 먹지도 못하고 뛰어 다녔다. 그러던 어느날 산꼭대기 바위에서 대방광불화엄경, 대방광불화엄경하고 외우다 그만 지쳐서 쓰러졌는데 비몽사몽간에 시커먼 옷을 입은 건장한 남자가 다가오는 것이었다.

　총각이 그에게 '무슨 연유로 나에게 나타났는가?'라고 묻자 그는 대답을 하였다. "나는 전생에 너무 탐심을 내어서 뱀의 몸을 받아 수백 년 동안을 도랑(시냇물)바닥에서 살아왔다. 그런데 이 도랑바닥에 있는 큰 바위, 작은 바위는 모두 금덩이다. 나는 뱀의 몸을 받고서도 이 금덩이가 아까워 여기를 떠나지 못하고 있었는데 그대가 대방광불화엄경을 외는 소리를 듣고 문득 깨달음을 얻어 천상으로 가게 되었다. 그래서 가는 길에 인사라도 하려고 왔다. 당신에게 은혜를 보답하고자 하니 만약 이 세상에 살면서 필요하다면 저 밑의 냇가에서 바위를 건져 요긴하게 쓰라."고 하는 것이었다.

　총각은 일어나 냇가로 가니 그곳에는 황금이 가득 있었다. 총각은 비로소 자기가 7년 동안 받은 품삯으로 대방광불화엄경의 7자를 받은 것이 헛일이 아니라는 것을 알고 그 금을 주어다 팔아 논도 사고, 밭도 사고, 집도 사고, 장가도 가게 되어 잘 살았다고 한다.

    대방광불화엄경의 일곱 자만을 외우는 것에도 이렇게 큰 공덕이 있다고 한다. 이것은 경명 자체가 깨달음의 세계를 나타내기 때문에 이것을 외움으로 인해 이 기운이 몸에 들어가 그대로 법계 즉 깨달음에 이른다는 의미로 볼 수 있다.

III ― 화엄경 입법계품 강의

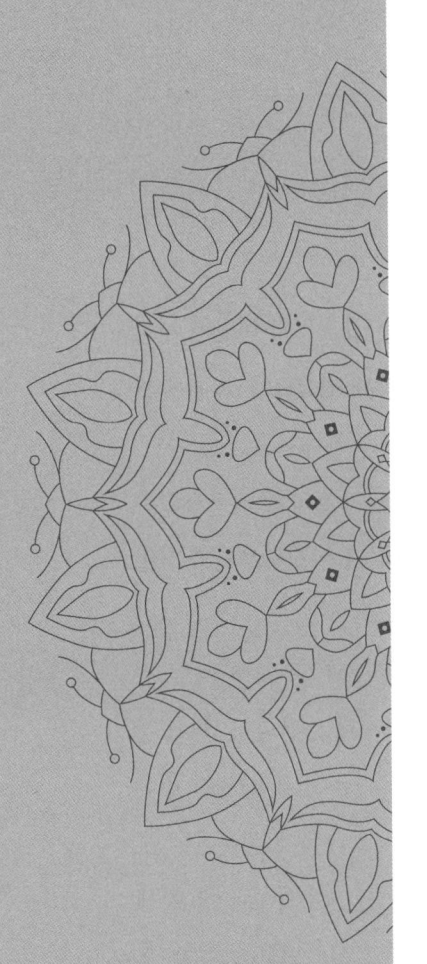
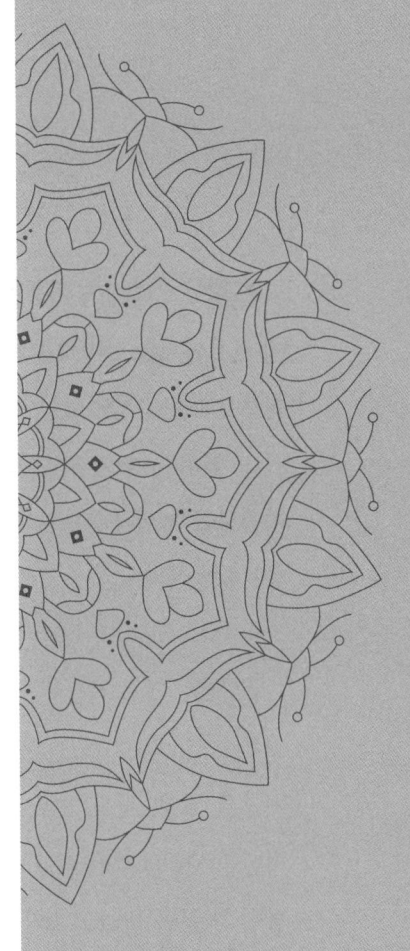

1. 오백보살 마하살

경 그 때에 부처님께서 실라벌국 서다림 급고독원 대장엄 누각에 계시어서 보살마하살 오백 사람과 더불어 함께 계셨으니 그 때에 보현보살과 문수사리보살이 상수가 되었다.

그 이름은 광염당보살과 수미당보살과 보당보살과 무애당보살과 화당보살과 이구당보살과 일당보살과 묘당보살과 이진당보살과 보광당보살들이며~

강의 경의 처음에는 오백인의 보살 이름이 다 나온다. 그리고 장소에도 다 의미가 있는 것이다. 먼저 "그 때에"라는 것은 삼세간 중에 깨달은 세계, 지정각(智正覺)세계를 가리킨다. 그 다음에 원문에는 부처님을 세존(世尊)이라고 하였는데 이는 깨달으신 분이기 때문에 온 세상이 그 분을 받들고 높인다는 의미이다. 그리고 실라벌국(室羅筏國)은 기세간(器世間)을 말하는 것이고, 보살의 이름이 죽 나오는 것은 중생세간(衆生世間)을 의미한다. 이와 같이 경의 첫머리에 이미 삼세간이 다

포함되어 있는 것이다.

다음에 실라벌국은 중인도에 있었던 나라이다. 우리나라도 옛날에는 신라라는 나라이름을 쓴 적이 있다. 이것을 한문으로 쓰면 문명(聞名)이라고 한다. 즉 이름이 많이 들리는 곳, '소문난 나라'라는 의미이다. 이곳에는 해탈한 사람, 신통을 가진 사람, 다문(多聞)한 학자, 재물이 많은 사람, 그리고 아름다운 사람이 많아 천하에 소문이 나 있었다고 한다.

부처님께서는 이렇게 소문이 난 실라벌국 서다림 급고독원에서「입법계품」을 설하신 것이다. 서다림 급고독원은 기수급고독원이라고 하며 기타태자와 급고독장자가 사원을 지어 부처님께 바친 곳이다. 여기에는 다음과 같은 이야기가 전해온다.

급고독장자가 부처님께 절(사원)을 지어 드리려고 땅을 물색하던 중 기타태자의 땅이 좋은 것을 알고 그곳을 사려고 했다. 그러나 태자는 이 땅을 팔 생각이 없어 장자에게 일부러 무리한 요구를 하였다. 그것은 이 땅에 전부 금을 깔면 팔겠다는 것이었다. 장자는 이 말을 듣고 오로지 부처님을 위하는 지극한 마음으로 그 땅에 황금을 깔았다.

이것을 본 태자는 장자의 신심에 감동해 자신도 부처님에게 공양을 하겠다고 하면서 그 땅의 나무를 기증하였다. 장자가 이 땅위에 절을 지어 부처님께 공양하니 이 절을 기수급고독원(祇園精舍)이라고 하였는데 기수 즉 기타태자의 나무와 급고독장자의 사원이라는 뜻이다.

기수급고독원은 부처님께 드리려고 장엄을 거듭하여 찬란하게 지었기 때문에 대장엄중각(大莊嚴重閣)이라고도 한다. 부처님은 이곳에서 500명의 보살과 더불어 설법을 하셨는데 그 중의 우두머리 즉 상수(上

首)보살은 보현(普賢)보살과 문수사리(文殊師利)보살이었다. 왜냐하면 문수보살은 지혜가 있어서 모든 것을 바로 보는 눈이 있었고, 보현보살은 그 본 것을 실천하는 행이 있었기 때문이다. 따라서 문수보살은 지혜의 우두머리이고 보현보살은 실천행의 대표인 것이다.

그 다음에 나오는 500보살 중 처음 나오는 보살들의 이름에는 모두 깃대 당(幢)자가 붙어 있다. 여기에는 다음과 같은 의미가 있다.

보살의 깨달음에 이르는 53층의 단계를 올라가려면 우선 발심(發心)을 해야 한다. 이것은 돈을 벌기 위해서는 장사를 해야겠다는 마음을 내야 하듯이 깨달음을 얻어야 하겠다는 마음을 내는 것이다. 발심을 냈던 것이 오래되면 그것이 안정이 되어 마음을 가라앉혀 머물 수가 있다는 것이 10주(十住)이다. 그 다음에는 열 가지 실천을 하는 행동인 십행(十行)이 나오고, 그 다음에는 십회향(十廻向)이 있고, 십지(十地)가 있어 깨달음에 이르게 되는 것이다. 처음 나오는 보살의 이름에 당자가 있는 것은 십회향(十廻向)에 대한 사설을 한 것이다.

경 지위력보살과 보위력보살과 대위력보살과 금강지위력보살과 이진구위력보살과 정법일위력보살과 공덕산위력보살과 지광영위력보살과 보길상위력보살들이며~

강의 그 다음에는 위력(威力)자가 들어있는 보살이 나온다. 이 보살들은 십행(十行)을 대표하는 보살들이다. 실천을 하기 위해서는 용맹이 있고 위력이 있어야 한다는 것이다.

경 지장보살과 허공장보살과 연화장보살과 보장보살과 일장보살과 정덕장보살과 법인장보살과 광명장보살과 제장보살과 연화덕장보살들이며~

강의 여기에는 감출 장(藏)자가 있는 보살들이 나온다. 이 보살들은 십지(十地)보살을 표시한 것이다. 왜냐하면 땅속에는 금, 은 등 온갖 보물과 돌, 물 등 온갖 만물이 감추어져 있기 때문이다.

경 선안보살과 정안보살과 이구안보살과 무애안보살과 보견안보살과 선관안보살과 청련화안보살과 금강안보살과 보(宝)안보살과 허공안보살과 희안보살과 보(普)안보살들이며~

강의 이번에는 눈 안(眼)자가 있는 보살들이 있다. 눈은 비치는 성질과 보는 성질이 있다. 이것은 다시 이야기하면 해(解)를 의미하는 것이다. 이해한다는 뜻이다. 이 보살들은 십해(十解)를 표시하고 있다. 앞으로도 계속 나올 보살들은 500명 모두가 그 이름에 의미를 가지고 있다. 『화엄경』은 이와 같이 글자 하나하나 이름 하나하나에 한없는 의미를 가지고 있다. 왜냐하면 이 경 자체가 깨달은 경지를 이야기하고 있기 때문이다.

우리 중생은 깨닫지 못한 경지에 있기 때문에 한계가 있다. 남을 위해 좋은 일을 하고, 신문에 난 것을 보고 좋아하는 것도 한계가 있기 때문이다. 왜냐하면 나(我)라는 집착이 있기 때문에 좋은 일을 하여도 나를 위하거나 나의 가족의 이익을 위하여 하기 때문이다. '나' 라는 집착을 빼버리면 우리는 한계가 없는, 즉 부족함이 없는 극락세계를 맛볼 수가 있다. 이것이 바로 깨달음의 세계이다.

『화엄경』은 이 깨달음의 세계를 설한 경전이다. 그래서 예부터 『화엄경』을 집에 소장하면 공덕이 크다고 이야기해 오고 있다.

경 천관보살과 보조법계지혜관보살과 도량관보살과 보조시방관보살과 일체불장관보살과 초출일체세간관보살과 보조관보살과 불가괴관보살과 지일체여래사자좌관보살과 보조법계허공관보살들이며~

강의 여기서 나오는 보살들은 십지(十地)에 해당하는 보살들로 그 중에 우선 갓 관(冠)자를 가진 보살들이 나오는데 이는 십지 가운데 초지(初地)가 사람머리에 쓰는 관에 해당하기 때문이다.

경 법왕계보살과 용왕계보살과 일체화불광명계보살과 도량계보살과 일체원해음보왕계보살과 일체불광명마니계보살과 시현일체허공평등상마니왕장엄계보살과 시현일체여래신변마니왕당망수부계보살과 출일체불전법륜음계보살과 설삼세일체명자음계보살들이며~

강의 여기서는 상투 계(髻)자가 있는 보살이 나온다. 이것은 계(戒)를 받는 것을 의미하는데 계를 받는 것은 만행의 근본이며 부처님의 근본이 되기 때문에 머리에 상투가 있듯이 으뜸간다는 뜻으로 상투계자를 쓴 것이다. 그리고 계를 지킨다는 것은 인욕을 말한다. 인욕은 참는다는 것인데 큰 공덕이 된다. 행하기 어려운 것을 능히 행하고 참는 사람이 계를 지킬 수 있으며 깨달음으로 향할 수 있는 공덕을 지닐 수 있다는 의미를 이 보살들은 가지고 있다

경 대광보살과 이구광보살과 보광보살과 이진광보살과 염광보살과 법광보살과 적정광보살과 일광보살과 자재광보살과 천광보살들이며~

강의 계(戒)를 지키면 몸에서 광명이 나오기 때문에 빛 광(光)자가 있는 보살들이 나오고 있다. 우리가 아침 저녁으로 예불을 할 때 오분향 예불문을 외운다. 여기에는 계향(戒香), 정향(定香), 혜향(慧香), 해탈향(解脫香), 해탈지견향(解脫智見香)이라는 말이 나온다.

먼저 계향(戒香)은 계를 잘 지키면 몸에서 좋은 냄새가 난다는 것이다. 마치 몸에 향을 바르면 향기가 나는 것과 같다. 사람이 나쁜 생각을 하면 악취가 난다. 남을 시기하고 질투하고 업신여기는 사람에게는 나쁜 냄새가 풍겨 다른 사람이 가까이 하기를 꺼려한다. 따라서 계를 잘 지켜 바른 마음을 가지면 좋은 향기가 풍겨 많은 사람에게 호감을 얻는 것이다. 이것이 계향이다. 정향(定香)은 마음을 가라앉히고 고요한 삼매(三昧)에 들면 자연히 행동도 그렇게 된다는 것이다. 혜향(慧香)은 지혜가 맑은 물에 풍경이 그대로 비추듯 나타나는 모습을 말하는 것이며

해탈향(解脫香)은 해탈을 하면 해탈한 만큼 몸에서 좋은 향기가 난다는 것이다.

해탈은 사람이 온갖 분별망상과 번뇌에 얽매여 있는 상태에서 벗어난 것을 말한다. 해탈지견향(解脫智見香)은 자기가 해탈한 줄 아는 것, 즉 자기가 자기를 인정하는 것에서 확인하는 것이다, 이와 같이 계를 잘 지키면 광명이 나오고 향기가 풍겨 나오는 것을 비유하여 빛 광자를 쓰는 보살들이 『화엄경』에 등장하고 있는 것이다.

경 복덕당보살과 지혜당보살과 법당보살과 신통당보살과 광당보살과 마니당보살과 보리당보살과 보광당보살들이며~

강의 지금까지 나온 보살들은 십지 가운데 보시, 지계, 인욕을 잘하는 보살들이다. 인욕 즉 참는 것을 잘하면 지계를 잘 할 수 있고 따라서 몸에서 광명이 나온다. 그러므로 지계와 인욕은 같이 설명할 수 있다. 여기 나오는 보살들은 깃대 당(幢)자가 붙어 있는데 이 보살들은 십지 가운데 정진을 잘하는 보살들이다.

경 법음보살과 해음보살과 대지음보살과 세주음보살과 산상격음보살과 변일체법계음보살과 진일체법해뇌음보살과 항마음보살과 대비방편운뢰음보살과 식일체세간고안위음보살들이며~

강의 소리 음(音)자가 있는 보살들은 난승지의 보살들로 십지 가운데 선정을 잘 닦으면 심성이 맑아지고 소리도 맑아진다는 것을 의미한다.

경 법상보살과 승상보살과 지상보살과 복덕수미상보살과 공덕산호상보살과 명칭상보살과 보광상보살과 대자상보살과 지해상보살과 불종상보살들이며~

강의 반야 즉 지혜를 닦으면 위없는 깨달음을 증득한다는 것은 반야심경에도 나온다. 위 상(上)자가 나오는 보살들은 이 경지를 의미한다.

경 광승보살과 덕승보살과 상승보살과 보명승보살과 법승보살과 월승보살과 허공승보살과 보승보살과 당승보살과 지승보살들이며~

강의 여기에는 수승할 승(勝)자가 나오는 보살이 열 분이 있다. 이것은 방편을 의미한다. 십지 가운데 제 7지를 원행지(遠行地)라고 하는데 자기의 능력을 채워서 다른 사람을 제도하는 것을 말하는데 자기 집안에서 하는 것이 아니라 멀리 타방을 찾아가서 하는 것을 말한다. 이것이 바로 방편이다.

경 사라자재왕보살과 법자재왕보살과 상자재왕보살과 범자재왕보살과 산자재왕보살과 중자재왕보살과 속질자재왕보살과 적정자재왕보살과 부동자재왕보살과 세력자재왕보살과 최승자재왕보살들이며~

강의 자재(自在)가 붙은 보살은 원력(願力)으로 나온 것이다.

경 적정음보살과 무애음보살과 지진음보살과 해진음보살과 운음보살과 법광음보살과 허공음보살과 설일체중생선근음보살과 시일체대원음보살과 도량음보살들이며~

강의 여기에 나오는 보살들은 소리의 힘(音力)에서 나온 보살들이다. 부처님이 되면 부처님 소리의 힘이 있고, 새가 되면 새소리의 힘, 소가 되면 소의 힘이 있듯이 이 보살들은 제각기 소리의 힘을 가지고 있는 것이다.

경 수미광각보살과 허공각보살과 이염각보살과 무애각보살과 선각보살과 보조삼세각보살과 광대각보살과 보명각보살과 법계광명각보살이니 이런 보살마하살 500명과 함께 계시었다.~

강의 십바라밀의 마지막은 지(智)이다. 여기서 여섯 번째 나오는 지는 근본지(根本智)라 하고 열 번째에 나오는 지는 후덕지(後德智)라고 한다. 각(覺)자가 붙은 보살들은 이 경계를 의미한다. 이런 500명의 보살마하살이 함께 모였는데 이 보살들이 어떤 자격을 갖추었는가에 대한 이야기가 나온다.

2. 법을 청함

경 이 모든 보살들은 낱낱이 보현행원을 성취하여 경계에 걸림이 없으니~

강의 이 모든 보살들이 보현행원(普賢行願)을 갖추었다고 하였다. 문수보살은 지혜를 맡은 보살이고 보현보살은 행을 맡은 보살이다. 보현의 보는 넓은 보(普)자요, 현자는 어질 현(賢)자이다. 보현보살은 행을 맡았지만 행을 하기 위해서는 지혜가 있어야 한다. 따라서 보현은 만 가지 지혜를 갖추었다는 뜻이 된다. 보현보살은 만 가지 지혜를 갖추고 모든 중생에게 어질게 행을 베푸는 보살로 이해해야 한다. 누구에게는 잘하고 누구에게는 못하면 평등한 행이 아니므로 보현행일 수가 없다. 이 500명의 보살들은 모두 평등한 보현행과 원력을 가져 보살의 자리에 오른 것이다. 따라서 좋고 나쁜 것에 구애되지 않은, 즉 경계에 걸림이 없는 보살들인 것이다.

경 경계가 걸림이 없어서 널리 일체의 모든 부처님 세계에 두루 갈 수가 있으며 몸을 나투는 것이 한량없어서~

강의 몸을 나투는 것이 한량없다는 것은 이 몸이 사람도 되고, 개도 되고, 소도 되고, 돼지도 되고 마음대로 된다는 것이다.

이것은 다시 말하면 꼭 외형적인 몸의 변화만을 의미하는 것은 아니다. 어린아이가 아픈 것을 고쳐주면 그것은 어머니인 동시에 의사 역할을 한 것이다. 자기 자식을 사랑하듯이 남의 자식을 사랑하면 모든 이의 어머니가 되는 것이다.

이와 같이 모든 이에게 부모, 형제, 이웃과 같은 마음으로 친절히 대하는 것이 몸을 나투는 것이며 이것을 보현행이라고 한다. 몸을 나투는 것을 신통력을 가지고 변화되는 것이라고만 생각하지 말고 때에 따라서 상황에 맞게 모든 중생의 마음을 가지고 그 아픔을 어루만져주는 것이 진정한 보현행임을 알아야 한다.

경 일체 모든 부처님에게 친근하며 깨끗한 눈이 막힘이 없어서 일체 모든 부처님의 신통한 변화를 보며 이르는 곳마다 한계가 없어서 일체 여래의 바른 깨달음을 이루는 장소에 항상 나아가며~

강의 경계가 걸림이 없다거나 눈에 막힘이 없는 경지는 참선이나 염불을 지극하게 하는 사람이 도달할 수 있는 경지이다.

지금부터 400여 년 전에 서산스님이 묘향산에 살았다. 묘향산의 보현사라는 절에 계셨는데 이 절에는 백운이란 무식한 수좌가 하나 있었다. 이 수좌는 글을 몰라 무식하긴 했지만 밀고 나가는 힘, 뚝심은 있었다. 수좌가 어느 날은 참선을 하면 좋다는 이야기를 듣고 어떤 스님에게 참선을 하겠다고 하자 이 스님은 구자무불성(狗者無佛性)이라는 화두를 가르쳐주었다.

이 화두는 조주스님에게 어떤 제자가 '모든 중생에게 불성이 있다고 하는데 저 뜰에 누워있는 개에게도 불성이 있습니까.'하고 물으니 '무(無)'라고 대답한데서 유래한 것이다. 부처님께서는 모든 중생에게 불성이 있다고 했는데 어째서 조주스님은 없다고 하였는가를 생각하도록 하는 것으로 이 화두는 깨달음을 얻고자 참선하는 선방에서 수좌들에게 종종 주는데 백운(白雲)이라고 하는 무식한 수좌도 이 화두를 받은 것이다. 그런데 화두를 준 스님은 백운에게 화두를 생각하라고 한 것이 아니라 염(念)하라고 가르쳐 주었다.

염(念)은 우리가 관세음보살을 부르듯이 입으로 부르는 것이다. 그런데 입으로는 '관세음보살', '관세음보살'하고 염하지만 생각은 다른 곳에 있는 경우가 대부분이다. 또 다른 경우에는 마치 모래가 물에 잠기듯이 생각이 속으로 가라앉아 어둠침침해지고 정신이 없어지는 수도 있다. 따라서 염 화두는 참선의 옳은 방법은 아니다. 화두에 얽매이지 않고 그것을 믿고 뚫어 나가야하는데 그냥 지키고 앉아 있는 것이 염화두이기 때문이다.

그래도 백운수좌는 자기가 배운 대로 무(無)자 화두를 염했다. 처음에는 무자를 염하다가 생각이 다른 곳으로 가버리는 경우가 많았다.

그러면 얼른 다시 정신을 차리고 다시 무~하고 화두를 염하였다. 이렇게 하기를 3년이 지나자 정신이 맑아지기 시작했다. 그래서 화두를 염하면 자꾸 도망가던 생각이 아침에 시작해서 저녁까지 도망을 가지 않는 경지에 이르렀다. 이 경지가 하루에서 이틀, 사흘 자꾸 늘어나자 나중에는 몸뚱이가 없어져 보이는 경지에까지 이르게 되었다. 즉 무~하고 없는 것을 염하다 보니 몸도 없고 세계도 일체의 물건도 없는 경지에 이르게 되었다는 것이다.

백운수좌는 드디어 산하석벽(山河石壁)이 무능장애(無能障碍)한 경지를 얻은 것이다.

백운수좌는 비록 올바른 참선공부는 아니지만 몇 년간 무자 화두를 염하였더니 경계가 걸림이 없어 산과 강, 돌과 벽을 마음대로 지나다니는 경지를 얻은 것이다.

그런데 지금이나 옛날이나 공부를 어지간히 하면 선지식에게 인가를 받기 마련이다. 백운수좌도 인가를 받기 위해 돌아다니다가 문경 대승사에 갔다. 대승사에도 공부하는 스님들이 있어 그들을 만나려고 큰 방에 가보니 대중들이 목침을 베고 낮잠을 자고 있는 것이다. 백운수좌가 불상을 가리키며 이것은 뭐냐고 묻자 대중은 부처님이라고 하고 목침을 가리키며 묻자 목침이라고 대답하였다. 백운수좌는 대승사의 대중들이 이름에 얽매여 경계가 무애하지 못함을 알고 대승사를 떠났다.

다시 얼마를 다니다 연봉(蓮峰)이라는 이름을 가진 유명한 강사가 있다고 하여 찾아 갔더니 '그대의 경계가 어떻게 되는가.'하고 묻는 것이었다. 백운수좌가 '나는 산하석벽을 장애가 없이 마음대로 다닐 수 있다'고 하니 연봉스님은 시험을 한 번 해보자며 무쇠로 만든 김칫독으로 들어가게 한 다음 뚜껑을 닫고 어디 한번 밖에 나와 보라는 것이었다. 이 말을 들은 백운수좌가 자유자재로 무쇠독을 나왔다, 들어갔다 하니 연봉스님은 백운수좌에게 말했다. '네가 무자 화두를 염하여 그런 경계를 얻었다고 그것을 지키고 앉아 있으면 병이 된다. 그러니 이제 무자 화두를 잊어버려라.' 백운수좌는 이 말을 듣고 무자 화두를 잊어버리는 공부를 하였는데 안 잊어지는 것을 일부러 잊어버리려고 하니 그만 그것이 장애가 되어 무애의 경계를 놓치고 말았다고 한다.

공부를 성취한 사람은 올바른 스승을 만나면 한걸음 더 나아가 깨달음을 얻을 수 있지만 그렇지 못하면 성취한 것마저도 잃게 되는 것이다. 이 이야기는 아무것도 모르는 무식한 사람이라도 지극한 마음으로 화두를 염하면 무능장애의 경지에는 이를 수 있다는 것이다. 그러나 이것이 완전한 경지는 아니다.

화두를 받고 일념으로 지극히 의심해 나가다보면 경계가 무애한 지경에 이른다. 그리고 정안(淨眼)이 열리게 된다. 우리 육신의 눈(肉眼)은 물질로 된 것, 육체로 된 것, 장내색(障內色) 밖에 볼 수가 없다.

그러나 무애한 경계에서는 천안(天眼)이 열려 장외색(障外色)을 볼 수 있게 된다. 즉 막힌 것의 밖의 것, 몇 천리, 몇 만리 밖의 것을 볼 수가 있다는 것이다. 그리고 그 다음에는 혜안(慧眼)이라는 것이 있다. 혜안은 이 천지만물이 전부 하나로 보이는 것이다.

우리는 모든 만물을 분별하여 보기 때문에 법성을 보지 못하는데 혜안에서는 이것을 하나로 보아 법성을 바로 본다. 그리고 나면 낱낱이 물건에 대한 인과응보를 아는 법안(法眼)이 열리게 된다. 이것이 부처님 눈(佛眼)의 경계가 되면 해인삼매가 되어 일체 삼세간이 도장 찍은 듯이 한번에 보이는 것이다. 일체 여래의 바른 깨달음에 나아가는 것은 이런 경지에 이르는 것을 말한다.

경 광명이 끝이 없으니 지혜의 빛으로 모든 실상의 법 바다에 두루 비추는 연고다. 법문 말함이 다함이 없으니 청정한 변재가 끝이 없는 겁에 다함이 없는 연고라. 의지한 데가 없으니 중생의 마음을 따라 육신을 나타내는 연고라. 어리석은 눈병을 제멸하였으니 중생계에 중생이 없음을 아는 연고이며 허공과 같은 지혜니 큰 광명 그물로 법계를 비추는 연고이다.~

강의 이것은 일체 여래의 바른 깨달음에 나아가는 경지에 이른 것을 다시 한 번 설명한 것이다. 오백보살의 이러한 경지 이외에도 또 다른 많은 대중이 있는데 이제부터는 그들의 모습에 대해 알아보자.

경 오백의 성문들과 함께 있었으니 다 참 진리를 깨닫고 진실한 실제(實際)를 증득했으며~

강의 오백의 성문들이 참 진리를 깨닫고 실제(實際)를 증득했다고 하지만 참 모양은 보이지 않는 것이다.

우리는 매일 전기를 쓰고 있지만 전기가 어떤 것인지 말하라고 하면 여러 가지 대답이 나올 수가 있다. 우선 눈으로 보면 밝으니까 밝은 것이라고 할 수 있고, 손으로 만지면 찌르르하니까 찌르르한 것이라고 할 수 있다. 코로 냄새를 맡으면 시큼하니까 시큼한 것, 귀로 소리를 들으면 우르르 떠는 소리가 나오니까 우르르 떠는 것이라고 할 수 있다. 이 모든 것이 전기에 대해 말한 것이지만 어느 것도 전기의 참 모양은 아니다. 우리는 전기의 작용을 이용할 뿐이지 그 본 모양을 본 사람은 아무도 없다.

이와 마찬가지로 우리 생명의 본체는 법이라고 이름을 지어 놓았지만 아무도 그것이 어떻게 생겼는지 본 사람은 없다. 단지 그것이 눈으로 가면 보이고 귀로 가면 들을 수 있다는 것을 알 수 있을 뿐이다. 그것이 하나인가 둘인가를 물어도 모르고 날마다 쓰고 같이 자고 같이 일어나며 행동하면서도 무엇인지 모르며, 그래서 쓰긴 쓰되 올바르게 쓰지를 못하고 있는 것이다.

그런데 부처님은 그것을 알았기 때문에 마음대로 쓴다고 한다. 따라서 보고 듣는 것도 마음대로 할 뿐 아니라 대상을 마음대로 크게 했다, 작게 했다, 나타나게 했다, 없어지게 했다할 수 있다. 이것을 대법화신(對法化身)한다고 한다. 우리 중생들도 자신의 마음에 따라 대상을 대법화신 하기는 하지만 그 본체를 모르기 때문에 올바르게 쓰지 못하고 아집(我執)이나 욕망(慾望)에 사로잡힌다. 따라서 이 우주의 법칙인 본체를 알면 부처의 경지에 이를 수가 있는데 이것을 이법(理法)이라 하고 부처님이 이를 깨달아 우리에게 가르치기 위해 설법하신 것을 교법(敎

法)이라고 하는 것이다.

　교법은 깨달으신 바를 그대로, 즉 우주 법칙을 있는 그대로 설한 것이기 때문에 이법(理法)과 다르지 않다. 즉 『화엄경』의 방대한 가르침은 소나무가 바람에 흔들리거나 벌레가 찌르르 우는 것과 다르지 않다는 것이다. 왜냐하면 『화엄경』 자체가 우주 법칙의 진리를 그대로 설한 것이기 때문이다. 그렇기 때문에 석가모니 부처님은 샛별이 눈에 반짝 비치는 것을 보고 견성(見成)하셨고, 또 어떤 이는 복숭아꽃이 빨갛게 피는 것을 보고 견성하기도 한다. 길을 가다가 발로 돌을 찼을 때 아픔을 느끼고 견성한 사람도 있고, 여름에 문에 쳐놓은 발을 걷어 올리는 것을 보고 견성한 이도 있으며, 변소에 가다가 개구리 우는 소리를 듣고 견성한 이도 있는 것이다.

　일체 우주의 모든 만물은 전부가 법의 화현이기 때문에 거기에서 우리는 깨달음을 얻을 수가 있다. 그런데도 우리 중생은 일체 만물을 항상 보고 느끼면서도 실제를 보지 못하고 있다. 그래서 그것을 실상묘법(實相妙法)이라고 하는 것이다. 이 실상묘법을 두고 우리 중생들이 마치 맹인이 코끼리 만지듯 보고 있는 것이다. 눈을 뜬 사람은 코끼리 전체가 보이지만 맹인은 눈이 안 보이기 때문에 코끼리를 한 부분을 만져 보고 그것을 코끼리라고 생각한다는 것이다. 꼬리를 만진 사람은 마당비 같다고 하고, 귀를 만져본 사람은 곡식을 까부는 키와 같다고 하고, 다리를 만진 사람은 코끼리가 기둥과 같다고 한다는 의미이다. 이렇게 이야기하는 것이 부분적으로는 다 맞는 말이지만 전체적으로는 하나도 옳은 것이 아니다.

우리 중생도 이와 같다. 그저 자기 눈 앞의 것만 보고 있는 것이다. 오늘날에는 비행기가 있어 수백 명이 타고 하늘을 날아다니지만 불과 백 년 전에는 이런 이야기를 하면 미쳤다고 하였다. 이것이 중생이 보는 바의 한계이다. 성문이 다 참 진리를 깨닫고 진실한 실제(實際)를 증득했다는 것은 이런 경지를 벗어나 실제, 즉 본체를 보았다는 것이다. 그런데 이 본체가 업에 의해 변화된 것이 바로 중생이고 사바세계인 것이다.

물을 예로 들어 생각해 보자. 물을 학교에서 가르칠 때는 H_2O라고 한다. 수소 두 개와 산소 하나가 합쳐서 된 것이라는 것이다. 그러나 이것은 한 예를 이야기한 것이지 물의 본질은 아니다. 이것을 1℃에서 100℃까지 놓으면 액체가 되며 100℃가 넘으면 기체가 되어 눈에 보이지 않게 된다. 이 기체가 된 물은 하늘로 올라가 구름이 되어 빗방울이 되어 물로 땅에 떨어지는데 이것은 샘물도 되고 개천으로 흘러 강이 되고 바다도 된다. 또 물을 0℃ 이하로 떨어뜨리면 고체가 된다. 얼음이 되는 것이다.

뿐만 아니라 액체의 물도 여기에 옥수수를 넣고 끓이면 옥수수차라고 하고, 오렌지를 넣으면 쥬스가 되고, 또 콩나물을 넣으면 국이 되고, 메주와 소금을 넣으면 간장이 되기도 한다. 이와 같이 본체는 보이지 않지만 그것은 어떤 환경이나 조건을 가함에 따라 여러 가지로 변한다.

우리 중생도 마찬가지이다. 본래 법성은 보이지 않지만 업(業)이라는 환경과 조건을 가함에 따라 착[善]한 사람이 되기도 하고 악(惡)한 사람이 되기도 한다. 그러나 악한 사람이나 착한 사람이나 그 본성은 똑같은 것이다. 따라서 이 본성 즉 법성을 깨달으면 실제를 볼 수 있다. 이 본성은 만물의 본성이든, 인생의 본성이든 변하는 것이 아니다. 물이 기체나 액체 고체로 변하여도 그 본성은 그대로이듯 중생의 본성도 변하지 않는다. 이것을 불교에서는 진여(眞如)라고 한다.

진여는 공간적으로나 시간적으로 그 본질이 변하지 않지만 업에 의해 자꾸 변화된 모습으로 나타나게 된다. 우리가 좋은 법문을 듣고 좋은 생각을 내면 모두가 얼굴이 환하게 핀 꽃처럼 밝은 기운이 나고 웃음이 나지만 듣기 싫은 소리가 나던지 좋지 않은 일을 당하면 짜증이 나고 얼굴에 그늘이 생기기 마련이다.

요즘은 의사가 진찰을 한 이야기를 들어보면 눈을 감으면 뇌파가 시커멓게 되고 눈을 뜨면 그 생각이 없어지기 때문에 환하게 된다는 것이다. 그러나 참선을 한 이는 눈을 감으나 뜨나 뇌파가 환하게 파동을 한다고 한다. 이것은 우리의 생각이 그대로 업력이 되어 현상적으로 나타나는 것을 이야기하는 예이다.

우리가 생각을 하면 파동이 치는데 이것을 염파(念波)라고 하고 입으로 나오는 것을 음파(音波)라고 하며 몸에서 나오는 것을 광파(光波)라고 한다. 우리는 자신이 생각하는 것이 남에게는 상관이 없을 것 같지만 그 파장으로 인해 영향을 미치고 있는 것이다.

가끔 이런 경우를 당해본 경험이 있을 것이다. 예를 들어 전철이나 버스를 타고 갈 때에 어떤 여자가 뒷모습이 아주 아름다웠다. 그래서 뒷모습이 저렇게 예쁘니 얼굴도 예쁘겠지 하고 한번 보았으면 하는 생각이 나게 된다. 그리고 그 생각을 품고 뒷모습을 주의 깊게 쳐다보면 갑자기 그 여자가 휙 돌아보는 것이다. 나의 생각의 염파가 나도 모르게 전해진 경우이다.

또 이런 예도 있다.

내가 아는 선생이 나고야상업고등학교에서 근무하는데 그에게는 아들이 하나 있었다. 하나 밖에 없는 이 아들을 위해 부인은 겨울에 춥지 않게 스웨터를 하나 짜 입히려고 보모에게 실을 사다 주면서 짜라고 하였다. 그런데 이 보모는 겨울이 다 되어 가도록 게으름을 피우고 부지런히 짜지를 않는 것이었다. 부인이 이를 보고 속이 상해 야단을 쳤더니 보모가 마지 못해 짜는데 그 마음이 상당히 나빴다고 한다. 이러한 마음이 스웨터 짜는 손놀림을 통해 스웨터로 들어갔는지 다 짜고 나서 이것을 입히면 꼭 넘어지고 다친다고 하였다. 그리고 벗겨놓으면 괜찮다는 것이다.

일본 사람들이 입는 샌님발이라는 것이 있다. 이것은 한 사람이 군인을 가면 천 사람이 바늘로 한 코씩 떠서 옷을 만드는데 이 사람이 군에 가면 행복하고 총에도 맞지 않도록 해 주십시오.라고 기원을 하며 만든 것을 말하는데 정말 이 옷을 입고 전쟁에 나가면 다치지를 않는다고 한다. 이 샌님발이가 동경박물관에 지금도 전시되어 있다.

이렇게 실례에서 보듯이 우리가 생각을 간절히 하게 되면 그 염파가 상대방에게 미쳐 영향을 주는 것 임을 알 수가 있다. 실제로 우리가 진여, 즉 본성을 바로 깨닫지 못하면 이 염파가 그릇된 생각, 잘못된 생각으로 나오게 된다. '부달일법계고(不達一法界故)로 심불상응(心不相應)이라' 즉 '일법계를 통달하지 못하면 마음과 본성이 서로 상응이 되지 않는다.'고 『대승기신론』에서 말하고 있다. 따라서 이 그릇된 생각이 뜻으로 가서 짓는 업을 의업(意業)이라 하고, 생각으로 가서 짓는 업을 사업(思業), 생각이 입이나 몸으로 나와 행동으로 짓는 업을 사이업(思已業)이라고 한다.

이런 업이 본성 자리에 자꾸 쌓이면 집착을 하게 되어 그 업의 힘으로 생명은 윤회를 하게 된다. 따라서 중생은 삶 자체가 본래 생명의 작용에 대한 그림자인 줄 모르고 그것이 본래 생명인 줄 알기 때문에 생사윤회에서 고통을 받고 있는 것이다. 그런데 오백의 성문들은 이 본성을 깨달았다는 것이다.

경 법의 성품에 깊이 들어가 영원히 생사의 바다에서 나왔으며~

강의 오백의 성문들은 실제를 중히 여기고 깊이 본성에 들어가서 길이 생사의 바다에서 나왔다고 하였다. 생사의 바다인 유해(有海)는 있다고 집착하는 것, 업을 인정하는 마음이다.

이것을 삼계이십오유(三界二十五有)라고 한다. 삼계 즉 욕계, 색계, 무색계에 사는 생명의 가지 수가 스물다섯 가지가 있다는 것이다. 오백 성문들은 법성의 바다에 깊이 들어갔기 때문에 생사의 바다에서 나왔다는 것인데 이것은 올바른 깨달음은 아니다. 본성을 깨달았으면 다시 중생의 세계, 삼계에 도(道)에 들어가서 제도를 해야 한다.

따라서 오백의 성문들은 지혜는 성취하였지만 자비는 성취하지 못한 것이다. 진정한 보살의 길은 스스로 혼자만 삼계를 나오는 것이 아니라 대자대비의 마음으로 중생을 함께 구제하는 곳에 있다는 것을 알아야 한다.

경 부처님의 공덕을 의지하여 결사박(結使縛)을 여의시며 무애처(無礙處)에 주하니 그 마음이 적정하여 오히려 허공과 같으며 의혹을 아주 끊고 부처의 지혜바다에 믿음으로 들어갔다.
한량없는 세간 임금들과 함께 있으니 한량없는 부처님을 공양하였고 항상 일체중생을 이익 되게 하며 청하지 않는 벗이 되어 부지런히 수호하며 서원을 버리지 않고 세간의 훌륭한 지혜의 문에 들어갔으며, 부처님의 가르침을 받아 부처님의 바른 법을 보호하여 큰 서원을 일으키고 부처의 종자를 끊지 않으려고 여래의 가문에 태어나서 온갖 지혜를 구하는 사람들이었다.~

강의 결사박은 우리의 번뇌망상을 이야기 한다. 사(使)는 부린다는 뜻이다. 우리의 눈은 작은 것 같지만 자기 마음에 드는 것을 보게 되면 한없이 큰 욕망을 불러일으킨다. 그래서 눈이 몸을 부려 좋은 것을 자기 것으로 만들게 욕심을 내는 것이다. 따라서 스스로를 욕심에 얽매이게 하는 것인데 오백성문이 부처님의 공덕에 의지하여 이 결사박을 여의었다고 한다.
또 『화엄경』 법회에는 보살 성문들뿐만 아니라 한량없는 세상의 주인들이 더불어 모여 청하지 않은 벗이 되었다고 했다. 그런데 청해서 가는 벗은 소극적이기 때문에 청하지 않아도 가서 함께 참여하고 도와주는 벗이 되어야 한다. 이렇게 훌륭한 사람들이 모여 부처님의 정법을 보호하고 일체중생을 구하는 보살행을 하고 있었다는 것이다.

경 그 때에 모든 보살들과 모든 대덕 성문들과 세간의 모든 왕들과 아울러 그 권속들이 다 마찬가지로 이런 생각을 짓되 부처님의 경계와 부처님의 지혜의 행과 부처님의 가지력(加持力)과~

강의 우리들은 재물이나 쓰는 물건을 남에게 나누어 줄 수가 있다. 그러나 자기가 아는 것이나 재주, 능력, 기술은 남에게 나누어 주지 못한다. 물론 가르쳐 줄 수는 있어도 자기가 쓰는 수단이나 방법 그대로를 나누어 줄 수는 없는 것이다. 그러나 부처님은 이것을 할 수가 있다. 이것을 가지력(加持力)이라고 한다. 우리가 부처님의 가지력으로 재주를 원한다면 부처님이 붙여준다는 것이다. 신비의 재주를 가진 사람 중에 신라 때의 '솔거'라는 사람이 있다. 솔거는 어릴 적에 아주 가난했다. 그래서 글은 배우지 못했지만 천성으로 그림 그리는 것을 좋아했다. 그러나 집이 가난해 종이와 붓을 구하지 못하여 산에 가면 나무를 꺾어 가지로 땅에 그림을 그리고, 밭에 가면 호미로 그림을 그리고, 모래밭에 가면 손가락으로 그림을 그렸다. 솔거는 이렇게 그림을 그리면서 마음속으로 '천지신명이시여 내가 이렇게 공부를 못하고 있으니 나한테 재주를 좀 붙여 주십시오.' 하고 늘 기원을 하였다.

그러던 어느 날 산에 가서 나무를 하다가 잠이 들었는데 꿈에 노인이 나타나 '네가 그렇게 애를 쓰니 내가 붓을 하나 주지' 하면서 붓 끝에 신력을 붙여서 주었다고 한다. 이후부터 솔거는 신력이 붙은 그림을 그렸는데 경주 황룡사에 그린 소나무는 새들이 진짜인 줄 알고 날아들다 벽에 부딪혀 떨어졌다는 이야기가 오늘까지도 전해오고 있다.

또 신사임당이라는 분은 그의 아버지가 '너도 커서 태임(太姙 : 중국 주문왕의 어머니)처럼 최고의 덕을 가진 여자가 되어라' 하고 사임(師任)이라는 이름을 지어 주었다고 한다. 그런데 사임 역시 그림을 잘 그려 봉숭아꽃에 벌레가 기어가는 것[草蟲圖]을 그려 이것을 말리느라고 뜰에다 놓았더니 닭이 와서 진짜 벌레인 줄 알고 콕콕 찍어서 구멍이 뚫어졌다고 한다.

이와 같은 신비한 재주는 부처님이 나누어 주는 것이지 그냥 가져지는 것은 아니다. 솔거나 신사임당에서 보듯이 간절히 원하는 마음이 있어야 한다. 이 간절한 마음, 즉 생각이 통하면 만물이 서로 통해 불가사의한 재주를 가질 수가 있는 것이다. 이것은 다른 말로 하면 결국 만물과 하나가 된다는 것이다. 그러나 마음이 서로 통하지 않으면 만물이 나와 다른 남, 혹은 적이 되어 결코 그것의 본래 모습을 볼 수가 없게 된다.

이것은 우리 일상생활에서도 마찬가지이다. 서로 마음이 통한다는 것은 우주만물과 서로 통해 친구가 된다는 것이다. 그러나 내가 만약 남을 죽이고 해하고자 하는 마음을 가진다면 그것은 결코 통할 수가 없다. 오히려 남을 해치고자 하는 생각을 하게 되면 입으로는 독한 말, 행동으로는 못된 행동이 나오게 되어 악업이 쌓이게 되는 것이다. 가정에서도 모든 가족이 서로 마음이 통하면 웃음꽃이 피지만 그렇지 못하면 부부간에 충돌이 생겨 싸늘한 냉기가 감돌게 된다. 이와 같이 선·악업을 벗어나 본성 자리를 알게 되는 것은 멀리 있는 것이 아니라 바로 자기의 마음을 어떻게 갖느냐에 달린 것이다. 이것은 또 우리 인간의 삶에서 벗어난 곳에 있는 것이 아니라 바로 그 삶 가운데 있는 것이다.

옛날에 약산(藥山)에 유엄(惟儼)선사가 있었다. 그런데 하루는 이고 선생이 찾아왔다. 이고는 한유(韓退之)의 제자인데 불교를 잘 알지도 못하고 비방을 하는 것이었다. 그래서 유엄선사를 애를 먹이려고 찾아왔던 것이다. 그런데 이고가 유엄선사한테 절을 해도 조그마한 노장은 앉아 있기만 하고 인사를 안 받는 것이었다. 그러자 이고는 다음과 같이 말했다. "목견(目見)이 불여이문(不如耳聞)이로다" 이것은 눈으로 안보고 멀리서 들을 때는 굉장한 도인이라고 해서 와서 직접 보니 듣는 것만 못하다는 뜻이다. 이 말을 들은 유엄선사는 껄껄 웃더니 "그대는 어찌 귀는 그렇게 중하게 여기고 눈은 천하게 여기는 고"하고 대답했다.

이 말을 들은 이고는 자신이 잘못 이야기했음을 알고 옷깃을 여미고 다시 절을 하자 노장은 후원에 가서 바위에 앉아 물을 병에다 떠놓았다. 이고는 다시 노장에게 물었다. "어떤 것이 도입니까?" 그러자 노장은 한 손가락으로 하늘에 떠가는 구름을 가리키더니 다시 병에 갖다 놓은 물을 가리키는 것이었다. 그리고 이고에게 "알겠느냐?"고 묻는 것이었다. 이고는 영문을 몰라 다시 알려달라고 하자 유엄선사는 대답하였다. "운재청천수재병(雲在靑天水在甁)" 이것은 구름은 저 푸른 하늘에 있고 물은 병에 있다는 말인데. 이것이 도(道)라고 했다. 만약 물이 공중에 떠다니던지 구름이 땅 속에 들어간다면 이것은 도가 아니라는 것이다.

鍊得身形似鶴形　불법으로 수련하신 모습은 학과 같으신데
千株松下兩極經　천 그루 소나무 아래 두어함의 경전 뿐
我來問道無餘說　찾아와 도를 물으니 다른 말씀 없으시고
雲在靑天水在甁　구름은 하늘에 물은 물병에 있다 하시네

이처럼 진리는 각각의 물건이 있어야 할 곳에 제대로 놓인 것을 말한다(物物各得其所). 그것이 가정의 질서이고 우주의 법칙이며 바로 우리 생활인 것이다. 그러니까 어른은 어른의 행동, 남자는 남자의 위치에 있고, 여자는 여자의 위치에 있고, 군인은 군인의 위치에 제각기 제 위치에 있어야 한다. 그래서 나라의 정치도 그 위치에 맞게 해야 한다.

이것을 바로 하도록 가르치는 것이 교육이고 학교인 것이다. 우리가 제대로 알아야 할 것을 배우지 않고 공중의 새처럼 날아다니는 것을 배운다면 진리를 배울 수도 없고 우리의 바른 생활을 할 수도 없는 것이다. 신발은 발에 신어야지 머리에 얹어서는 안 된다. 이렇게 머리에 얹는 것을 불교에서는 전도몽상(顚倒夢想)이라고 한다.

사실을 사실 그대로 보는 것이어야 하는데 그것을 자기의 탐욕이나 사적인 이익에 의해 그릇되게 보거나 보이게 하는 것은 본성하고 멀어지는 것이다. 부처님은 이 생명의 정체를 깨달아 가지력으로 지혜를 남에게 나누어주기도 한다.

여래(如來)는 진여(眞如)가 속에 파묻혀 있지 않고 밖으로 나온 것(來)이라는 뜻이다.

경 여래의 힘과 여래의 두려움이 없는 것과 여래의 삼매와~

강의 삼매(三昧)는 다른 말로 정수(正受)라고 한다. 예를 들면 다이얼을 돌려 전화를 걸면 여기서 한 말이 바로 상대방에게 가는 것처럼 혹은 물건이나 편지를 우편으로 부치면 중간에 잃어버림이 없이 바로 가는 것을 이야기 한다. 이와 마찬가지로 생명의 정체(正體)를 그 정체 그대로 받는 것이 삼매이다. 『화엄경』의 제목에서 설명하였지만 대(大)는 우리 생명의 체(體)고 방은 모방(方)자를 쓴다고 하였다. 모양이 없는 근본 법성이 눈으로 쓰면 보게 되고, 귀로 쓰면 듣게 되고, 코로 쓰면 냄새를 맡게 되는 것처럼, 즉 어떤 모서리가 되어 나오는 것이 방(方)의 의미이다.

이 모 방자에다 바를 정자 방정(方正)을 쓰면 우리 생명의 정체는 능히 바르다는 뜻이 된다. 이것이 우리 마음에 들어오면 바른 마음이 되고 비틀어진 마음도 마치 나무를 자를 때 먹줄을 튕기면 바로 그어지듯 바르게 되는 것이다. 다시 말하면 우리 마음의 모양은 바른 것이라는 뜻이다. 이 바른 기운을 바로 받아 사용하면 얼굴조차도 반듯해지지만, 바로 받지 못하고 바로 쓰지 않으면 얼굴도 삐딱해지고 모양이 없어진다. 방정하지 못하다는 것이다.

이것은 사람뿐만이 아니라 생물도 이와 마찬가지다. 사과를 재배할 때 이 사과가 태양의 기운이나 온도 등을 바로 받지 못하면 바로 클 수가 없다. 그러므로 사람이나 생물이나 모든 중생은 이 기운을 바로 받는 삼매를 행하여야 한다. 그래서 참선을 할 때에는 그 기운을 바로 받기 위해 우선 앉는 것부터 바로 앉아야 한다. 이것을 정좌(正座)라고 한다. 바로 앉아 바른 생각을 하면 그 기운이 우리에게 물이 고이듯이 바로 고인다는 것이다. 이것을 잘 설명해 놓은 것이 팔정도(八正道)이다. 바로 보고, 바로 생각하고, 바로 행동하고, 바로 노력하고, 바로 참선하는 것이 팔정도인데 이것은 결국 신(身), 구(口), 의(意), 삼업(三業)을 바로 행하는 것을 의미한다. 반듯하게 생각하면 바로 보이고 욕심 없이 바로 행하는 것이 삼매이다.

> **경** 여래의 주(住)하는 바와 여래의 자재와 여래의 몸과 여래의 지혜는 일체 세간의 모든 천상 사람들과 인간 사람들이 능히 통달(通達)할 수 없으며, 능히 나아갈(進) 수도 없으며, 능히 신해(信解)할 수도 없으며, 능히 요지(了知)할 수도 없으며, 능히 참고 받을 수도 없으며 능히 관찰(見)할 수도 없으며 능히 가려낼 수도 없으며 능히 개시(開示)할 수도 없으며 능히 선명(宣明)할 수도 없으며 능히 중생으로 하여금 알게 함이 없나니 오직 모든 부처님이 가피해주는 힘과 부처님의 신통력과

부처님의 위덕력과 부처님의 본원력으로 그것을 내놓고서는 능하지를 못하며, 그 지난 세상의 선근(善根)의 힘과 모든 선지식의 섭수하는 힘과 깊고 깨끗하게 믿는 힘과 크게 밝게 아는 힘과 보리로 나아가는 청정한 마음의 힘과 일체지를 구하는 광대한 서원의 힘을 제외하고서는 능하지 못하며~

강의 이 부분은 보살들과 대덕성문과 세간 임금, 권속들이 부처님의 경지를 따라 수행하지 않고서는 증득할 수 없으므로 그 법을 설해주시기를 간청하는 것으로 다음에 계속 이어진다.

경 오직 원하노니 부처님께서는 우리와 모든 중생들의 갖가지 근기와 욕심과 갖가지 아는 힘과 갖가지 지혜의 힘과 갖가지 말과 갖가지 자유자재함과 갖가지 머무는 땅과 갖가지 근기의 청정함과 갖가지 뜻의 방편과 갖가지 마음의 경계와 갖가지 여래의 공덕과 갖가지 설법하신 법을 들음에 따라서 여래께서 예전에 온갖 지혜를 구하시던 마음과 예전에 일으키신 보살대원과 예전에 조촐히 하신 모든 바라밀다와 예전에 들어간 보살의 모든 지위와 예전에 원만하신 모든 보살들과 예전에 성취한 방편과 예전에 수도한 것과 예전에 얻으신 벗어나는 법과 예전에 지으신 신통한 일과 예전에 행하신 전생의 일과 인연과 등정각을 수순하여 묘법륜을 굴리며 부처님의 국토를 청정하고 중생을 조복하고 일체의 지혜 법성을 열어주며 일체 중생도를 보여주며 일체중생의 머무는데 들어가시며 일체중생의 베푸는 바를 받기도 하며 일체중생을 위하여 보시 공덕을 설하시며 일체중생을 위하여 모든 부처님의 영상을 나투는 이와 같은 등법(等法)을 원하오니 부처님께서는 우리들을 위하여 낱낱이 설명하여 주시옵소서.~

　강의　진리의 법을 우리 중생들은 이해할 수가 없다. 따라서 우리 중생을 제도하기 위해서는 부처님께서 중생의 말로 이를 설해주시기를 간청하는 것이다. 사람을 제도하려면 사람의 말을 해야 하고 짐승을 제도하려면 짐승의 말을 해야 한다. 대중들은 이것을 부처님께 요청한 것이다.

3. 설법을 하기 위한 장엄

경 그 때에 부처님께서 모든 보살들의 생각하는 바를 다 살펴보시고 큰 자비로 몸을 삼으시고, 큰 자비로 문을 삼으시며, 큰 자비로 머리를 삼으시며, 대비법으로 방편을 삼으시니 허공에 충만하시어, 사자빈신삼매(獅子頻伸三昧)에 드시었다. ~

강의 부처님께서는 대중들의 생각을 아시고는 사자와 같은 기운 뻗는 삼매에 들어 좌정하셨다. 어느 경우든지 대중이 모이면 부처님께서는 광명을 놓던지 삼매에 들어가든지 한다. 그러면 대중이 뭔가 궁금증을 느껴 스스로 물어보게 된다.

경 이 삼매에 드시니 일체세간이 모두 깨끗하게 장엄하여지고 그때에 저 대장엄 누각이 홀연히 광박해져서 경계가 있음이 없으되 금강으로 땅이 되고 보왕으로써 그 위를 덮고 한량없는 보배 꽃과 한량없는 마니주가 널리 그 가운데 흩어져 있으니 곳곳에 그런 것이 충만해져 있고 유리로서 기둥이 되었으니 모든 보배가 합하여 이루어졌다. 대광마니로 장엄하고 염부단금과 여의보배가 그 위에 얹어서 장엄하게 꾸몄으며 솟은 누각이 띠같이 둘러 있고 누각으로 가는 길이 사방으로 나 있으며 추녀와 지붕이 마주 닿았고 창문과 문지방이 서로 마주보고 있으며 섬돌과 축대와 마루가 모두 구비되었으니 일체가 다 묘한 보배로서 장엄을 하였다. 그 보배는 다 사람의 모양과 천상의 사람들 모양으로 조각을 하였는데 견고하고 묘한 보배를 써서 장엄을 하였으니 세상 가운데는 첫째로 마니라는 보배 그물로 그 위를 두루 덮었고 모든 문 옆에는 다 당번(幢幡)을 세웠으니 그 당번 속에서는 다 광명이 나와서 널리 법계에 두루하고 도량 밖에는 층층대와 난간이 있는데 그 숫자가 한량없어 가히 말할 수가 없으되 그런 것들이 모두 마니란 보배로 되어 있는 것이다.~

강의 사자빈신 삼매에 들어가시니 일체가 다 깨끗해졌다고 했다. 청소를 안 해도 저절로 깨끗해진 것이다. 그리고 도량이 고요하게 정숙해졌으며 대장엄 누각이 세계에 꽉 차서 넓어졌다고 한다. 우리가 깨닫지 못할 때에는 좁은 마음으로 자기 중심의 이익만 바라보지만 깨닫고 나면 온갖 것을 모두 포용하는 큰 마음을 가지게 된다는 것을 의미한다. 여기에서는 이 대장엄 누각이 마니라는 보배와 온갖 보배로 장식되어 있는 모습을 묘사하고 있다.

경 그 때에 부처님께서 신통력으로 서다림의 숲이 홀연히 광막해지니 불가설불찰미진수(不可說佛刹微塵數)의 모든 국토와 더불어서 그 양이 똑같아지고 모든 보배를 사이사이 섞어서 장엄하였고 가히 말할 수도 없는 보배를 땅에다 두루 펴 놓았으며 아승지 보배로 담이 되고 보배 다라수로 길 옆을 장엄하였고 그 사이에는 한량없는 향하수가 있어 향수가 가득하여 출렁거리고 일체 보배의 연꽃이 그 가운데 흐름을 따라서 오른쪽으로 도는데 그쪽에서 부처님의 설법하는 소리가 새나오고 부사의 한 보배로 된 분타리꽃(白蓮華)은 봉오리가 활짝 핀 것들이 물 위를 두루 덮었고 모든 보배의 꽃나무들이 그 언덕에 줄을 섰으며, 여러 가지 정자들은 헤아릴 수 없이 언덕 위에 차례로 늘어서 있어 마니 그물로 덮여 있다.

아승지 보배가 광명을 놓으며 아승지 보배로 그 땅을 장엄하였고 여러 가지의 묘한 향을 사르니 향기가 진동하며 다시 한량없는 갖가지 보배당을 세웠으니 이른바 보배양당과 보배옷당과, 보배방울당과 마니보배당과 대마니보배당에 광명이 두루 비치는 마니보배당과 모든 여래 근본 일을 말하는 바다마니왕당과 일체 법계의 영상을 나타내는 마니왕당 그런 것들이 시방에 두루하여 줄지어 장엄을 하였다.

그 때 서다림 위의 허공에는 부사의(不思議) 한 하늘 궁전 구름과 수없는 향나무 구름과 수 없는 수미산 구름과 수 없는 악기 구름이 아름답고 미묘한 음을 내서 부처님을 노래로 찬탄하며 수 없는 연꽃 구름과 수 없는 보배 자리 구름이 하늘세계 옷으로써 보살들이 앉은 위에 펴져서 부처님 공덕을 찬탄하며 수 없이 많은 천왕(天王)의 형상을 한 마니

구름과 수 없는 흰 진주구름과 수 없는 붉은 진주로 궁각에 장엄을 갖춘 구름과, 말할 수 없는 금강을 비 내리는 견고한 진주구름이 다 허공에 주하여 두루 퍼져서 장엄을 하였다.

왜냐하면 여래의 착한 뿌리가 부사의 한 까닭이 여래의 밝은 법이 부사의 한 까닭이며 여래의 위력이 부사의 한 까닭이며 여래가 한 몸으로 자재하게 변화하며 모든 세계에 두루 하는 것이 부사의 한 까닭이며 부처님이 신력으로서 일체 부처님 국토의 장엄을 그 몸에 들어오게 함이 부사의 하며~

강의 대장엄 누각뿐만이 아니라 서다림 숲도 여래가 삼매에 들어가니 그 본래의 보배로운 모습이 나타난다. 특이한 것은 가지가지 보배로 장식한 서다림 숲에서는 법사가 이야기를 안 해도 법문을 듣는다는 것이다. 그곳에는 새소리, 물소리, 바람소리 모두가 깨달음 그 자체가 아닌 것이 없기 때문에 모두 설법소리로 들린다는 것이다.

이러한 보배세계를 여래는 모두 거두어서 자기 몸속으로 들여보낸다고 한다. 이것이 부사의 하다는 것이다. 우리들은 몸속으로 들여보내지는 못하지만 눈으로는 일체 산과 들과 밖에 있는 것들을 본다. 부처님께서도 깨달으시기 전에는 우리와 마찬가지로 흙으로 된 땅과 풀로 된 들을 보았는데 깨닫고 나니까 이 땅이 모두 금강석 같은 보배로 장엄된 것을 보고 그것을 몸속으로 들여보내셨다는 것이다.

이것이 왜 이렇게 되어 있는가는 부사의 하다고 하였다. 우리 생각으로는 헤아릴 수 없다는 것이고 우리 입으로는 이야기할 수가 없다는 것이다. 그것은 우리가 무명이라는 탈을 쓰고 있기 때문이다. 우리는 법성 자리를 깨닫지 못했기 때문에 속으로 나라는 집착이 생긴다. 이렇게 자기도 모르게 나라는 집착이 생기면 거기에서 싹이 나오는데 이것이 안으로는 육근(六根)이 생기게 되고 밖으로는 세계, 즉 일체가 벌어지게 되는 것이다.

이것은 마치 꿈꾸는 것과 같다. 사람은 꿈을 꿀 때는 몸을 방바닥에 붙이고 자고 있지만 꿈속에서는 일어나서 다니고 있다. 또 꿈속에도 산이 있고 들이 있다. 사람은 비록 방 안에 누워 자고 있지만 그 꿈속에 또 다른 자기의 몸과 세계가 펼쳐지고 있는 것이다. 그래서 그 꿈속에 펼쳐진 세계가 마치 현실인 듯 온갖 활약을 다 하고 다니지만 깨고 나면 한낱 꿈에 불과함을 깨닫게 된다. 이것을 다른 말로 하면 몽상(夢想)을 하면 그것이 안으로는 몽신(夢身)이 있어 보이고 밖으로는 몽경(夢境)이 있어 보인다는 것이다. 즉 꿈에도 육신이 있고 경계가 있다는 것이다.

이와 마찬가지로 인간의 생각, 즉 식(識)도 안으로는 근(根)이 있고 밖으로는 경계, 즉 진(塵)이 있게 된다. 이 세 가지가 각각 육식(六識), 육근(六根), 육진(六塵)의 여섯 가지로 작용을 함으로 18계가 벌어지는 것이다. 우리 중생은 이 속에서 일평생을 살아가고 있는 것이다. 그러나 그 일평생은 인간이라는 꿈을 꾸고 있는 것에 불과하다. 꿈이 중간에 깨면 그것이 꿈인 줄 알듯이 인간의 삶도 중간에 깨면 꿈인 줄 알 수 있지만 죽을 때까지 깨지 못하기 때문에 꿈인 줄 모르고 사는 것이다.

인간이란 꿈을 깨는 것이 바로 법을 아는 것이다. 그것은 수행을 통해 이루어질 수 있다. 수행을 통해 꿈이 아닌 자성을 깨치면 우리는 흐름을 멈출 수가 있다. 시계를 뜯어보면 톱니바퀴가 서로 맞물려 돌아감으로써 시간이 흘러가듯이 우리들 인생도 안으로는 나라는 주관과 밖으로는 세계, 눈으로는 모양과 밖의 경계가 톱니바퀴 돌듯이 돌고 있어 시간의 흐름에 따라 흘러가고 있다.

이 『화엄경』의 강의를 처음 시작할 때와 지금의 나는 결코 같은 것이 아니다. 촛불이 탈 때 밝은 모습은 같지만 이미 켜 놓은 순간부터 조금씩 타 들어가 시간이 지나면 모두 공중에 흩어지듯 우리 인간도 조금씩 다른 모습으로 변화되고 있는 것이다. 단지 그 속도가 너무 느려 우리가 그것을 깨닫지 못하고 있을 뿐이다. 이렇게 모든 사물은 끊임없이 흐르고 있다.

그래서 지금이라는 말은 성립할 수가 없는 것이다. 엄격한 의미에서 지금은 지나간 과거가 있어야 하는데 내가 지금이라고 말하는 순간도 이미 그 순간에 지나가 버렸으니 그것을 지적할 수가 없으니 말이다. 지금을 지적할 수 없으니 과거도 미래도 지적할 수 없다는 것이다. 즉 시간은 표준을 정할 수가 없는 것이다. 똑같은 한 시간이라고 해도 즐거운 이에게는 10분일 것이요 괴로운 이에게는 하루 이상 일 수 있다.

시간 뿐만이 아니라 공간도 마찬가지이다. 멀다 가깝다하는 것은 표준이 있을 수 없다. 내가 아무리 탁자 위에 놓인 책에 가까이 있어도 내 앞에 사람이 있으면 나는 그에 비해 먼 거리에 있는 것이다. 또 그 책을 내가 남쪽에서 보면 북쪽이 되고 북쪽에서 보면 남쪽이 된다. 이와 같이 내가 보는 입장에 따라 달라 보이는 것이다.

송나라 때 소동파(蘇東坡)라는 사람이 중국의 여산(廬山)에 구경을 갔다. 여산은 우리나라의 금강산처럼 경치가 좋은 산이었다. 그런데 소동파가 여산에 가서 보니 보는 것마다 다르게 보이는 것이다. 비켜서 보니 재(嶺)같이 보이더니 옆에서 보니까 봉(峯)같이 보여, 멀고 가까운 데서 산을 보는 것이 같지 않은 것이었다. 그래서 소동파는 다음과 같은 시를 지었다.

橫看成嶺卽成峯 비켜보면 고갯마루 옆에서 보면 산봉우리
遠近看山了不同 멀고 가까이서 보는 모습 끝내 같지 않더라
不識廬山眞面目 여산의 진면목을 알지 못하는 것은
只爲身在此山中 다만 몸이 여산 속에 빠져있기 때문일세.

'여산의 사람들이 여산의 진면목을 알지 못하는 것은 여산 가운데 빠져 있기 때문이다'라고 하였다.

우리들도 마찬가지이다. 생명 속에 살면서 생명이 안 보인다. 마치 여산 속에 살면서 여산이 안보이듯이 말이다. 이것을 우리는 깨달아야 한다. 우리는 생명 속에 살면서도 그 생명의 본체가 어떻게 되었는가 물으면 대답을 못한다. 이것을 알기 위해 서양의 철학자들은 '이데아(Idea)'라는 용어를 썼다. 이데아는 시간과 공간이 생기기 이전에 순수한 원행이며 칸트(Kant, Immanuel 독일의 철학자 1724~1804)는 그것을 순수이성이라고 하였다. 인간 생명의 작용은 순수이성의 절대명령이라고 하였다. 그 외에도 또 쇼펜하우어(Schopenhauer, Arthur 독일의 철학

자 1788~1860)는 인간이 살려고 하는 것은 '맹목적인 의지'라고 하였다. 우리 옛말에 눈먼 말이 원앙새 따라 간다는 이야기가 있다. 눈먼 말이 아무 것도 모르고 앞에서 방울을 흔드니까 방울소리만 따라 간다는 말인데 즉 자기가 어디로 가는지도 모르고 맹목적으로 따라간다는 것이다. 절대명령이나 맹목적인 의지는 뜻은 있으되 그 생명의 정체는 못 본 것이다. 그래서 쇼펜하우어 같은 사람은 나중에 뚜렷한 목적과 의지가 없는 삶은 귀찮고 싫어졌기 때문에 염세철학자가 된 것이다.

부처님이 깨달으신 지혜는 맹목적인 것이 아니다. 반야지혜가 비쳐서 깨달으면 청정법신이라고 하는데 이 생명의 정체를 알고 나면 무한히 즐겁기만 하다는 것이다. 우리는 이런 경지에 아직 도달하지 못했기 때문에 그것을 알 수가 없다. 그래서 『화엄경』에서는 부사의 하다고 한 것이다.

『화엄경』의 내용은 모두 이 부사의 한 내용을 담은 것으로 우리가 이것을 다 이해하지는 못해도 마음 한구석이 시원해지는 것을 느낄 수가 있다. 생명의 정체를 안다는 것은 안으로 육근, 밖으로 육진, 중간의 육식인 18계를 벗어난다는 것이다. 이것을 해탈이라고 한다.

해탈의 경지에 이르러 이 육신을 백 개로 나투려면 백 개를 할 수가 있고 조그마한 육신이 필요하면 스스로를 작게 할 수가 있다. 마치 굵은 쇠나 가는 쇠나 고철이나 무슨 쇠든지 용광로에 갖다 넣고 끓이면 쇳물이 되어 큰 그릇 작은 그릇 마음대로 만들 수 있듯이 우리의 육신도 그렇게 할 수 있다는 것이다. 지금 우리가 그렇게 할 수 없는 것은 각자의 마음속에 나라는 아집이 있어 그것이 굳어버렸기 때문이다.

따라서 염불을 하든지 참선을 하든지 수행을 통해 나라는 아집 분별망상을 녹여버리면 그 자성이 보인다는 것이다. 『법화경』의 「서품」에 보면 부처님이 미간백호상광을 놓으니 동방으로 만팔천 토가 비쳤다고 되어 있는데 자성을 깨치면 그렇게 된다.

앞에서도 이야기 했듯이 법성자리는 만물의 생명체이고 갈라지지 않는 것인데 그것을 모르고 사람들은 내가 따로 있다고 믿기 때문에 법성자리를 보지 못하고 있다. 따라서 부사의 라고 표현해야지 중생은 오히려 이해할 수 있는 것이다. 이것을 차원의 세계를 가지고 이야기해 보겠다.

중생계에는 구류(九類)중생이 살고 있다고 하였는데 이 생명의 감각 작용에 차등이 많다. 만약 정면만 보고 측면은 보지 못하는 벌레가 있다고 하자. 이 벌레를 직각으로 자른 원둘레에 중심을 향해서 놓으면 이것들은 속면을 보지 못하니까 건너편에 다른 벌레가 있는지도 모르고 기어 갈 것이다. 그러다가 이 벌레들은 중심의 가까이 얇은 종이 하나가 끼일 간격이 없는 곳에 가서야 전에 보지 못했던 다른 벌레가 있음을 알게 될 것이다. 이때 이 벌레들은 전에 없던 것이 어디서 홀연히 생겼다고 생각할 것이다. 측면은 안 보이고 앞만 보이니 말이다. 이런 세계에 사는 생물은 1차원 생물이다.

그다음 측면이 보이는 생물은 평면에 사는 생물이다. 즉 2차원 생물이다. 이들은 앞뒤 좌우는 보이지만 자기가 사는 평면에서 종이 한 장 두께만 상하로 올라가거나 내려가도 그들 눈에는 보이지 않는다. 따라서 위에서 내려오는 생물이 자기 평면에 비치면 그때서야 어디서 홀연히 다른 것이 생겼다고 느끼는 것이다. 상하 즉 공간까지도 느끼는 생물은 3차원에 사는 생물이다. 우리는 바로 3차원에 살고 있다. 그래서 공간적으로는 입체도 알고 평면도 알지만 시간에 대해서는 그 흐름에서 벗어난 것을 알지 못한다.

　우리는 평면과 입체가 보이기 때문에 앞에 이야기한 벌레가 홀연히 생긴 것이 아니고 같은 지점을 향해 가다가 필연적으로 만난 것이라고 이해한다. 그러나 1차원의 벌레는 그것을 결코 필연이라고 생각하지 않을 것이다. 왜냐하면 그것은 측면은 보지 못하고 정면만 보기 때문이다. 이와 마찬가지로 깨달은 사람은 『법화경』에 십여시(十如是)가 나왔듯이 여시상, 여시성, 본말구경의 낱낱을 알기 때문에 우리가 부사의 하다는 것 전체를 알고 있다. 따라서 부사의 하다는 것은 자기의 감각 작용과 자기의 의식정도가 생각할 수 없는 것을 말하지만 전체를 다 아는 사람에게는 당연한 진리에 불과한 것이다. 부사의에 대한 재미있는 일화가 신라 시대에서 부터 전해져 오고 있다.

　신라 사람들은 처음에는 불교를 배척하고 받아들이지 않았다. 오히려 불교를 전하고자하는 사람들을 잡아다 벌을 주고 쫓아내기 위해 상금까지 걸고 승려들을 탄압하였다. 그때 은첨이라는 스님이 있었는데 나라에서 불교를 탄압하니 이곳저곳을 피신해 다니다가 자기 속가의 누이 집으로 갔다. 그러나 누이는 반가워하며 이렇게 다니다가 잡히면 곤욕을 치를 터이니 자기 집에 숨어 있으라고 하면서 다락을 내주는 것이었다. 은첨스님이 고마워하면서 다락에 숨어 있는데 누이가 자기 남편이 들어오자 하는 말이 '스님인 동생이 집에 왔는데 관가에 고발하여 상금을 타자'고 하는 것이었다. 이 말을 엿들은 은첨스님은 괘씸하기도 하고 불교를 모르는 이들에게 불교를 알려주어야겠다는 생각이 들어 문돌 쪽 하나로 개구리를 만들었다. 그리고 자기 몸뚱이를 슬그머니 바람같이 사라지게 하였다.

누이가 이 사실을 모르고 다락에 있는 스님을 고발하려고 열어보니 스님은 온데간데 없고 개구리 같은 것이 한 마리가 기어 나오더니 바늘을 날름 집어 먹는 것이었다. 그리고는 온 집안과 마을을 다니면서 쇠붙이란 쇠붙이는 모조리 먹어 치우는 것이었다. 이 괴물은 쇠붙이를 먹을 때마다 점점 커지더니 드디어는 당시 신라의 서울인 경주에 들어와 닥치는 대로 쇠붙이를 먹어 치워 나중에는 몸집이 코끼리보다도 더 크게 되었다. 나라에서는 이 괴물을 물리치기 위해 군사를 동원해 칼로 베고, 화살을 쏘고 창으로 찔러도 오히려 무기를 먹어 치우고 꼼짝도 하지 않으니 이 괴물을 죽일래야 죽일 수가 없는 이상한 괴물이라고 하여 불가사리(不可殺)라고 이름 지었다.

불가사리는 점점 커져 나라의 큰 근심거리가 되었다. 솥이나 그릇을 전부 먹어 치우니 밥을 지을 수가 없고 농기구도 모두 먹어 농사도 지을 수가 없었으며 무기를 먹어 치우니 국방이 위태로울 지경이었다. 나라에서는 회의를 하여 불가사리를 없애는 사람에게는 상을 주겠다고 하였다. 이 때 어떤 사람이 쇠는 불에 달구면 녹아 버리니 불가사리를 불에 달구어 보자고 하여 온 장안의 숯을 모아 구덩이를 파고 불을 지펴 놓고 불가사리를 그리로 유인하였다. 그러자 그 불구덩이에서 새

빨갛게 달구어진 불가사리는 다시 마을로 기어가 그만 불가사리가 닿는 집마다 불이 나게 되었다. 불가사리를 없애려다 온 장안이 불바다가 된 것이다. 그래서 할 수 없이 임금은 불가사리를 없애는 사람에게는 무슨 소원이든 다 들어주겠다고 공포하였다.

이때 숨어있던 은첨스님이 나타나 임금에게 신라의 백성에게 불교를 믿도록 허락해 주면 불가사리를 없애도록 하겠다고 하니 임금은 이를 허락하였다. 그러자 은첨스님이 불가사리 옆에 가서 주문을 외니 불가사리는 흔적도 없이 사라지고 쇠붙이들은 다 원래대로 돌아왔다는 것이다.

삼국유사에서는 '이차돈'의 순교로 신라가 불교를 믿게 되었다고 하지만 전설에서는 이 불가사리로 인해 신라가 불교를 믿게 되었다고 한다. 이 이야기는 바로 우리 인간의 보는 바 법칙으로는 이해할 수 없는 불가사의한 일이 깨달은 사람에게 일어날 수 있다는 것이다. 우리가 비록 깨닫는다고 하더라도 그것이 인간의 상식이나 탐욕대로 깨닫는다면 그만큼 밖에 알 수가 없다. 그러나 그릇된 생각, 즉 착각을 버리고 법의 본성대로 깨닫게 되면 부사의 한 힘이 나에게 온다는 것이다. 부처님은 이 모든 우주법칙을 남김없이 깨달았기 때문에 일체를 자신의 마음대로 움직일 수가 있었다. 그러나 이것이 인간의 눈으로 보면 부사의 한 것이다. 왜냐하면 인간은 깨닫지 못했기 때문이다.

예를 들면 우리는 우리 주변의 흔한 일도 생명 작용에 대해서 알 수 없다. 아무리 공장에 기계가 많아도 그것은 전기가 통해야지 움직이는 것이다. 그러므로 기계에서만 그런 능력이 나오는 것이 아니다. 여기서 기계를 움직이게 하는 원동력, 즉 생명체는 전기인 것이다. 그렇다면 우리 인간을 보게 하고, 생각하게 하며, 움직이게 하는 생명체는 과연 무엇인가 하는 것을 깨쳐야 한다. 만약 이것을 깨친다면 그 생명 본체의 기운이 전부 나한테로 와 작용을 하여 우주 전체의 모든 기운을 손 끝으로 진단할 수 있는 것이다. 앞에서도 이야기했지만 참선을 통해 생명 본체의 기운을 내가 받는 것을 정수(正受)라고 하는데 그것이 삼매(三昧)인 것이다. 이 생명 본체의 기운을 전폭적으로 받아서 쓰는 사람이 부처님이다. 부처님 외에도 이런 능력을 가졌던 사람이 우리 불교에는 많이 있다.

예천에 가면 용문사(龍門寺)라는 절이 있다. 이 절에 약 100여 년 전에 아주 유명한 강사스님이 있었다. 이 스님은 불교란 글을 알아야 하고 부처님 말씀을 배워야 한다고 생각하는 사람이었다. 그런데 소문을 들으니까 해인사 국일암에 글을 모르는 무식한 스님이 있는데 글을 가르치지 않고 참선만 가르친다는 것이었다. 강사는 그 말을 듣고 이래서는 안 되겠다 싶어 자기가 가서 그 무식한 노장을 시험해 보려고 걸망에 책을 한 짐을 짊어지고 해인사로 갔다. 해인사에 도착하여 노장에게 가 보니 그 무식한 스님은 앉아서 짚신을 삼고 있었다. 그래서 옆으로 다가가 정중하게 인사를 하고 이야기를 했다. '스님의 덕이 높다는 소문을 듣고 이렇게 찾아뵙고자 왔습니다.'라며 노장을 공격하려고 걸망에서 『법화경』을 꺼내 놓고 '이것을 좀 가르쳐 주십시오.'하였다.

노장은 알았다고 하면서 『법화경』 첫 장을 펼쳐놓고 가르쳐 주겠다고 하였다. 『법화경』 첫 장에 중국의 도선율사가 쓴 홍전서(弘傳序)가 나오는데 거기에 첫머리가 묘법연화경자(妙法蓮華經者) 통제불강령지본치(統諸佛降靈之本致)라고 되어 있다. 이것은 모든 부처님이 이 세상에 내려오신 목적이 있다는 뜻이다. 노장은 강사에게 이 대목을 한글로 가르쳐 주면서 가져가 읽으라는 것이었다. 강사는 자기는 이것 가지고는 부족하니까 조금 더 가르쳐 달라고 하자 노장은 부처님이 이 세상에 오신 본심만 알면 그만이지 그 밖에 더 알게 무엇이 있느냐고 일축하였다. 이때 강사는 망상이 나서 대구에 자기가 아는 신도가 있었는데 그 신도 생각을 하고 있었다. 그러자 노장은 방망이로 강사의 머리를 때리면서 '왜 대구는 왔다갔다 하는가'라고 하였다. 이에 놀란 강사는 노장의 도가 진정 높음을 알고 머리를 숙였다는 것이다. 이처럼 비록 글자는 몰라도 생명의 본체를 안 사람은 남의 마음까지 꿰뚫어 볼 수 있는 것이다.

본성을 깨달아 이런 능력을 갖추어야 중생의 번뇌망상을 씻어주고 중생을 제도 할 수 있는 것이다. 따라서 부처님은 부사의 한 능력을 갖추고 일체중생의 그릇된 생각을 씻어주고 제도하여 깨달음에 이르게 하는 분이다.

경 여래가 능히 한 티끌 속에서 널리 일체 법계 영상을 나타냄이 부사의 하며~

강의 여래는 먼지 속에 시방세계에 있는 것을 다 집어넣을 수도 있지만 그 속에 다 그림자를 반영시켜 우리 눈에 전부 보이듯 보여준다는 의미이다. 우리 육신의 일부분인 눈도 온 우주법계의 본체를 다 볼 수는 없지만 남산 팔각정에서 보면 서울의 모습은 다 볼 수 있다. 눈을 뜨고 있으면 그 모습이 보기 싫어도 눈에는 가림 없이 다 비친다. 이것은 우리의 육신이 앞서 이야기 한 정수(正受)는 아니지만 부분적으로는 생명의 본체 가운데 부사의 한 힘이 들어가 있다는 것이다. 이러한 예는 눈 이외에도 있다.

우리가 장티프스를 앓으면 몸에 열이 난다. 몸에 고열이 남으로 해서 몸속에 균을 몰아내는 것이다. 이것은 바로 생명의 힘이다. 이 힘은 사람에게도 있고 다른 생명에게도 있다. 그렇기 때문에 나무도 나무줄기에 구멍을 뚫으면 진이 나온다. 이것은 생명의 신비한 힘이 구멍을 통해 균이나 나쁜 물질이 들어오는 것을 막고자 진을 내놓는다.

또한 사람도 몸이 가시에 찔리면 피가 나와 그것이 응고되어 균의 침입을 막는다. 그런데 잘못해서 장티프스 균이 몸 안에 들어가면 그것을 죽이기 위해 몸의 피가 싸우기 때문에 40°이상의 고열이 나오는 것이다. 이렇게 스스로 생명을 보호하는 힘이 우리에게는 있는 것이다.

그런데 우리는 생명의 본체를 모르는 것은 둘째 치고 스스로 생명을 보호하는 부사의 한 힘이 있다는 것도 모르고 있다. 그래서 우리는 미혹(迷)한 생활을 하고 있는데 그렇지 않다고 생각하는 미혹한 상태인 것이다. 우리가 모르는 사이에 우리 육신은 이런 부사의 한 힘이 있지만 여래는 능히 한 티끌 속에서 널리 일체 법계 영상을 나타내는 부사의 한 힘이 있다는 것이다.

경 여래가 한 털구멍 속에다 과거의 일체 부처님을 나타내심이 부사의 하며 여래가 낱낱 광명을 놓는 대로 모든 세계에 두루 비침이 부사의 하며 여래가 한 털구멍에서 모든 세계의 티끌 수 같은 변화하는 구름을 내어 여러 부처님 국토에 가득함이 부사의 하며~

강의 땀구멍은 작아서 잘 보이지 않는다. 그러나 우리가 지금 보는 허공은 눈으로 보아도 그 넓이를 측정할 수 없을 만큼 넓다. 그런데 부처님은 이 털구멍 속에 팔만사천의 균이 산다고 하였다. 그 속에는 암놈도 있고 수놈도 있으며 힘센 놈도 있고 약한 놈도 있어 서로 싸우기도 하면서 살아간다고 하였다. 따라서 그 속에 사는 균의 입장에서 보면 그 털구멍 하나가 우리가 보는 허공만큼이나 넓은 것이다. 이렇게 세상에는 눈에 보이든 보이지 않든 무수한 생명이 살고 있는 것이다. 그러므로 업은 가히 생각할 수 없을 만큼 한정이 없는 것이다(業力難思議). 따라서 벌레나 사람이나 마찬가지로 자기 욕심을 채우기 위해서 남을 해하면 그 과보(果報)는 반드시 받게 되는 것이다.

부처님께서는 우리 인간이 보기에 이렇게 작은 털구멍에 과거 일체 부처님을 나타내시는 능력을 보이시고, 능히 한 털구멍 속에서 일체 부처님의 미진수 변화를 구름 일으키듯 일으켜서 구름이 일체 제불(諸佛)국토에 가득 퍼지는 부사의 한 능력을 보이신다. 부처님의 이런 경지는 우리가 이해할 수는 없어도 그것을 자꾸 들으면 그 기운이 우리 속에 뿌리를 내려 부처가 될 수 있다고 한다.

이것은 우리가 배나 머리가 아프면 의사에게 진찰을 받고 처방에 따라 약을 먹는 것과 같다. 우리는 그 약이 어떻게 조제되었는지는 몰라도 의사의 처방에 따라 약을 먹으면 아픈 것이 낫듯이 비록 그 경지를 몰라도 그것을 자꾸 들음으로서 그 경지에 다가설 수 있다는 것이다

경 여래가 능히 저 한 털구멍 속에서 능히 일체 시방 세계의 이루고 머물고 무너지는 겁을 두루 나타냄이 부사의 한 연고니라. ~

강의 내가 안경을 쓰고 보면 빛의 파장이 여러분에게 전달되어 눈에 보이게 된다. 카메라는 우리 눈의 이러한 원리를 이용하여 그때 비친 모양을 정지한 그대로 현상하는 기계이다. 그런데 우리의 눈과 귀도 이 카메라와 같이 태어날 때부터 보이고 듣는 것을 사진 찍듯이 뇌에다 보관하고 있다고 한다. 이것은 절대 없어지지 않고 모여 있다가 금생이나 후생에 나타나 업보로서 작용을 하게 된다. 이때 나타나는 작용은 생명의 본체가 아니라 생명의 그림자에 불과한 것이다. 즉 이루고 머물고 무너지는 것은 생명의 그림자에 불과한 것이다. 즉 이루고 머물고 무너지는 것은 생명의 그림자에 불과하다는 것을 가르치기 위해 부처님은 이 세상에 오신 것이다.

경 이 서다림 급고독원에서 부처님의 국토가 청정 장엄한 것을 보듯이 시방의 온 법계 허공계에 가득한 모든 세계에서도 이와 같이 보이느니라. 이른바 여래의 몸이 서다림 가운데 머물거늘 보살대중이 다 가득함이 보이며, 널리 일체장엄을 비 내리는 구름을 보며, 일체 보배

광명으로 비추는 구름을 보며, 모든 사자좌에 비를 내려 보배그물과 영락으로 장엄하는 구름을 보는 것이다.~

강의 서다림 급고독원에서만 부처님 국토가 청정하게 장엄한 것을 보는 것이 아니라 시방의 모든 법계 허공계에 가득한 모든 세계에서도 이와 같이 볼 수 있다는 것을 설명한 것이다.

경 그 때에 동방으로 불가설불찰(不可說佛刹)미진수 세계해를 지나서 그 밖에 세계가 있으니 이름이 금등운당(金燈雲幢)이라는 세계요, 그 세계에 계신 부처님의 이름은 비로자나승덕왕(毘盧遮那勝德王)이라는 부처님이며 그 대중 가운데 보살이 있으니 이름이 비로자나원광명 보살이라. 그 보살이 불가설불찰미진수 보살과 더불어서 사바세계 석가모니 부처님 국토로 오면서 신력을 가지고 여러 가지 구름을 일으키니 이른바 하늘꽃구름 · 하늘향구름 · 하늘가루향구름 · 하늘화만구름 · 하늘보배구름 · 하늘장엄거리구름 · 하늘보배일산구름 · 하늘의 미묘한 옷구름 · 하늘보배당번구름 · 하늘의 모든 보배장엄으로 된 구름들이 일어나서 허공에 가득하였다.~

강의 불가설불찰미진수 세계해를 지난다고 했다. 이 세계에 몇 백억만 개를 보탠 것을 한 불찰이라고 한다. 한 부처님 세계라는 뜻이다. 석가모니 부처님이 교화하는 구역은 우리가 사는 지구뿐만이 아니라 태양계를 비롯한 백억만 개가 그 구역이라는 것이다. 그것이 하나

뿐만이 아니라 셀 수 없는 티끌의 수만큼 많은 세계해를 지난 세계에 있는 부처님의 이야기이다. 불교에서 나오는 이러한 광대한 우주세계의 이야기를 들으면 우리 인간이 이 좁은 세계에서 다투고 싸우는 것이 얼마나 허망한 것인가를 알 수가 있다.

이 비로자나승덕왕 부처님 세계에서 원광명보살이 부처님 계신 곳으로 떠나오자 여러 가지 구름이 일어났다고 했다. 주역에서도 용이 가면 바람과 구름이 일어나고 범이 대밭에 나타나면 바람이 일고 고래가 지나가면 파도가 인다고 한다. 이와 같이 우리 중생들도 업이 작용하면 거기에 구름 같은 기운이 일어난다. 집안에도 좋은 기운을 피우면 좋은 광명과 향기가 나는 구름이 가득차서 집안이 화목하고, 쌀쌀하고 못된 생각을 가지고 독한 기운을 내면 독기가 집안에 가득차서 찬 기운이 돌게 된다. 여기서 구름이라는 것은 바로 이런 기운을 말하는 것이다. 해가 돋으면 환한 기운이 나고 총을 보면 살벌한 기운이 나듯이 낱낱이 물건에서는 풍기는 기운이 있는데 보살이 움직이자 이런 기운이 구름으로 일어났다는 것이다.

경 그 원광명보살이 부처님 처소에 와서는 이마를 부처님 발에다 대고 예배를 하고 동방에서 보장엄누각과 보배연화장 사자좌를 변화하여 만들고는 여의보망으로 그 몸을 단장하여 권속들과 함께 가부좌하고 앉았다 남방으로 가도 거기도 한 세계가 있으니 이름이 금강장이요 그곳에 계시는 부처님 명호는 보광명무승장왕이며, 동방, 서방, 남방, 북방, 동북방, 동남방, 서남방, 서북방, 하방, 상방 모두 함께 가

부좌하고 앉았다.~

강의 남방의 보살은 불가괴정진왕(不可壞精進王)이고, 서방세계 이름은 마니보등수미산당(摩尼宝燈須彌山幢), 부처님 명호는 법계지등(法界智燈), 보살 이름은 보승무상위덕왕(普勝無上威德王), 북방세계 이름은 보의광명당(宝依光明幢), 부처님 명호는 조허공법계대광명(照虛空法界大光明), 보살이름은 무애승장왕(無礙勝藏無王), 동북방세계 이름은 일체환희청정광명망(一切歡喜清淨光明網), 부처님 명호는 무애안(無礙眼), 보살 이름은 화현법계원월왕(化現法界願月王), 동남방세계 이름은 향운장엄당(香雲藏嚴幢), 부처님 명호는 용자재왕(龍自在王), 보살이름은 법혜광염왕(法慧光焰王), 서남방세계 이름은 일광마니장(日光摩尼藏), 부처님 명호는 보조제법지월왕(普照諸法智月王), 보살 이름은 최파일체마군지당왕(摧破一切魔軍智幢王), 서북방세계 이름은 비로자나원마니왕장(毘盧蔗那願淨摩尼王藏), 부처님 명호는 보광명최승수미왕(普光明最勝須彌王), 보살 이름은 원지광명당(願智光明幢), 하방세계 이름은 일체여래원만광보조(一切如來圓滿光魔普照), 부처님 명호는 허공무애상지당왕(虛空無礙相智幢王), 보살 이름은 파일체장용맹지왕(破一切障勇猛智王), 상방세계 이름은 설불종성무유진(說佛種性無有盡), 부처님 명호는 보지륜광명음(普智輪光明音), 보살 이름은 법계차별원(法界差別願)이다.
이 모든 부처님 세계의 보살들이 석가모니 부처님 세계로 모였다.

경 이러한 시방 일체 보살과 그 권속들이 다 보현보살의 행과 서

원 가운데 났으니, 청정한 지혜 눈으로 삼세의 부처님을 한꺼번에 보고~

강의 우리가 악업을 쌓으면 지옥에 가고 선업을 쌓으면 밝은 세계로 가듯 시방의 일체 보살과 그 권속들은 다 보현보살의 행과 서원을 닦아 청정한 지혜의 눈으로 삼세의 부처님을 보게 되었다. 우리 중생들은 무명(無明)에 덮여 있기 때문에 부처님을 볼 수가 없다. 그것은 세상의 햇빛이 아주 밝아 모든 것을 다 볼 수 있도록 해주지만 엎어놓은 단지 속은 비추지 못하듯이 우리도 스스로 밝은 햇빛을 가리는 단지 모양으로 눈을 감고 있으니 안 보인다는 것이다. 만약 우리도 보살들과 같이 무명에서 벗어나 지혜의 눈을 뜬다면 시방세계에 충만한 부처님의 모습을 당연히 볼 수 있을 것이다.

경 널리 일체 모든 부처님 여래가 굴리신 법륜인 수트라 바다를 한꺼번에 듣더라. 일체 보살의 자유자재한 피안에 이르름을 얻어서 생각 생각마다 큰 신통 변화를 나투어 일체 모든 부처님 여래에게 친근하며 한 몸뚱이가 일체 세계 일체 여래의 대중이 모인 도량에 가득하였다.~

강의 이것은 TV를 생각하면 이해되기가 쉽다. TV는 작은 상자에 불과하지만 거기에는 세상의 모든 모습과 수많은 대중들이 비추어진다. 만약 지금부터 약 100여 년 전에 사람들이 TV를 보았다면 그것은 신통변화하는 물건이라고 하였을 것이다. 이와 마찬가지로 보살도 자유자재한 피안에 이르름을 얻어서 그 한 몸뚱이가 일체 세계 일체 여래의 대중이 모인 도량에 가득하였다는 것이다.

경 저 한 티끌 속에도 널리 일체 세간 경계를 다 나타내어 일체 중생을 교화하고 성취시키되 때를 여의지 아니하며 일체 털구멍 속에 모든 여래의 설법하는 음성을 다 내외 모든 중생이 다 눈어림 같음을 알며, 일체 모든 부처님들이 다 그림자와 같은 줄을 알며, 모든 길에 태어남이 꿈과 같음을 알며, 일체 업보가 모두 거울 속의 그림자와 같은 줄 알며, 일체 모든 생사의 일어남이 더울 적에 불 쬐는 것과 같음을 알며, 일체 모든 세계가 다 변화함과 같음을 알며, 여래의 십력과 두려움 없음을 성취하였으며, 용맹이 자재하여 능히 사자후의 설법을 하며, 그지없는 변재 바다에 깊이 들어갔으며, 일체중생의 말을 아는 모든 법의 지혜를 얻었고 모든 법계가 다 허공 가운데에서 행하는 바가 걸림이 없는 줄을 알며, 일체 법을 알되 장애함이 없으며 일체 보살들의 신통경계는 이미 청정하여 용맹하게 정진하여 마구니 권속들을 모두 항복을 받았다.

항상 지혜로서 삼세를 통달하며, 모든 법이 허공과 같음을 알아 조금도 서로 어기고 다투는 법이 없어지며 어떤 것이 좋다고 집착하는 것도 없어졌으며, 비록 부지런히 정진하나 일체 지혜가 마침내 온 데가 없음을 알고 비록 경계를 관찰하되 온갖 것이 얻을 수가 없음을 알며, 방편의 지혜로 모든 법계에 들어가서 평등한 지혜로 일체 국토에 들어갔다.

　자재한 힘으로 일체 세계가 차례차례 서로 들어가게 하며, 일체 모든 세계의 곳곳에 몸을 나타내며, 일체 세계의 갖가지 형상을 보며, 저 미세한 경계에 광대한 세계를 나타나기도 하며, 광대한 경계에 미세한 세계를 나타나기도 하며, 저 한 부처님 처소에 잠깐 동안에 일체 부처님의 위신이 가피되어 시방세계를 보되 미혹한 바가 없으며, 찰나 동안에 다 나아갈 수 있었다.

　이러한 일체 보살이 서다림에 가득 찼으니 이것은 모두 여래의 위엄과 신통한 힘이었다. ~

　강의　부처님들은 이렇게 위엄과 신통한 힘을 가졌다고 되어 있다. 그런데 다음에 나오는 경을 보면 일체 성문들은 그 자리에 앉아 있었지만 우리 중생과 마찬가지로 그 경계가 하나도 보이지 않았다고 되어 있다. 이것은 차원이 다르기 때문이다.

　우리가 불교를 믿고자 하면 우선 알아야 하는 것이 불(佛) · 법(法) · 승(僧) 삼보(三寶)이다. 여기서 가운데의 법을 깨달으면 부처님이 되고 깨닫지 못하고 지금 배우고 있는 이가 바로 승(僧)이다. 승에는 사부대중이 있는데 비구 · 비구니 · 우바새(남자신도) · 우바이(여자신도)이다. 부처님이 법을 깨달았다고 하는 것은 사는 자리, 즉 다시 말하면 눈에 가면 보이고, 귀에 가면 듣고, 손으로 가면 만지는 생명체를 알았다는 것이다. 이 생명체를 안 부처님은 모든 것이 자재한 분이다. 그것은 즉 몸을 하나로 만들려면 만들고 천 개를 만들려면 만들고, 크고 작게, 무

(無)와 유(有)등 마음대로 할 수 있다는 것이다. 그리고 부처님의 지혜가 치성(熾盛)하다. 이것은 지혜가 세상의 지식과는 비교할 수 없을 정도로 훨훨 타오르는 불꽃같이 성하다는 것이다.

또 부처님은 몸이 단정하다. 이것을 우리는 32상 80종 호로 이야기한다. 실제로 우리가 궁극적인 깨달음에 이르지 못해도 어느 정도 수행을 하면 스스로 몸이 단정해 진다. 그래서 신(身)·구(口)·의(意) 삼업을 자기 뜻대로 행해도 중생에게 덕이 된다. 공자나 예수 같은 성인이 바로 이에 해당하는 것이다.

법을 깨달아 부처님이 되면 이러한 경계를 누리게 되는데 사실은 바로 그 법이 무엇인지 아는 것은 쉬운 일이 아니다. 부처님은 처음에 깨달음을 얻고 나서 중생에게 이 법이 너무 어려운 것을 아시고 녹야원에서 우선 쉬운 것부터 설하기 시작했다.

우리 중생에게 처음부터 이 몸도 없고 천지가 공(空)하다고 하면 믿지를 않으므로 부처님은 우리가 생각하는 대로 몸뚱이가 있고 세계가 있다고 가정을 해준다. 이것을 사제법(四諦法)이라고 하는데 부처님은 12년간 이를 설하셨다고 한다. 그리고 그 다음에는 조금 더 나아가 8년 동안 『방등경(方等經)』을 설하셨는데 이는 소승에 집착하는 무리에게 대승을 설하기 위함이다. 『방등경』을 설하시고 나서 21년 동안 몸뚱이와 세계가 공하다는 법문을 설하였다. 그리고 마지막으로 『법화경』을 설하셨는데 따라서 『법화경』은 법을 깨치는 교설(敎說)인 것이다. 이와 같이 부처님께서 우리의 잘못된 생각을 고쳐주기 위해 49년간 설하신 것을 교법(敎法)이라 하고 우주법칙, 그 자체를 이법(理法)이라고 한다.

교법은 이법을 우리에게 가르치기 위해 설명을 한 것이기 때문에 내용이 서로 다르지가 않다. 그러나 『법화경』이나 부처님이 처음에 깨달을 때 열린 세계인 『화엄경』은 입으로 설한 것이 아니라 이법 그대로가 드러난 것을 이야기한 것이다. 따라서 이 경은 증법(證法)이라는 말로 쓰기도 한다. 그러므로 『화엄경』은 동천(東天)에 뜬 해가 저 서쪽 맨 꼭대기 봉우리를 비치는 것과 같고 『법화경』은 해가 종일 허공을 가다가 질 때에 그 햇볕이 동쪽 꼭대기 산을 비추는 것과 마찬가지이다. 여기서 꼭대기 산은 듣는 근기가 상근기 라는 말이다. 『법화경』은 처음에 쉬운 정도로 자꾸 가르쳐서 맨 마지막에 최고로 간 경지이므로 사람을 중심으로 설명하였다고 해서 인본법(人本法)이라고 한다. 그리고 『화엄경』은 사람이 듣던 안 듣던 법으로 그냥 나툰 것이라고 해서 법본(法本)주의라고 한다.

이상에서 본 바와 같이 『화엄경』에서나 『법화경』에서 쓴 법(法)자는 그 뜻이 서로 일치한다. 그러나 사제법에서의 법은 우리 중생의 근기에 맞게 설한 것이기 때문에 현상계를 설명하는 방편일 뿐이다. 『법화경』의 법은 기안스님이 그 첫머리 서문에 다음과 같이 말했다. "실상묘법(實相妙法)은 연꽃에 비유를 하니 이것은 연꽃이 탁한 물과 진흙탕에 나도 그 모양이나 냄새가 좋은 것과 같이 우리 마음도 그렇다"는 것이다. 그래서 안으로는 우리의 사는 바탕자리 즉 일심자리를 말하고 밖으로는 현상계의 천지 삼라만상을 통틀어 가지고 있는 것을 법이라고 한다. 그래서 청량스님은 법은 한마디로 "송두리째 만유(萬有)를 보자기 싸듯이 묶어 가지고 있는 것"이라고 했다.

법을 깨달으면 부처가 된다고 하였는데 법에 대한 설명은 확실히 드러나게 할 수는 없지만 대충 위와 같이 할 수가 있다. 그런데 아라한은 부처님께서 처음 20년간 설한 법에 대해서만 아는 이들이다. 즉 애욕이 꺼진 상태를 완전한 열반으로 알고 있는 사람들이다.『법화경』에 보면 부처님께서 묘법연화를 설하시면서 아라한들이 이해하지 못함을 알고 이야기를 하지 않으려고 하자 아라한들이 '우리가 40년간 부처님을 따라 다니면서 배울 것도 배우고 알만큼 알았는데 왜 설하시지 않는가.'하고 자리를 떠나는 것이 나온다.

아라한들은 이와 같이 내가 제일이라고 생각하는 증상만(證上慢)을 가지고 있다. 이렇게 아만을 가지고 나라는 집착을 하는 사람에게는 아무리『법화경』이나『화엄경』의 진리를 가르친다고 해도 이해하지 못한다. 그것은 마치 컵에 물을 먼저 담아 놓으면 뒤에 아무리 좋은 물을 부어도 밑에 물이 차 있기 때문에 물이 들어가지 않는 것과 같다. 그러므로 우리가 법을 알기 위해서는 속에 나란 생각을 텅 비우고 빈 그릇이 되어야 한다. 즉 자기가 가지고 있는 조그마한 지식에 집착해서는 올바른 법을 이해할 수가 없는 것이다.

예를 들어 눈에는 돌가루나 흙가루 등이 들어가서는 안 된다. 그러면 멀쩡하게 보이던 눈이 흐려져 눈이 안 보이거나 헛 것이 보이기 때문이다. 그런데 금가루는 돌가루나 흙가루보다 좋은 것이니까 눈에 붙여도 괜찮겠지 하고 붙이면 역시 안 보이는 것은 마찬가지이다. 따라서 아무리 학문이나 지식이 좋다고 하더라도 거기에 집착을 하면 본래 법을 볼 수가 없는 것이다. 그래서 월창(月窓)거사는 그의 저서『술몽쇄

언(述夢瑣言)』에 다음과 같은 말을 하였다.

> 珍而一屑着眼眼不自在開目卽見空中華學識雖善而一法在心
> 心不自在擧念卽成寤中夢是以眼空方見物心空方見性

금과 옥이 비록 진귀한 보배이긴 하지만 그 가루가 눈에 들어가면 눈이 자재하지 못해서 눈을 뜨기만 하면 허공의 헛 것이 보이고, 학식이 훌륭하긴 하지만 하나의 집착하는 법이 마음에 있으면 마음이 자유자재하지 못해서 생각을 일으키기만 하면 깨어 있으면서 잠꼬대를 하게 된다. 때문에 눈에 티끌이 없어야 바깥 사물이 보이고 마음을 텅 비워야 본래 성품을 볼 수 있다.

아무리 좋은 것이라도 집착을 하면 그른 것이 되어버린다. 돈에 집착을 하면 돈의 종이 되고, 음식에 집착을 하면 몸이 탈이 나게 된다. 또 약을 먹으면 몸이 낫지만 거기에 집착하여 과용하면 중독이 되어 생명을 잃게 된다.

이것은 사람이나 법도 마찬가지다. 사람도 너무 부족하거나 지나쳐서는 안 되지만 법도 여기에 집착을 하게 되면 오히려 법 자체를 볼 수 없게 된다. 즉 한 법에 마음이 집착이 되면 마음이 자재치 못하여 비록 눈을 떴다고 하더라도 잘못된 생각이 나온다는 것이다. 그래서 눈을 비워야 만 물건이 보이고 마음을 비워야 바야흐로 성품이 보인다고 한 것이다. 법계성은 큰 거울과 마찬가지로 하나이다. 그런데 그 거울을 아름답게 한다고 거기에다 단청을 하면 본성을 볼 수가 없게 된다. 따라서 본성을 보기 위해서는 거울에 앉은 먼지를 닦아내야 한다.

　삼귀의에 보면 '귀의법 이욕존(歸依法 離欲尊)'이라는 말이 있다. 법체에는 욕심을 여윈다. 즉 법에는 나라고 주장하고 자기를 도우려는 생각이 없어 모양이 없다는 것이다. 우리는 이것을 입으로는 매일 외우지만 실천을 하지는 못하고 있다. 따라서 육바라밀의 수행으로 우리 마음 가운데 밝은 거울에 페인트칠해 놓은 것을 닦아내야 법계성에 이를 수 있는 것이다.

　아라한들은 이러한 집착을 가지고 있기 때문에 부처님의 20년 설법만을 듣고 내내 제자리걸음만을 하고 있는 것이다. 이들을 경전에서는 성문(聲聞)이라고 한다. 부처님이 설명하는 뜻, 근본사상을 모르고 말에만 집착하는 사람들이라는 뜻이다.

　그리고 조금 더 나아가면 사제법과 12인연을 깨달은 사람들이 있다. 이들은 부처님과 떠나서 깊은 산중에 들어가 날아가는 꽃과 떨어지는 잎사귀를 보고 우주의 법칙을 깨달은 이들이다. 사람이 태어나서 죽거나 나무가 커서 낙엽이 떨어지는 것이 12인연(무명 · 행 · 식 · 명색 · 육입 · 촉 · 수 · 애 · 취 · 유 · 생 · 노사)으로 된다는 인연의 법칙을 깨달았다는 것이다. 이들을 연각(緣覺)이라고 하고 부처님을 의지하지 않고 살고 있는 가운데서 깨쳤기 때문에 독각(獨覺)이라고도 한다.

　부처님이 보살 · 성문 · 연각 등 모든 대중이 다 모인 다음 사자빈신삼매에 드니까 땅이 깨끗해지고 수풀이 벌어져서 이쪽 세계와 저쪽 세계가 한데 연결이 되었고 동방이나 서방이나 불가설불찰 미진수 세계를 지나서 부처님 세계에 있는 보살들을 데리고 와서 『화엄경』을 설하고자 했지만 한 자리에 앉아있던 성문들과 연각들은 12년 동안 법문을 들었음에도 눈 감은 것처럼 보이지가 않았다고 한다. 또 귀먹은 것과 같이 부처님 소리가 귀에 들어가지 않았다고 한다.

 『화엄경』「입법계품」에는 굉장한 사람이 모이고 그들은 굉장한 재주가 있었다고 하였다. 그들의 능력과 자격은 우리가 이미 경에서 본 바와 같다. 이것이 부사의 하다고 되어 있다. 우리는 봐도 모르는 것이 흔하다. 앞에도 이야기했지만 눈이 어떻게 보는가하면 대답을 못 한다. 또 며칠 전에 깎은 머리가 점점 자라는 것이 어떤 원인으로 그렇게 되는지 모른다. 우리가 무슨 일을 하고 싶다는 생각을 하지만 그것이 어디서 나오고 왜 나오는지 모른다. 이것을 유가(儒家)에서는 이치 이(理)라고 한다. 이 세상 만물이 어떻게 그리 되는지 까닭은 알지 못하지만 나무 끝에 봄이 되면 꽃이 피고 하는 것이 이치라고 했다. 성문과 연각들은 이러한 이치를 알지 못하고 보살의 부사의 한 힘을 보지 못하였다는 것이 다음 경의 내용이다.

4. 대성문들

경 이 때에 큰 성문들의 상수인 사리불·대목건련·마하가섭·레바타·아니루타·카비냐·카아타아야나·푸우루나들의 여러 큰 성문들이 서다림 숲에 있었으니 모두 여래의 신통한 힘·여래의 잘생긴 모습·여래의 경계·여래의 유희·여래의 모습·여래의 신통변화·여래의 높으심·여래의 묘한 행·여래의 위덕·여래의 머물러 지니심·여래의 청정한 세계들을 보지 못하였고 또 부사의 한 보살의 경계·보살의 대회·보살의 두루 들어감·보살의 널리 모여옴·보살의 널리 나아감·보살의 신통변화·보살의 유희·보살의 권속·보살의 방소·보살의 장엄한 사자좌·보살의 궁전·보살의 계신 곳·보살의 들어 간 삼매의 자재함·보살의 관찰·보살의 기운 뻗음·보살의 용맹·보살의 공양·보살의 수기 받음·보살의 성숙함·보살의 건장함·보살의 청정한 법의 몸·보살의 원만한 지혜의 몸·보살의 원하는 몸으로 나타남·보살의 육신을 성취함·보살의 모든 모습이 구족히 청정함·보살의 청정한 법의 몸·보살의 늘 있는 광명이 여러 빛으로 장엄함 · 보살이 놓은 큰 광명의 그물 · 보살이 일으키는 변화하는 구름 · 보살의 몸이 시방에 두루함 보상의 행이 원만함을 보지 못하였다.

　이러한 일들을 모든 성문 제자들이 다 보지 못하였나니, 왜냐하면 착한 뿌리가 같지 않은 연고이며, 부처님을 뵙는 자재한 착한 뿌리를 본래 익히지 않은 연고라. 시방세계 모든 부처님 국토의 청정한 공덕을 찬탄하지 않은 연고라. 아뇩다라삼먁삼보리심을 내지 않은 연고라. 본래부터 다른 이를 보리심에 머물게 하지 못한 연고라. 본래부터 여래의 종자를 끊이지 않게 하지 못한 연고라. 본래부터 중생들을 거두어 주지 못한 연고라. 본래부터 다른 이를 권하여 보살의 바라밀다를 닦게 하지 못한 연고라.

　본래부터 생사에서 헤매면서 중생에게 권하여 가장 훌륭한 큰 지혜의 눈을 구하지 못한 연고라. 본래부터 온갖 지혜를 내는 착한 뿌리를 닦지 아니한 연고라. 본래부터 여래의 출세하는 착한 뿌리를 성취하지 못한 연고라. 본래부터 부처님 세계를 장엄하는 신통과 지혜를 얻지 못한 연고라.

　본래부터 보살의 눈으로 아는 경계를 얻지 못한 연고라. 본래부터 세간에서 뛰어나 함께하지 않는 보리의 모든 선근을 구하지 않은 까닭이며 본래부터 일체 보살의 모든 대원을 발하지 못한 까닭이며, 본래부터 일체 보살의 모든 대원을 발하지 못한 까닭이며, 본래부터 여래의 가피로 조차 나지 아니한 연고라. 본래부터 모든 법이 환(幻)과 같고 보살의 꿈과 같은 줄 깨닫지 못한 연고며 본래부터 여러 큰 보살의 광대한 환희를 얻지 못한 연고라.

이와 같은 것이 다 이미 보현보살의 지혜 있는 눈의 경계로서 일체의 이승(二乘)과 더불어서 함께 하지 않는 것이니, 이런 연고로 모든 대성문들은 능히 그것을 보지도 못하며·능히 알지도 못하며·능히 듣지도 못하며·능히 들어가지도 못하며·능히 얻지도 못하며·능히 생각도 못하며·능히 관찰하지도 못하며·능히 헤아리지도 못하며·능히 사유할 수도 없으며·능히 분별할 수도 없나니 이런 연고로 비록 서다림 가운데 같이 있지만, 여래의 모든 큰 신통변화를 볼 수가 없느니라.

또 모든 대성문들이 이와 같은 선근이 없는 까닭이며, 이와 같은 지혜의 눈이 없는 까닭이며, 이와 같은 삼매가 없는 까닭이며, 이와 같은 해탈이 없는 까닭이며, 이와 같은 신통이 없는 까닭이며, 이와 같은 위덕이 없는 까닭이며, 이와 같은 세력이 없는 까닭이며, 이와 같은 자재가 없는 까닭이며, 이와 같은 머물 곳이 없는 까닭이며, 이와 같은 경계가 없는 까닭이니, 이런 까닭으로 여기 있으면서도 능히 알지를 못하고, 능히 보지를 못하며, 능히 들어가지도 못하며, 능히 증득하지도 못하며, 능히 머물지도 못하며, 능히 이해하지도 못하며, 능히 관찰하지도 못하며, 능히 견디어 받지 못하며, 나아가지 못하고, 다니지 못하며, 또 능히 다른 사람을 위해서 그 도리를 열어 보이고, 해설해 주고, 칭찬해 주고, 인도하여 나아가게 하지 못하며, 향하여 가게 하고, 그로 하여금 시행케 만들어주며, 그로 하여금 안주케 해주며, 그로 하여금 증득하게 해 줄 수가 없나니 어찌된 연고인가?

모든 대제자들은 성문승을 의지하여 겨우 이 세상을 벗어난 까닭이며, 성문의 도를 성취한 까닭이며, 성문행을 만족하여 성문과보에 안주할 뿐이며 저 무유제(無有諦)에서 결정지를 얻으며~

강의 성문들이 부처님께서 설법하신 자리에 있으면서도 그 진리를 보고 듣지 못하는 이유를 설명하고 있다. 여기서 무유제라는 것이 나온다. 소승불교에서는 인연으로 만든 법을 오온법(五蘊法)이라고 한다. 우리들 인간은 이 오온 가운데 나라는 것이 있다고 집착을 하는데 소승불교에서는 나라는 것이 있다고 생각한다. 따라서 오온법 가운데 나라는 것은 없다 라는 것을 없을 무(無)자를 쓰고, 오온법 그것은 있다는 것을 유(有)자로 써서 무유제라고 하는 것이다. 이것을 다른 말로 하면 아공법(我空法)이라고 한다. 소승불교에서는 이 무유제의 결정지 그것이 꼭 옳다고 생각하고 있다.

경 항상 실제에 머물러 구경(究境)에 적정하며 그렇지만 대비(大悲)를 떠나서 중생을 버리고 자기 일에만 머무르고 부처님의 지혜는 능히 쌓아서 모을 줄도 모르며~

강의 남을 위하여 크게 가엾이 여김이 없고 편안한 곳에 취해버린 사람이 소승인이다. 물론 소승인들은 일반 중생과 같은 생사의 업보는 받지 않는다. 왜냐하면 내가 없다는 것을 깨달았기 때문이다. 그러나 거기에 머물러 고요한 경지에만 머물러 있고 다른 중생을 위함이 없기 때문에 이들을 비유하여 볶은 씨앗이라고 한다. 볶은 씨앗은 심어도 싹이 나오지 않는다. 즉 이들은 부처될 가망이 없다는 비유이다.

경 능히 수행할 줄도 모르며, 능히 안주할 줄도 모르며, 능히 원하여 구할 줄도 모르며, 능히 성취할 줄도 모르며, 능히 청정할 줄도 모르며, 능히 들어갈 줄도 모르며, 능히 통달할 줄도 모르며, 능히 지견할 줄도 모르며, 능히 증득할 줄도 모를테니. 이런 연고로 비록 서다림 가운데 한 가지 있어서 똑같이 부처님을 대했지만, 이와 같은 부처님의 광대한 신변은 보지 못하였다.~

강의 소승의 법은 이와 같이 볶은 씨앗과 같아 서다림 안에 있어 부처님을 대하고 있으면서도 성불을 하지 못한다. 이것은 업이 다르면 한 곳에 있다고 하여도 서로 부딪히거나 노래를 불러도 듣지 못한다는 것이다. 다음의 경에는 이에 대한 비유가 나온다.

경 불자여, 마치 저 항하(恒河)의 언덕에 백천억이나 되는 한량없는 아귀가 있으니 맨 몸뚱이에 굶주리고 목이 마르고 온 몸에 불이 훨훨 타오르거늘 거기에 까마귀와 소리개와 승냥이와 이리들이 다투어 와서 할퀴며 또한 주린 것의 핍박한 바가 되어서 물 마시는 것을 구하고자 할 때 비록 냇가에 있지만 아귀의 업보로 물이 보이지도 않으며, 설사 내(川)를 보는 귀신이 있더라도 그 내가 말라보이게 되나니 어찌된 연고인고, 깊고 깊은 업장으로 덮인 탓이니라. 아귀가 한자리에 있어 물도 안 보이고 먹을 수도 없듯이 모든 대성문들도 또한 그와 같아서 비록 다 같이 서다림 가운데 안주해 있지만 여래의 광대신력이 보이지도 않고 일체의 지혜를 버리게 되나니 무명의 가림막으로써 그 눈을 덮은 까닭이며 일찍이 온갖 지혜의 모든 선근을 심지 못한 탓이니라.~

강의 항하라는 강은 저 인도 북단에 있는 샛강이 산맥에서 발원해서 '콜카타' 옆으로 내려오는 길이가 수만리 되는 강이다. 이 강의 모래가 마치 밀가루처럼 고와서 이 강 이름을 '갠지스'라고 한다. 이 항하의 언덕에 아귀라는 귀신이 있는데 이는 배고픈 귀신이다. 아귀는 전생에 음식에 탐이 많아 욕심을 내다 죽은 귀신인데 경에 보면 그 몸이 수미산만 하다고 되어 있다. 수미산은 에베레스트보다 더 큰 산인데 그 산에 내(川)가 하나 있고 그 내를 산이 두르고 있으며 칠검산 칠향수가 있으며 그 밖에 함해(檻海)가 있고 그 바다 남쪽에 있는 땅이 바로 우리가 사는 남섬부주라고 한다. 아귀는 몸이 수미산만 하고 머리도 그만큼 큰데 목구멍이 바늘구멍만 하다고 한다. 따라서 아무리 먹어도 배가 고플 수밖에 없는 것이 아귀이다.

우리가 이 세상에서 욕심을 부리면 아귀의 몸을 받는다고 하였다. 욕심은 다른 말로 하면 허영심이다. 공연히 자기만 잘 되겠다고 생각하는 마음이다. 그러나 욕심은 한이 없는 것이다. 가지면 가질수록 더 많이 가지고 싶은 것이 인간의 욕심이다. 따라서 그 욕심은 충당할 수가 없는 것이다.

아귀는 이러한 채워질 수 없는 인간의 욕망을 비유한 것이라고 볼 수 있다. 아귀가 이런 욕망으로 인하여 그 업보를 받아 내(川)가 있어도 내를 보지 못하듯 성문들도 그 업장으로 인해 서다림에 있으면서 여래의 광대신력을 볼 수가 없다는 것이다.

경 어떤 사람이 여럿이 모인데서 편안히 자다가 홀연히 꿈을 꾸는데 수미산 꼭대기에 제석천왕이 있는 선견성(善見城)을 보니, 궁전과 동산 숲이 가지가지로 장엄한 호화롭고 천자와 천녀 백천만억이나 되는 이가 다 하늘에 꽃을 흩어주니 그 꽃이 떨어져서 땅에 가득하며, 가지가지 의복 나무에서는 묘한 의복이 나오고, 가지가지 꽃피는 나무에서는 여러 가지 묘한 꽃을 피우며, 모든 음악의 나무에서는 음악이 흘러나오고 모든 하늘 아가씨들은 춤추며 노래를 불러 묘한 음성을 토해내니 한량없는 하늘들이 그 가운데서 즐거워하며 그 사람도 수시로 하늘의 의복을 입고 널리 그곳에 나가서 오고 가는 것을 보지만, 그 모인 사람 가운데 다른 어느 누구도 비록 한자리에 있으나 알지도 못하고 보지도 못하나니 왜냐하면 꿈에 보는 것은 그 대중들이 볼 수 있는 것이 아닌 연고니라.

일체의 보살과 세간의 제왕들도 또한 그와 같아서 오랫동안 선근공덕을 쌓은 힘과 일체지의 광대원을 발한 까닭이며 일체의 모든 부처님의 공덕을 배워 익힌 까닭이며 보살의 장엄하는 도를 수행한 까닭이며, 일체 지혜의 지혜법을 원만함과 보현행의 모든 행원을 만족한 까닭이며 일체 보살의 머무는 삼매에 유희하는 까닭이며, 이미 능히 일체 보살의 경계를 관찰하여 걸림이 없는 까닭이니 이런 연고로 여래 세존의 부사의 한 자유자재하는 신통변화를 모두 보거니와, 성문인 제자들은 능히 그것을 보지도 못하며 능히 알지도 못하나니, 보살의 청정한 눈이 없는 까닭이니라.~

강의 다 같은 사람 중에 복이 있는 사람은 복이 보이고, 복이 없는 사람은 안 보인다는 것이다. 날이 환하게 밝으면 눈이 보이는 사람에게는 그것이 보이지만 눈이 안 보이는 사람에게는 보이지 않는 것과 같다.

옛날 경산에 만석꾼이 살았는데 이 사람 부인이 위장병이 생겼다고 한다. 그래서 이 부인은 매일 보리죽을 끓여서 한 공기씩만을 먹어야 했다. 이 부인이 복이 있어 만석꾼의 부인이 되었지만, 위장병으로 보리죽을 끓여 한 공기 밖에 못 먹으니 만석이 무슨 소용이 있겠는가. 이와 같이 한자리에 있어도 업장이 다른 사람은 다른 사람이 보는 것을 볼 수가 없는 것이다. 계속해서 이에 대한 비유가 나온다.

경 마치 설산에 들어가면 그 산에 모든 약초들이 있는지라, 어진 의원이 거기에 가면 약이 어떤 것인지를 분간할 수 있지만 사냥꾼이나 목동들은 그 산에 항상 있으면서도 그것이 약인 줄을 알지 못하느니라.

이것도 또한 그와 같아서 모든 보살들이 지혜 경계에 들어가서 자재력을 갖추었으므로 능히 부처님의 광대신변이 보이지만 모든 대제자 성문들은 오직 자기 이익만 구하고 다른 이를 이익 되게 해줄 생각이 없으며 오직 스스로 편한 것만 구하고, 다른 이를 편하게 하려 하지 않으므로 비록 그 가운데 있지만 그것을 알지도 못하고 보지도 못하느니라.

비유컨대 저 땅 가운데 모든 보배가 간직되어 있으되 갖가지 모든 보배가 다 충만하거든 어떠한 한 장부가 있어서 그 사람이 지혜가 있고 총명하여 능히 일체 묻힌 보물을 잘 알고, 그 사람이 또한 복력이 있으므로 능히 자기가 하고자 하는 바에 따라서, 그것을 캐내어 자기 부모도 봉양하고 친척들도 구제를 하니 늙고 병들고 궁핍한 사람들이 그 사람의 이익을 입지만, 지혜가 없고 복덕이 없는 사람은 비록 그 보물이 있는 처소에 이를지라도 그곳에 있는 줄도 모르며 보지도 못하고, 또한 그와 같은 이익을 얻을 수가 없느니라.

이것도 또한 그와 같아서 이 모든 보살들은 청정한 지혜의 눈이 있으므로 능히 부처님의 부사의 한 깊은 경계에 들어가서, 부처님의 신통한 힘을 보며 능히 법문에 들어가며, 능히 삼매의 바다에 놀면서 능히 모든 부처님에게 공양도 드리며, 능히 정법으로 중생을 깨우치고, 능히 사섭법으로써 중생을 거두어 주거니와 모든 대성문들은 능히 여래의 신력을 얻어 보지도 못하며 또한 모든 보살대중들도 보지를 못하느니라. 비유컨대 눈먼 사람이 비록 대보배의 물가에 이르러서 행(行)하거나 주(住)하거나 앉거나 눕거나 할지라도 일체의 보배를 보지 못하나니, 보지 못하는 연고로 그것을 가져다가 사용하지 못하느니라. 이것도 또한 그와 같아서 모든 대제자들이 비록 서다림 가운데 있어서 여래 세존을 친근하면서도 여래의 자재신력을 보지도 못하며 또한 보살대의를 느끼지도 못하나니 어찌된 연고인고? 보살의 걸림 없는 청정한 눈이 없어서 차례차례로 법계에 들어가지 못하고 여래의 자재한 신력을 보지 못하는 까닭이니라. ……(중략)

비유컨대 어떤 세상 사람들이 이 세상에 태어날 적에 두 하늘의 신이 따라 다니니, 하나는 동생(同生)이요, 하나는 동명(同名)이라. 천인들은 항상 그 사람을 보지만, 사람들은 이 하늘사람을 보지 못하느니라.

여래도 또한 그와 같아서 모든 보살들 가운데 있어서 대신통을 나투는데 모든 대성문들은 다 능히 그것을 보지 못하느니라.

비유컨대 비구가 마음에 자재를 얻어서 멸진정(滅盡定)에 들어가면 육근으로 짓는 업이 모두 행해지지 않고 모든 말을 알지도 못하고 깨닫지도 못하지마는, 선정의 힘으로 유지는 되지만 열반에 들지 않느니라. 모든 성문들도 그와 같아서 비록 서다림 가운데 있으면서 여섯 감관(感官:자극을 받아들이고 느끼는 기관)을 갖추었지만 여래의 자재하심과 보살대중들이 짓는 일을 알지 못하고 보지 못하고 이해하지 못하고 들어가지 못하느니라.

왜냐하면 여래의 경계는 심히 깊고 광대하여 보기 어렵고, 알기도 어렵고, 헤아리기도 어렵고, 측량하기도 어려워서 모든 세간을 초월하여 부사의 하고 파괴할 이가 없어서 모든 이승의 경계가 아니니라. 그러므로 여래의 자유자재하신 신통한 힘과 보살대중의 모임과 서다림이 능히 일체 청정세계에 두루하되, 이러한 일을 여러 큰 성문은 모두 알아보지 못하나니, 그 그릇이 아닌 탓이니라. (게송 생략)~

> 강의

경을 자꾸 새기는 것은 그것만으로도 큰 공덕이 있기 때문이다. 여러 번 경을 새기다 보면 그것이 녹음이 되게 된다. 따라서 다른 것이 다 없어지더라도 이 기운이 남아 그 공덕의 힘으로 좋은 과보를 받을 수 있는 것이다.

앞에서도 삼보를 이야기했지만 불·법·승 삼보를 공경하는 것은 형식으로 되는 것이 아니다. 우리가 향과 초를 절에 가지고 올 때 그것을 내가 가지고 왔다고 해서 꼭 내가 피울 필요는 없다. 부처님은 기세간과 중생세간과 지정각세간을 환하게 꿰뚫어 보는 분이다. 따라서 삼보를 공경하는 진정한 마음만 있다면 이미 그것으로 이미 공덕이 있는 것이다. 그런데 경을 듣는 것은 그 이상의 공덕이 있는 것이다. 옛날에는 한 글귀의 법문을 듣기 위해서 몸을 바친 사람도 있었다.

달마스님이 숭산 소림굴에 들어가 앉아 있을 때 신광대사라고 하는 이가 찾아온 적이 있었다. 그때가 섣달 초여드렛날이어서 눈도 많이 오고 날씨가 매우 추웠다. 신광대사는 달마스님에게 불법을 가르쳐 달라고 서 있었으나 달마스님은 묵묵부답이었다. 신광대사가 대답을 기다리고 새벽까지 합장하고 서 있자 눈이 와서 허리까지 파묻힐 지경이었다. 그러나 달마대사는 여전히 돌아다보지도 않고 대답도 하지 않았다. 이 때 신광대사는 신심을 내어 칼을 들어 자기 팔을 베어버렸다. 그때서야 달마스님은 신광대사의 신심을 인정하고 제자로 받아들였다. 어느 날 신광대사가 달마스님에게 '내 마음이 심히 편하지 못하니 스님이 나를 더불어서 편안히 해주길 바랍니다.'라고 하였다. 그러자 달마스님은 손을 쑥 내밀며 '네 마음이 그렇게 편안치 못하다니 편하지 못한 그 마음을 갖고 오너라'라고 하였다.

　인간의 마음은 그때나 지금이나 똑같다. 어떤 때는 보는 것과 듣는 것이 마음에 맞지 않으면 불안하고 어떤 때는 보는 것과 듣는 것이 마음에 맞으면 즐겁고 하는 것이 내 몸뚱이 속에 마음이 하나 들어 있는 것으로 알고 있다. 신광대사도 마찬가지다. 처음에는 마음이 몸에 들어 있는 줄을 알고 '이 마음이 편치 못하다'고 하니 달마스님은 손을 내밀면서 '네 편치 못한 마음을 이 손바닥에 갖다 놓아라.' 라고 하여 마음을 찾기 시작하였다. 그러나 아무리 몸뚱이 어느 곳을 찾아보아도 마음을 찾을 수가 없었다. 그래서 달마스님에게 '마음을 아무리 찾아봐야 마침내 얻지를 못하겠습니다.' 하니 달마스님이 '너와 더불어 마음을 편안히 마쳤다'고 하였다. 신광대사는 이 말을 듣고 깨쳤다. 이 신광이라는 사람이 달마대사의 법을 이어 2조가 된 혜가대사이다.

　마음이라는 것은 이 몸뚱이 속에 든 것이 아니다. 밖에 있는 것도 아니며 중간에 있는 것도 아니다. 그러나 이 마음이란 것이 모양은 없지만 시방세계에 가득 찼고 또 과거 현재 미래에 끊임 없이 이어져 있다는 것을 알았다.

　한 법문을 듣기가 이렇게 어려운 것이지만 또 어려운 것은 그 법문을 올바로 이해하는 것이다. 성문제자들이 부처님 법문을 들었으면서도 여래의 신통을 보지 못하는 것이 바로 그 때문이다. 거기에 대한 비유 열 가지가 바로 앞의 경의 내용이다.

경 그 때에 보현보살 마하살께서 널리 일체에 보살들의 모임을 관찰하시고 법계와 같은 방편과 허공계와 같은 방편과 중생계와 같은 방편과 삼세와 같고, 모든 겁과 같고, 모든 중생의 업과 같고, 모든 중생의 욕망과 같고, 모든 중생의 이해와 같고, 모든 중생의 근성과 같고, 모든 중생의 성숙한 때와 같고, 모든 법의 그림자와 같은 방편으로써 여러 보살들을 위하여 열 가지 법구를 써서 이 사자빈신삼매를 열어 보이며 연설하였다.~

강의 방편(方便)의 방은 장소를 말하는 것이다. 이것은 다시 말하면 무엇이든지 그때와 장소에 맞춰 해야지 법을 알아들을 수가 있다는 것이다. 부처님의 깨치신 법은 무진(無盡)하다. 측량할 수가 없다는 것이다. 따라서 무진한 것 그대로를 중생들에게 설하여도 이해할 수가 없는 것이다. 그래서 이것을 풀어가지고 사람이면 사람, 짐승이면 짐승, 벌레면 벌레에 맞추어 알려주는 것을 방편이라고 하는 것이다. 법은 변함없지만 장소와 때에 따라 가르치는 말과 가르치는 생각은 달라야 한다는 것이다.

그러나 사람들은 자기 주관으로만 살고자 하기 때문에 문제가 생긴다. 담배를 잘 피우는 사람들은 그 집에 손님이 가면 담배를 내놓고 술 잘 먹는 사람들은 술을 내놓는다. 이는 상대방의 의사를 무시한 것이다. 우선 그 손님이 무엇을 좋아하고, 싫어하는지 알아보고 그에 맞는 것을 살펴서 내놓아야 손님 접대를 제대로 하는 것이 될 것이다.

옛날 중국의 산동지방에 노나라가 있었다. 이 나라의 임금이 하루는 화창한 봄날에 바람도 좋고 하여 대신을 데리고 해변으로 나갔다. 해변을 나가니 기이한 바닷새가 한 마리 있어 이를 사로잡아 궁전으로 가져왔다. 그리고 새를 기르는데 임금은 자기가 잘 먹는 소를 잡아 주고, 자기 귀에 맞는 음악을 연주하게 하며 길렀다고 한다. 그러나 새는 정작 자기 모이를 주지 않아 그만 죽어 버리고 말았다. 임금은 자기가 좋아하고 먹는 것만으로 새를 기르려고 하였던 것이다. 새를 기르는 것에는 거기에 맞는 방법이 있는데 이 방법은 무시하고 자기 주관으로만 기르려고 하니 새가 죽어버린 것이다.

우리 중생들은 나라는 것이 어떻게 생겼는지도 모르고 오로지 자기 주관대로만 살고자 한다. 남녀노소를 막론하고 그렇게 살려고만 하니 다른 이가 하는 것은 자기 마음에 맞지 않는다고 늘 불평불만을 늘어놓는 것이다. 그러므로 나라는 자기 주관만 빼내버리면 우리의 삶은 보다 나은 삶이 될 수 있다. 부처님의 법이라는 것은 바로 나라는 욕망을 제거하는 것이다.

아난존자가 하루는 가섭존자를 만나 물었다. "내가 들으니 여래세존께서 가섭존자에게 정법안장열반묘심(正法眼藏涅槃妙心)을 전했다고 하는데 그것이 대관절 무엇인지 나에게 알려주시오" 그러자 가섭존자는 "그것은 가르쳐 주기가 어렵지 않다. 네가 그것을 들으려면 저 문밖에 찰간(刹竿)이라는 것이 있는데 그것을 찾아 쓰러뜨려라"라는 것이었다. 찰간은 진대라고도 하는데 나무나 쇠로 깃대 모양을 만들어 각 종파를 표현하는 표기로 '당간지주'라 하기도 한다. 여기서 가섭존자가 말하는 것은 찰간 속에 나라고하는 집착이 있는 것이다. 그것을 쓰러뜨려야만 정법안장열반묘심을 전해줄 수 있다고 한 것이다.

또 방거사라는 사람이 마조스님을 찾아가서 법문을 가르쳐 달라고 하였다. 마조스님은 강서(江西)쪽에 있다고 하여 강서스님이라고도 하는데 방거사가 법문을 해달라고 하니까 일구흡진강서수(一口吸盡江西水): '한 입으로 서쪽 강의 물을 다 마시고 오너라'라는 것이었다. 이것은 찰간과 같은 의미이다. 마시는 입은 작고 강물은 많으니 절대 마실 수 없으니 나라는 집착을 버려야 한다는 것이다. 다시 말해 마시는 입도 없어지고 마셔지는 강도 없어져야 하는 것이다.

우리가 선정(定)에 들면 지혜(慧)가 나온다고 하는데 여기에 관해 『치문』에 나오는 육조스님의 해석이 있다. 육근 즉 안 이 비 설 신 의가 섭경(涉境)하여 밖에 있는 육경 즉 색 성 향 미 촉 법을 거두어 들여서 안에 있는 마음이 밖에 있는 경계를 따라가지 아니하여 하나가 되어버렸으니 이것을 정(定)이라고 하였다. 즉 육근이 심불수경(心不隨境)하는 것이 정이라는 것이다.

혜는 심경(心境)이 공(空)하여 즉 안의 마음과 밖의 경계가 한가지로 공하여서 거울이 물건을 비치듯이 사람이 오면 사람을 비추고 개가 오면 개를 비추는 등 있는 그대로 장애가 없이 비치는 것이다.

나라는 욕망을 버리는 수행은 이같이 중요한 것이다. 이 수행을 잘 하기 위해서는 처음부터 자리를 잘 잡아야 한다. 마치 첫 단추가 잘못 끼워지면 모든 단추가 잘못 끼워지는 것과 같다.

이런 면에서 우리나라 선방의 제도는 잘못된 점이 많다. 중국 선방에서는 문자를 세우지 않고[不立文字] 성불에 이르게 한다[見性成佛].

그리고 조실스님이 앉아서 아침에는 바릿대를 들고 조참(早參)을 하면서 설법을 하고 저녁에는 만참(晚參)을 한다. 또 아침저녁이 아닐 때는 소참(小參)이라고 하여 필요에 따라 입으로 법문을 해준다. 모양이 없는 마음을 찾는데 이러한 채찍을 하지 않고서는 결코 이룰 수 없다. 그런데 우리나라 선방의 경우에는 그렇게 하지를 않고 3년 동안 결사(結社)를 하여 공부를 하는데 이 기간 동안에는 10년 공부한 수좌나 방금 들어온 사람이나, 공부를 하거나 말거나 상관없이 공양을 주고 있다.

이것은 올바른 교육이 아니다. 새를 기를 때 사람을 기르는 방법으로 길러서는 안 되듯이 잘못된 교육인 것이다. 우리나라의 종단에 많은 문제점이 드러나는 것은 바로 교육이 잘못되고 있기 때문이다. 선방에서 선 수행을 하는 사람에게는 그에 맞는 교육을 하고 포교를 하고자 하는 사람에게는 그에 맞는 교육을 하여 설법하게 하고 행정을 맡은 사람에게는 그에 맞는 교육을 시켜 종단 행정을 보게 하여야 한다. 이러한 교육을 방편이라고 할 수 있는데 이것은 쉬운 일이 아니다.

요사이 자녀교육도 마찬가지이다. 대부분 부모들은 자식이 부모를 닮기를 원하여 그렇게 교육을 시킨다. 옛날에 중국에서는 그것을 포류(蒲柳)라고 하였다. 즉 정치하는 것은 포류와 같아 날 닮으라고 한다는 것이다. 이와 같은 교육이나 정치는 잘못된 것이다. 요즈음에는 이것을 주입식 교육이라고 한다. 이쪽에 있는 물을 저쪽에 들어붓듯이 내가 가지고 있는 것을 어린아이에게 물 붓듯이 넣어 준다는 것이다.

진정으로 올바른 교육은 내게 있는 것을 들어붓는 것이 아니라 아이에게 있는 소질을 낚시질하듯 빼내어 개발시켜주는 그런 교육이 되어야 한다. 요즈음에 관상목이라는 것이 있어 나무나 화초의 특성을 무시하고 자기가 보기 좋은 대로 이리저리 잘라서 심어 놓은 것을 볼 수 있다. 교육이 이러한 식이 되어서는 안 된다. 나무를 자기가 보기 좋다고 마구 자르면 속에 있는 것이 뭉치게 된다. 우리 인간도 마찬가지이다. 안에 있는 것을 밖으로 내보내야 속이 시원해진다. 그렇지 못할 때에는 소위 기가 막힌다고 표현한다.

연극을 보거나 영화를 볼 때 그 내용이 슬프든지 하면 내가 과거에 남한테 구박받고 억압받았던 기억이 되살아나 자신도 모르게 눈물이 나게 된다. 그렇게 눈물을 흘리고 나면 마음이 시원함을 느끼는데 그것은 자기 속에 있던 울분이 눈물과 함께 밖으로 튀어나오기 때문이다. 정신적인 기억뿐만이 아니라 먹은 음식도 속에 그대로 있으면 죽게 된다. 호흡을 통해 나쁜 기운을 밖으로 내보내야만 한다.

원예(園藝)를 하는 사람의 경우도 마찬가지이다. 나무의 생리를 무시하고 미적 감각으로써 꽃가지의 여기저기를 잘라냈을 때, 순환이 원활하지 못해 그 꽃나무는 죽고 만다.

인간사도 이와 같아 마음 씀씀이 원융하지 못하면 불평불만이 쌓이고 쌓여, 결국 사회에서 버림받는 사람이 된다. 자기 고집만을 주장하고, 융통성을 발휘하지 못하고, 편리한 쪽으로 머리를 써서 타인을 이용하고, 마침내는 모든 이들로부터 소외당하는 경우는 주변에서 왕왕 볼 수 있는 일들이다.

과거 조선 5백년 역사가 또한 그러했다. 남에게서 빼앗고, 모략하고 온통 싸움질하는 양반의 역사였던 것이다. 손수 일하는 양반은 존재하지 않고, 오히려 동인이니 서인이니 하여 서로를 매도하고 살아온 것이다. 실제로 무수한 상인(常人)들이 배를 곯아가며 힘겨운 일에 짓눌려 살 때에도 몇 안 되는 양반들은 잘 먹고 잘 살았다. 아직까지도 시골에서는 아침 인사로 "진지 자셨습니까?"를 나누는 관습이 이어지고 있다. 굶기를 말 그대로 '밥 먹듯'하던 백성인지라, 거르지 않고 식사하는 일이 모두의 기원이었던 것이다. 이제는 경제 발전 덕택에 '보릿고개'를 아스라한 추억으로 떠올리게 되었지만 말이다.

이 모든 일들은 원예하는 사람이 하듯 교육에 임해왔고, 정치에 관여해온 것에 기인한다고 볼 수 있다. 그래서 억압해서는 안 된다는 엄연한 진리가 이야기되는 것이다.

우리네 마음자리에도 체·상·용이 있다. 비록 우리 시야로 볼 수 없는 마음이지만, 지위가 높은 이거나 낮은 이거나 그 마음은 똑 같다. 추위를 느끼고, 배고픔을 느끼고 하는 그 마음은 누구나 평등하게 지니고 있다. 그러나 본디 평등한 이 마음을 평등하게 쓰는 이가 드물고, 청정한 것을 탁하게 쓰기가 다반사이다.

그럼에도 불구하고 마음자리는 자재(自在)하다. 자재란 가고 싶으면 가고, 눕고 싶으면 눕는 구속됨이 없음을 일컫는 것으로 모두 자재한 쓰임을 갖고 있다.

젖먹이 어린아이라 할지라도 청정하고 평등하고 자재하기는 어른과 다름이 없다. 어리다는 이유로 그 어린아이 속에 부처가 들은 줄은 모르고 요놈 저놈 하며 업신여긴다면 큰일이다. 갓난아이라 하더라도 마음에 들지 않을 때 사용하는 무기가 있다 '응애응애'울어버리는 일이다. 결코 항복할 수 없다는 반항의 이 표현이 바로 자재함의 단면이라 하겠다.

우는 아이를 토닥거리며 "그래, 엄마가 잘못했다, 그치? 까꿍"하면 금새 방긋방긋 웃어주니 참으로 자재하다고 하겠다. 어린아이가 자재한 것조차 모르면서 우리는 살아가고 있다. 아니, 살아가는 일 모두가 모르는 일투성이다. 때문에 우리는 깨달아야 한다.

우리네 마음은 본바탕이 청정하고 평등하고 자재하니 이를 옳게 쓰는 것이 곧 민주주의라 하겠다. 민주주의란 어린이든, 어른이든 그 나라 백성들이 모여 하나를 통일적으로 이루는 것이다. 어느 한 계층에게 치중하거나 소외됨 없이, 더하고 덜한 것 없이 평등한 권리와 의무를 누리는 것을 말한다. 이 원리를 전제로 살아갈 때 제대로 살 수 있는 것이다.

어린아이라고 무시하고, 계급에 따라 차이가 나는 것은 '나(我)'라고 하는 강한 고집 때문이다. 그래서 육조스님은 『금강경』을 해석하는 가운데 아상을 없애려면 '널리 일체중생을 공경하라(普敬一切衆生)'고 하셨던 것이다.

중국 고대의 순임금이 교육 책임자에게 "백성의 교육을 맡아 가르치되 공경하며 5교(부자유친 · 군신유의 · 붕우유신 · 부부유별 · 장유유서)를 펴라"고 명령했다는 고사가 있다.

이처럼 성인들의 가르침에는 진리가 모두 한자리에 만난다. 그러나 철없이 불교를 우상숭배라고 주장하는 이도 있으니 오히려 가엾게 여겨 가르쳐야 할 것이다.

법계는 분명 하나인데 "내가 따로 존재한다."고 판단하는 아집에 의해 만사 병폐가 생겨난다. 저마다의 책임과 사명을 느껴 일체중생의 일을 자신의 일로 능히 감내할 자신이 있을 때. 참다운 민주주의가 이룩되는 법이다. 이런 이념을 정치 원리로 활용하면 만백성이 편안히 살 수 있을 것이다.

　신라시대 때 이 땅의 백성들은 원효대사의 사상으로, 자장율사의 사상으로 잘 살 수 있었다. 황룡사에 9층탑을 만들어 신라인의 정신을 한데 모우고 분열된 땅, 통일코자하는 염원이 하나 되어 마지막에 통일신라를 이룩하지 않았던가.

　서울 시내 중심에 위치한 조계사의 경우 법당이 시원하게 넓어, 오다가다 와서 불공 올리고, 쉬기도 하는 만인의 장소이다. 비불교도들이 49재를 지내기도 하는 곳이니 스님들이 포교하는 것보다도 법당 자체가 포교를 톡톡히 하고 있다고 하겠다.

　말 많은 포교보다는 부처님께서 말없이 세인들에게 믿음을 주셨듯이 그렇게 포교하여야 한다. 말을 해야 믿음을 지니는 세인들에게 한암스님의 일화는 좋은 가르침이라 하겠다.

　한암스님이 오대산에 계실 때의 일이다. 약 40여 년간 밖으로 나온 적이 없었다. 그분이 수도정진 시에 품었던 뜻은 '내가 자취를 감추어 천년의 학이 될지언정(永離千年長終鶴) 백 년 동안 공교로이 말하는 꾀꼬리를 배우지 않으리(不學百年功巧言鶯)'이었다고 한다. 옛 스님들은 이처럼 돈독한 수양을 하셨다.

　마음의 자리는 모르는 것을 믿을 뿐 아는 것은 믿지 않는 것이 통상이기에 알기 위해 안간힘 쓰며 믿는 것을 우리는 신의(信義)라고 한다.

부처님께서 사자빈신삼매에 드니까 시방세계 사람들이 와보고 말 없는 정(定)에 드신 부처님을 궁금히 여겼다. 부사의(不思議)라고 하였다. 그런데 아무것도 모르는 이는 궁금증도 없다. 의심이 생겨난다는 것은 어느 정도 안다는 것이다. 그런데 그것은 업(業)이 달라 쉽게 알지 못하는 것일 따름이다.

우리는 저마다 다른 업을 지니고 살고 있다. 우리 인간에게 있어 공기는 눈에 보이지는 않으나 공기 속에서는 자재함을 얻고, 물고기는 물을 보지 못하나 물속에서 자재하다. 오온(五蘊)이 모두 공해야 자재한데, 만약 공기가 눈에 보이게 된다면 우리는 부딪힐까봐 행동을 제대로 할 수 없을 것이다. 집착을 하면 오온이 개공(皆空)할 수가 없고 따라서 자재할 수도 없을 것이다.

우리들이 밝은 기운 속에 살아가고 있는 반면 올빼미는 어두운 곳에서 살도록 되어 있다. 올빼미는 태산이 앞에 있어도 낮에는 볼 수가 없는데 이는 업이 다르기 때문이다.

먹고 입는 것도 입맛에 맞고 감각에 맞도록, 즐겨보는 TV · 라디오도 시각과 청각에 맞도록 되어 있다. 우리가 이 업을 깨고 그 법성(法性), 그 실상에 합해질 때 기운이 옳게 만들어지며 이를 부처라고 이름하는 것이다.

문수 · 보현보살이 십종 법구를 써서 사자빈신삼매를 개발하고 조명한 것이 있으니 다음과 같다.

경 '능히 법계(法界) 등 일체 불찰미진수(佛刹未盡數) 가운데 모든 부처님이 출현하는 차례를 연설하며'~

강의 법계 속에는 한량없는 세계가 존재하고, 한량없는 티끌이 존재하는 가운데 모든 부처님, 모든 세계의 번성하고 무너지는 차례를 보여주는 법구를 연설한다는 것이다.

경 '능히 허공계 등 일체 불찰미진수 가운데 여래의 공덕을 찬탄하고 음성을 시현하는 법구를 연설하며, 능히 허공계 등 일체 불찰미진수 가운데 부처님이 도량에 앉으신 것과 도량에 앉으신 부처님을 보살 무리들이 에워싼 중에 이를 시현하는 법구를 연설하며 능히 일체 털구멍 가운데에 생각 생각마다 삼세(三世)와 모든 부처님이 변화신으로 출현해서 법계에 가득 찬 법구를 연설하며, 능히 한 몸뚱이로 하여금 시방 일체 불찰이 세계에 가득 차게 하여 평등하게 시현하는 법구를 연설하며, 능히 일체의 경계 가운데 널리 삼세일체 제불의 신통 변화를 나타내는 법구를 설하기도 하고, 능히 일체 불찰미진수 가운데 가지가지 신변을 나타내되 무량겁이 지나도록 법구를 연설해주며, 능히 삼세 일체 부처님의 음성을 나타내어 미래지가 다하도록 일체 보살을 교화하고 인도하는 법구를 연설하며, 능히 부처님 사자좌의 크기가 법계와 통하여 차별이 없을 때 여래지가 다하도록 가지가지 미묘한 법륜을 굴리는 법구도 연설해 주나니 불자야 이 열 가지는 다 여래 지혜의 경계라.'~

강의 부처님의 깨달음으로 보면 일시에 보이는 것도 범부의 눈에는 여러 개로 보이는 법이다. 우리는 우리 방식대로 살아가고 있다. 모두 자기 정도의 방식으로 변하며 사는 것을 유식(唯識)이라고 한다. 이 중생세계에서 벌어지는 내용을 질서 있게 설명한 것이 바로 유식학이다.

사람이 먹는 것과 벌레가 먹는 것이 다르듯 저마다 살아가는 방식에 차이가 있으나 불교 안에서 하나로 통하고 있다. 양귀비를 사람들은 아름답다고 하나 새가 보고는 잡힐까봐 날아가 버린다. 서로 업이 다르기 때문이다.

보현보살은 게송으로 노래를 불러 앞의 열 가지 이야기를 쉽게 알 수 있도록 하였다. 노래란 비상한 힘을 지닌다. 우리 민족의 정서와 한이 담긴 아리랑은 민족의 진언인 셈인데 불교의 진언은 부처님이 깨달으신 바가 그 속에 함축적으로 스며 있다. 부처님의 깨달은 기운이 진언 속에 있기 때문에 우리가 진언을 계속 외면 마음자리를 깨칠 수 있게 된다. 마땅히 진언을 외어 참된 나를 깨칠 수 있는 바탕을 마련하여야 할 것이다.

경 네가 가히 문수사리를 보라. 머무는 곳이 시방에 두루 하되 쫓아가는 바를 따라서 몸을 바꾸어 가면서 항상 도량에 있더라. 네가 가히 문수사리를 관찰해 보라. 모든 세간에 임금들이 공양구를 구름처럼 비 내리고 공경하게 정례하고 이로써 공양하더라. 네가 가히 문수사리를 살펴보라. 시방 일체 제불여래가 장차 법을 설할 때에 미간에 백호상광(白毫相光)을 놓아서 그것이 와 몸을 비추되, 그 이마로 들어가더라. 그때에 존자 사리불이 모든 비구들을 위하여 찬탄을 하며 문수사리동자의 한량없는 공덕구족장엄을 연설하였다.

모든 비구들이 이 말을 듣기를 마치고서는 마음과 뜻이 청정하여 지혜가 견고해졌으니 즐거움을 스스로 감추지 못하여 온몸으로 뛰면서 기뻐하니 그 몸뚱이가 스스로 부드럽고 연해지며~

강의 과학적으로 볼 때, 마음을 편히 지니고 좋은 생각을 하면 할수록 몸 속의 백혈구가 왕성한 활동을 진행해 맑은 피가 생긴다고 한다. 그러므로 항시 풍부한 생각으로 보시를 하고 생활한다면 그 피가 살이 되어 부골(富骨)을 이루는 것이다. 마음 씀씀이가 이기적이고 가난하면 빈골(貧骨), 천골(淺骨)이 되고 귀한 일을 자주하면 귀골(貴骨)이 되는 이치이다. 이처럼 마음먹기에 따라 몸속까지 변화가 오는 것이다.

덕이 있는 이가 앉아있으면 그 주변은 온통 환해진다고 한다.

경전에는 다라니를 외우고 경전을 외는 사람이 있으면 그곳에는 풍년이 들고, 재앙이 없다고 이르고 있다. 가족 가운데 한 사람만이라도 관세음보살을 부르고 가족 중에 한 사람만 불교를 믿어도 큰 공덕이라고 한다. 관세음보살은 이미 자비를 쌓아 중생을 제도하는 몸인 까닭에 그 이름을 듣는 것만으로도 어려움에서 벗어날 수 있다고 한다.

중국에서 전해오는 이야기가 있다.

약 2백 년 전, 백수동 마을에 은광이 발견되었다. 생활이 어려운 사람들이 은광으로 몰려들어 은을 캐어 생계를 잇고 있었다. 광산의 일을 마치고 씻기 위해 몇 군데 웅덩이를 파 놓았는데 하루는 흰 옷을 입은 아리따운 처녀가 난데없이 나타나 한 낮인데도 옆 사람을 의식하지 않고 목욕을 하는 것이었다.

마을 사람들이 이상하게 여기며 하나둘씩 모여들기 시작해 마침내 주민들이 모두 모여 구경하기에 이르렀다. 이 순간에 갑자기 쿵 소리와 함께 은광이 무너져 버렸고 목욕하던 처녀는 온데간데 없이 사라져 버렸다. 이 처녀는 관세음보살의 화신으로 마을 사람 수백 명을 구한 것이다. 그 후 8년 뒤에 마을 주민들이 산에서 약초를 캐다가 땅 속에서 말소리가 들려 파보니 실종 된 마을 노인이 앉아 있었다. 은광이 폐광되면서 자취를 감추었던 노인이 8년 동안 그곳에 살아 있었다는 것이 기이해 마을 사람들이 그 사연을 물어 보았다. 은광이 무너지면서 노인은 작은 구멍으로 떨어졌는데 한참이 되었는데 그곳이 환하게 되더라는 것이다. 그리고는 흰쥐 한 마리가 나타났다.

주위를 둘러보니 집에서 사경하며 만든 보문품 족자가 걸려 있고 흰쥐가 그 글자를 혀로 핥고 있었다고 했다. 궁금해 나도 따라 해 볼까 싶어 따라해 보니 시간이 흘러도 배가 고프지 않더라는 것이다. 쥐와 노인이 글씨를 요기로 하고 지낸 것이 햇수로 8년이 되었던 것이다. 집에 돌아와 족자를 보니 보문품 글자가 한 줄 반밖에 남아 있지를 않았다. 소설 같은 이야기지만 많은 사람들은 오래 살고 싶은 욕망 때문에 이 노인을 부러워할지도 모른다. 그러나 자성을 깨달아 성불하기 전에는 오래 살아서 좋을 것은 없을 것이다. 항상 변치 않고 불생불멸하는 생명을 얻기 전에는 고해(苦海)속에 살기 때문이다.

　삼국유사에 민장사(敏藏寺) 이야기가 나온다. 신라시대의 관음신앙의 터전으로 중생사·백률사·민장사가 꼽히는데 민장사의 영험한 관세음보살 이야기는 감동적이다.

　경주 북쪽 우금리(寓金里) 마을에 사는 보개(宝開)라는 여인에게는 장춘(長春)이라는 아들이 있었다. 바다의 장사꾼을 따라 한 달 뒤를 기약하고 떠났으나 오랫동안 소식이 없었다. 보개는 관세음보살 앞에서 7일 기도를 올렸는데, 회향 전날 지나던 스님이 먼 길 가는 중이라며 음식을 부탁하자 보개는 기꺼이 음식과 함께 신발 한 켤레도 보시하였다.

　다시 기도하고 있던 차에 문밖에 아들이 나타났으니, 장춘의 내력은 다음과 같았다. 바다에서 태풍을 만나 배가 부서지면서 동료들이 모두 죽었으나 홀로 무사히 오나라에 도착할 수 있었다. 오나라 사람의 일꾼이 되어 농사일을 돕던 와중에 신라 말을 하는 스님을 만나 음식을 나누어 먹고, 스님이 건네준 신발을 신고 깊은 개천을 뛰어넘고 보니 민장사 경내였다. 수만 리의 황해가 개천 정도가 되어 무사히 귀국하게 된 가장 큰 힘은 어머니의 정성이었다. 자식에 대한 어머니의 지극한 사랑과 정성에 감동한 관세음보살이 데려다 주었다는 이야기이다.

　기도의 대상은 관세음보살이 아니어도 상관없다. 성인이 아닌 작고 보잘것 없는 귀신이어도 그것이 간절히 기도하면 덕을 본다는 것이다. 꾸준히 덕을 쌓고 복을 짓는 일을 지속적으로 해낸다면 좋은 결과는 반드시 돌아오게 되어 있다.

경 모든 근(根)이 형체가 유연하며, 모든 근이 열려지며 마음속 근심이 다 없어지고 업장이 다하여서 항상 부처님을 보고 깊이 정법을 생각하게 되며 보살의 근기를 갖추며~

강의 마음이 즐거우면 눈에 나타나게 된다. '눈으로 웃는다.'는 말이 있듯이, 드러내려 애쓰지 않아도 느낄 수 있는 것이다. 마음이 불안한 것도 눈에 보인다. 형사가 범인을 잡을 때도 눈을 보면 느낌으로 알 수 있다고 한다. 눈은 마음의 창(窓)이라고 하지 않던가, 마음먹은 것들이 가장 먼저 나타나는 곳이 바로 눈이다. 부처님의 눈에서는 빛이 뿜어 나오는데 이를 청련화 빛이라고 한다.

보살의 근이란 마음먹은 대로 이루어지는 것으로서 업에 따라 다르다. 우리의 모습·형상을 육근(六根)이라 하는데 눈·귀·코·혀·몸·뜻이 구족해야 하며 이 가운데 한 가지만 빠져도 불구자라고 한다. 몸뚱이의 불구자는 신체적인 장애이지만, 정신적 불구자는 얼마나 많던가. 부모에게 불효하고 부부가 서로 공경하지 않는 것도 불구의 모습이다.

바른 눈으로 바라보고, 도덕의 눈으로 바라보면 이 세상은 불구가 지천이다. 살아있는 아귀라고 할까. 욕심은 한량없고, 자신의 요령은 적으니 매일 아귀 다툼으로 살아간다.

약산 유엄선사가 도를 묻는 이에게 '구름은 푸른 하늘에 있고, 물은 병에 있다'고 하셨듯이 인간은 자신의 위치 속에서 행복을 느껴야 한다. 업 밖의 허황된 것에 욕심을 낸다면 깨달음의 경지와는 영영 멀어지고 마는 것이다.

경 보살의 힘을 얻어서 대비와 대원이 스스로 출생하여 제도의 심심한 경계에 들어가니 시방의 모든 부처님들이 항상 나타나서 앞에 있으며, 그 일찍이 비구들은 깊이 신락(信樂)을 내어 곧 존자 사리불께 고하여 말씀하시되 "오직 원하노니 대사님께서는 우리들을 이끌고서 저 성인이 있는 곳에 가게 해주십시오." 그 때에 사리불이 육천 비구와 더불어 처소에 이르러서는 사뢰어 말씀하시되 "존자시여! 이 모든 육천이나 되는 비구들이 존자님을 본견하기를 원합니다." 그때에 문수사리 동자가 한량없는 자재한 보살에게 에워싸여서 그 대중들도 더불어 코끼리 왕이 돌아보듯 모든 비구를 살펴보시니~

강의 신심을 낸 육천의 비구들이 문수사리보살을 친견하였다. 문수사리보살이 모든 비구를 진중하게 돌아보는 상황 묘사가 바로 '코끼리 왕이 돌아보듯'이다. 다람쥐라면 금방 돌릴 목이지만 몸이 묵중하고 짧은 목을 지닌 코끼리가 주위를 돌아보려면 몸 전체가 돌아간다. 진중하다는 비유인 것이다.

마음이 불안하면 눈에 드러난다고 일렀듯이 몸도 안정이 되지 않으면 마찬가지이다. 우주의 법칙에는 거짓됨이 없어 마음가짐이 행동으로 고스란히 나타나며, 이를 덕(德)이라 한다. 즉, 우주법칙 그 자체를

도(道)라하고 이것이 발현된 것을 덕이라 하는 것이다.

경 그 때에 모든 비구들이 그의 발에 정례하고 합장하고 공경하며 이와 같이 말하기를 "내가 이제 존자를 받들어 보고, 공경예배를 하게 되었사오니 일체선근을 오직 원합니다. 이제 문수사리와 화상 사리불과 세존 석가모니불께서는 이를 증명해 헤아려 주시옵소서."~

강의 이는 '존자를 뵙는 정성이 이처럼 정중하니까 우리의 신심을 인정해 달라'는 것이다. 누구나 인정을 받으면 반가워한다. 상대방이 자기를 알아주고 인정해주는 것은 '함께 사는 즐거움' 가운데 하나이다. 가수들이 노래를 하면 대중들이 박수치고 좋아하니, 가수가 노래에 재미를 붙이는 것처럼 칭찬받고 인정받으면 그 일만큼은 잘하게 된다.

비유컨대, 학교 교사가 어린이들에게 노래를 지도하면서 잘하는 애들에게 칭찬해주고 잘 못하는 아이에게 나무란다면 잘 못하는 아이는 평생 노래를 안 하게 된다. 때문에 말 한마디는 교육상 참으로 중요한 것이다.

한 번 더 해보아라, 아까보다 나아졌다. 이처럼 의욕을 북돋을 때 잘못을 고치고 다듬어질 수 있는 것이다.

대자대비란 멀리 있는 것이 아니다. 남을 칭찬해 잘되는 것을 함께 기뻐함이 자(慈)이며, 남이 잘못되는 것을 함께 동정함이 비(悲)인 것이다. 특히 자녀교육에 있어 칭찬과 격려의 교육은 발전을 가져온다는 것을 명심하여야 하겠다.

 젖먹이 어머니가 부드러운 생각을 하면 모유를 통해 아기에게 전달되고, 화가 난 상태에서 젖을 먹이면 아이는 화를 그대로 받게 된다. 아이가 여섯 살 무렵이면 과거업을 통해 변화하지만, 4~5세까지는 그저 받기만(受) 한다. 따라서 누가 가르치지 않아도 촉각으로 알고 배우게 된다.

 아이들은 장난감을 던지고 망가트리기를 반복한다. 이런 행동으로 직접 만지고 확인하기를 즐겨하며 지혜를 키우는 것이 상식인데 어머니는 고정관념 속에서 '비싼 물건 깨질까' 걱정한다. 성장하여도 촉(觸)은 지속되어서 남녀 간의 관계도 촉으로 이루어진다.

 인간이 생사윤회에서 어떻게 벗어날 것인가. 그래서 안 이 비 설 신 의와 색신이 공함을 참으로 알아 수양하는 것이 필요하다. 뱀이 되면 개구리를 한 마리라도 더 잡아먹으려 하고, 고양이가 되면 쥐 한 마리 더 잡아먹으려는 생각 밖에 하지 못 한다.

 자유당 시절에 장관들이 서대문 형무소에 갇힌 적이 있었다. 그때 이야기가 장관하던 생각은 다 사라지고 어떻게든 오늘 밤은 담요 한 장 더 얻어 자야겠다는 것이 최상의 꿈이었다고 한다. 이처럼 자신이 처한 그때그때 상황에 따라서 구차함을 면하려는 생각, 이것이 실제 우리의 삶인 것이다. 사람만도 못한 몸을 받으면 그 생각 밖에 낼 수가 없는 것은 환한 이치인 것이다. 따라서 화엄의 진리로써 올바른 인생관을 세우고 순조롭게 추진하며 사는 것이 바로 이 『화엄경』을 공부하는 목적이라 하겠다.

경 이와 같이 좋은 색신과 이와 같은 음성과 이와 같은 상호와 이와 같은 자재를 원하노니 우리들이 마땅히 한 가지 얻었으면 좋겠습니다. 그 때에 문수사리보살이 모든 보살, 비구들에게 고하여 말씀하시되, 비구야 만약 어떤 선남자 선 여인이 있어서 열 가지 대승에 나가는 법을 성취할 것 같으면 능히 빨리 여래의 지혜에 들어갈 것이니 하물며 보살의 지위야 말 할 수 있겠는가? ~

강의 문수사리보살에게 당신이 지닌 바를 전부 전해달라고 간청하자, 열 가지 선근을 닦으면 직접 부처님이 될 수가 있는데 보살은 말할 것도 없이 저절로 성취된다는 이야기이다.

경 어떤 것이 열 가지인가? 이른바 일체 선근을 모으는데 마음에 싫은 생각을 내지 말며, 일체 모든 부처님을 친견해서 섬기고 공양을 하되 마음에 싫은 생각을 내지 말며, 일체 불법을 구하되 마음에 싫은 생각을 내지 말며, 일체 바라밀을 행하되 마음에 싫은 생각을 내지 말며, 일체 보살의 삼매를 성취하되 마음에 싫은 생각을 내지 말며, 일체 삼매에 들어가되 마음에 싫은 생각을 내지 말며, 널리 시방에 모든 부처님의 국토를 깨끗이 장엄하되 마음에 피로한 생각을 내지 말며, 일체 중생을 교화해서 조복시키되 마음에 파렴치한 생각이 없어야 할 것이며, 일체 찰(察)과 일체 극(極) 가운데 보살행을 성취하되 마음에 파렴치한 생각이 없어야 할 것이며, 일체 중생을 성숙시키기 위해 일체 부처님 불찰에 미진수 같은 바라밀다를 수행하여 여래 신력을 성취하나니 이와 같은 차례로 일체 중생계를 성취시키기 위하여 여래의 일체 힘을 성취하되 마음에 파렴치한 생각이 없어야 하느니라.~

강의 일체 착한 일을 다 해도 마음에 싫은 생각이 없는 것, 이것은 쉬운 일이 아니다.

중국에 한 장자가 길을 지나다가 구두 수선집 앞에서 발길을 멈추었다. 엄청나게 큰 신이 걸려 있었는데 그것은 장자의 선친이 평생에 신던 신이었고, 돌아가신 뒤에 묘에 넣었던 바로 그 신발이었기 때문이다.

그런데 얼마 오래지 않아 신발을 찾으러 온 이가 있어, 보니 돌아가신 아버지였다. 뒤 따라가며 아버지를 소리 높여 불러도 아버지는 뒤도 돌아보지 않고 걸어만 갔다. 아무리 인연이 달라져도 부자인연을 거들떠보지 않을 수 있느냐며 "제가 이 세상에서 어떻게 하면 남의 미움을 받지 않고, 남의 장애가 되지 않으며 잘 살 수 있겠습니까"라고 공손히 물으니 "갈번이를 보고 배워라"하고는 사라져 버렸다.

장자는 알 만한 사람들을 붙잡고 갈번이가 무슨 뜻인가를 물었다. 묻고 물어 갈번이는 이 세상에서 가장 착하게 사는 사람의 이름임을 알아냈다. 직접 갈번이를 만난 장자는 장한 명성을 떨치게 된 이유를 물어보았다. 그러나 갈번이는 "나는 좋은 일이라고는 아무 것도 한 적이 없습니다. 오히려 남에게 덕이 되는 일을 할 따름입니다."라고 대답하는 것이었다.

남에게 덕이 되는 일이란 흔하게 널려 있는 것이다. 신발이 비뚤게 놓여 있으면 바르게 놓고, 길 가는 이가 목말라 하면 물 한 그릇 떠주는 일, 이 모두가 남에게 덕이 되는 일이며 자신의 공덕을 쌓는 일이기도 하다.

물론, 장자는 이후로 평생 공덕 쌓으며 살았다고 전한다.

이와 비슷한 이야기가 있다.

어느 나라의 태자는 살아가면서 아무런 즐거움을 느끼지 못했다. 천자의 아들로서 온갖 부귀와 영화 속에 살면서도 즐거움이 없었던 것이다. 천자는 아들을 즐겁게 만드는 사람에게 큰 상을 내리겠노라 공고하기에 이르렀고 어느 날 허술한 요술사가 나타나 태자와의 면회를 요구하였다. 태자를 만난 요술사는 조그만 쪽지 하나를 건네주며 자신이 떠나거든 촛불을 켜고 읽어보라며 떠났다. 요술사가 떠난 뒤 태자가 쪽지를 읽어보니 '세상을 사는 재미는 남을 즐겁게 만드는 것입니다. 하루 한 번씩 남을 즐겁게 하는 일을 하십시오.'라고 쓰여 있었다.

그래서 태자는 매일 부모님, 궁녀들에게 웃음을 주는 일을 궁리하고, 직접 해보니 재미도 있고, 웃음꽃도 피고, 남들도 좋아하는 것이었다. 이후로 태자는 쓸쓸함과 재미없음에서 벗어나 즐겁게 생활하였다고 한다.

이렇듯 내 힘으로 남을 즐겁게 만들고 보람을 느끼는 것, 이것이 삶의 즐거움인 것이다. 가정에서는 부모님을 즐겁게 해드리고, 부부간에 서로 즐겁게 하며, 자식·형제간에 우애가 있으며 문밖에 나가서는 이웃과 즐겁게 생활하는 것이 바로 공덕 쌓는 일과 진배없다.

경 이 때에 문수사리보살께서 모든 비구들에게 권하시되, 아뇩다라삼먁삼보리심 발하기를 교화하고 점차로 남으로 향하여 인간을 지나서 복성동방이라는 처소에 이르러 장엄당 사라 나무 숲속에 머무르니 그곳은 모든 부처님들이 일제히 거쳐 갔던 곳이며 중생들을 교화하던 대탑묘가 있는 곳이라. 그곳은 또한 부처님이 오랜 옛날에 보살행을 닦으며 일찍이 한량없는, 버리기 어려운 집착을 버린 장소였다.~

강의 복성(福城)이란 곳은 복 많은 이들이 사는 곳을 일컫는다. 우리나라의 서울이라고 할 수 있겠다. 지방의 농산물 가운데 좋은 것은 서울로 다 올라오고, 평양냉면집의 냉면은 평양의 것보다 맛있고 전주비빔밥은 전주 것보다 맛있는 곳이 바로 서울이다. 사람도, 먹을 것도, 입을 것도, 좋은 것은 모두 서울에 있으니 서울 사람들은 참으로 복 많은 이들이다.

사람들이 살아가면서 보시하는 것에는 크게 세 종류가 있다고 부처님께서 이르셨다. 재보시(財布施), 법보시(法布施), 무외시(無畏施)가 그것이다.

재보시도 다시 내재(內財)와 외재(外財)로 분류되는데 외재란 쌀, 돈 등의 재산과 본인 이외의 사람, 즉 남편·아내·자녀 등이 이에 속한다. 외재도 남에게 보시하기 어렵지만 정녕 어려운 일은 내 몸에 달려 있는 눈 하나, 팔 하나, 콩팥 하나를 보시하는 일이다.

경 이런 연고로 이 숲의 명칭이 널리 무량한 불찰에 소문이 났고, 이 곳은 항상 천룡과 야차와 건달바, 아수라, 가루라, 긴나라, 마후라가, 인, 비인(非人)들이 공경하고 공양을 드리는 곳이라.~

강의 우리의 신앙은 조금이라도 영험하다 싶으면 기도를 드리는 전통이 있다. 그리고 그곳은 오랜 역사동안 성스럽게 받들어져 온다. 부처님께서 한량없는 보시행을 이루신 장소인지라 길한 곳이며 예배의 장소가 되는 것이다.

경 이 때에 문수사리가 권속과 더불어 그 장소에 이르러 법계 수트라를 설했으니 그곳에는 백만천억이나 되는 나유타 수트라가 많은 경전으로 권속을 삼았다. 이 경을 설할 때에 큰 바다 가운데에서 한량없는 백천만억이나 되는 용이 있어서 그 장소에 와 법문 듣기를 마쳤다. 불도를 정히 구하여 용신(龍身)을 버리고 천인 가운데 태생하였으며 일만이나 되는 모든 용들은 저 아뇩다라삼먁삼보리에 불퇴전을 얻었으며 다시 한량없는 중생들이 저 삼매 가운데에서 다 조복함을 얻었느니라.~

강의 여기서 법계 수트라는 '널리 법계를 비추는 경전'이다. 법계를 비추는 깊은 진리가 담긴 경을 설하니 용까지도 법문에 귀 기울여 깨달음을 얻는 상서로운 일이 일어난 것이다.

지금까지 보광당 가운데에서 부처님께서 해인삼매에 드니까 대중이 모두 모여들었고, 보고 느끼고, 배운 것을 교화하기 위해 문수사리 보살이 떠나는 내용이었다. 그러니까 사리불이 6천의 비구들과 함께 문수보살을 쫓아가려하는 내용으로 정리할 수 있겠다.

삼매(三昧, Samadhi)라는 단어는 정수(正受)와 같은 뜻이다. 바르게 받아들인다는 인도 말인 것이다.

예를 들어, 전화를 걸 때 기계가 고장 나거나 잡음이 심하면 통화가 이루어지기 어렵고, TV를 볼 때도 채널이 바르게 맞추어져야 형상이 바르게 전달되는 것과 같은 이치이다. 보낸 바를 간격 없이 바로 받는 것을 삼매라고 한다.

마음의 체(體)는 청정하고, 그 상(像)은 평등하며, 용(用)은 자재한데, 이를 생긴 그대로 나타낼 수 있다면 바로 삼매인 것이다. 깨달아 마음 생긴 바를 드러내는 그 자리에는 어느 것 하나 부족함이 없다. 부족함이 없기 때문에 깨달은 사람들은 탐심을 내지 않는다. 기독교의 용어로 '전지전능(全知全能)'이라 하겠다. 온통 다 알고, 두루 능한 이 자리를 유교의 용어로는 '천성(天性)'이라고도 한다. 혹은 '명덕(明德)'이라 하여 밝은 덕이라 표현하기도 한다.

주자(朱子)의 해석에 의하면 '사람이 하늘에서 얻은 바'이니 텅 비어 있으면서도 신령스러워서 깜깜하게 어둡지 않고 온갖 이치를 갖추고 있으면서 세상만사에 감응하는 자리(人之所得 乎天而虛靈不昧 以具衆理 而應萬事者也)를 명덕이라고 한다. 이때 하늘은 우주의 법도·법칙인데 그 기운을 곧 바로 받아 사는 것을 삼매라고 한다.

우주의 법칙을 올바르게 받으면 완전한 생명을 얻을 수 있으나 그렇지 못하면 미물로 된다. 사과나무를 비탈 밭에 심으면 사과가 비뚤어지는 이치이다. 올바르게 받으면 32상 80종 호의 부처가 되나 그렇지 못하여, 우리는 인간이 된 것이다.

인간을 중심으로 하급한 것은 아귀·축생·아수라이며, 위로는 천상·성문·연각·보살·부처가 있다. 따라서 중간의 인간들이 공부를 이루기가 가장 쉽다고 한다.

지금도 우리는 불각(不覺), 아직 깨닫지 못하여 스스로가 사는 자리를 모르고 살고, 방황하며 산다. '왜 사느냐'고 물으면 그 누구도 당당하게 대답하지 못한다. 또한 당장 한 시간 뒤에 내게 어떠한 일이 일어날지도 모르고 산다. 누구나 자기의 방식대로 알고 느끼며 살아가고 있는데, 본디 그 앎의 뿌리란 쉽게 알 수 없는 자리인 것이다.

삼매에 들기 위해서는 욕심을 버리고 집착을 버리는 작업이 우선이다. 욕심을 채움으로써 밝은 거울에 페인트칠을 해 놓는 것과 같은 결과를 초래한다.

기독교에서는 하나님이 인간을 만들 때 본래 하나님과 똑같이 만들었다고 한다. 그러나 인간은 본래 모두 평등하게 만들어져 있음에도 불구하고 사는 동안 집착이 생기고 욕망이 생겨 스스로가 티를 만든 것뿐이다. 깨닫게 되면 반야의 지혜를 얻을 수 있으며 깨닫지 못하면 칠흑 같은 어둠속을 헤매는 것이다.

유교에서는 윤리·도덕을 거론하며 인간의 올바른 삶을 위한 기본으로 제시하고 있다. 그러나 윤리·도덕은 인간과 인간 사이의 질서 유지를 위한 규범·규약일 뿐 인생의 근본적 문제를 해결하는 지침이 되지 못한다.

　인간은 모두 환한 마음자리를 지녔으나 살아가는 동안 욕심과 집착으로 얼룩지게 되어 있다. 이를 벗어나기 위해서는 또 열심히 수행 정진하여야 한다. 페인트칠한 거울은 물로 닦아 맑아지는 것이 아니라 페인트를 지우는 약으로 닦아, 그 본질이 드러나도록 애써야 하는 것이다. 본각(本覺)의 자리는 하나이지만 현재 인욕과 물욕으로 뒤덮여 때 묻은 우리는 본래의 맑음으로 가도록 깨닫는 노력을 해야 한다.

　우리 생명의 생긴 그대로를 진여(眞如)라고 한다. 진여법이 하나인 줄은 모르고 사람들은 제각기 몸뚱이 속에 하나씩 가지고 있다고 생각한다. 분명 날 적부터 사람들은 진여를 지니고 있으나 깨닫지 못한 미혹(迷惑)으로 인해 모를 따름이다.

　모두들 살면서 내 속에 따로 내가 있다는 망상, 집착을 갖고 있다. 『화엄경』에도 53선지식 가운데 50번 째에서야 제 칠지보살이 비로소 나(我)가 없음을 아는 대목이 나온다.

　나 아닌 내가 내 몸속에 들어 있다면 이 두 개의 나는 어디까지 분리될 수 있는지 한계를 지어보자.

　또 다른 나는 몸뚱이만한 것인가, 안방만한 것인가, 아니면 허공에 가득 차 있는 것인가, 우리 범부(凡夫)들은 오온(五蘊)이 바로 나라는 생각을 흔히 지니고 있다. 오온은 과거에 밝은 마음일적에 하나 둘 행하던 행동의 먼지, 그림자가 쌓여 이루어진 것들이다. 보고 듣고 하는 모두가 습관적으로 이룩된 마음을 스쳐 지나가는 자취인데도 이를 생명의 본체로 파악하고 있다.

그림자와 실체에 관해 예를 들어보자. 대웅전 사진을 찍었다. 백장을 현상해도 어디까지나 대웅전의 그림자에 불과할 뿐 대웅전은 결코 아니다. 대웅전을 가본 사람은 사진을 보나 직접 보나 대웅전의 본질을 알고 있다. 그러나 대웅전을 본적 없는 이가 사진을 보면 사진 그 자체만 보았지 대웅전은 모른다. 즉, 깨닫고 보면 본체와 그림자가 다르지 않지만 깨닫지 못한 사람은 모른다는 것이다.

'색즉시공 공즉시색(色卽是空 空卽是色)'에서 색이란 우리 생명체가 내뿜는 그림자이다. 소리도 그림자이고 모양도 그림자이며 모양의 작용이나 찍힌 사진이나 전부가 그림자인 것이다. 이를 모르고 본체라고 착각하며 살고 있다. 대웅전 사진이 백장이든 만장이든 현상될 수는 있어도 대웅전의 본체는 오직 하나이다. 단지 사진이 여러 장일 뿐이다.

다시 말하면, 그동안 살아온 행적을 업이라 할 때, 살아온 그림자는 사진 찍어 놓은 것과 같은 것인데 잘못 알고 자기라고 고집하는 것과 다르지 않다. 업을 그 사람이라고 하면 큰 잘못인 것이다. 모래밭에서 발자국 하나 쿡 찍어놓았다고 이를 그 사람이라고 한다면 분명 오류가 있는 말이다.

손가락으로 안경을 잡는다면, 안경을 잡는 손은 한 때의 인연작용일 따름이지 손을 대표할 수는 없다. 그러한 연유로「기신론」에서는 무명(無明) 혹은 불각(不覺)이라 한 것이다. 그림자를 보고 사람이라거나 그 물체의 본질로 보아서는 결코 안 되는 것이다.

깨닫고 나면 진여는 오직 한가지일 뿐이다. 나무에 들어가면 나무에 살고, 벌레에 들어가면 벌레에 살고, 사람에 들어가면 사람에 사는 그 생명체는 하나인 것이다. 이를 기독교에서는 하나님이라 부른다. 성품은 하나라는 것이다.

우리의 마음을 흔히 허공에 비유하곤 한다. '허공과 같다'라고 표현한다. 그런데 이는 허공보다 더 묘하다는 의미이다. 허공과 비슷할 뿐 허공과 마음이 같은 것은 아니다.

한 선사가 '내 속에 내가 따로 있다'고 말했다면 자기도 그렇구나 하고 의심하지 않는 풍토이다. 이것은 옳게 배우는 자세가 아니다. 예부터 가지고 있던 버릇이며, 불법에 들어 와서도 달라진 것이 없게 된다. 결국 불법의 속 깊은 이치는 끝내 만나지 못하게 된다.

이처럼 경전에 '생명체는 하나'라고 했으나, 너도 하나 나도 하나라는 말이 아님은 모두 인식해야 하겠다.

조실스님인 마조스님과 청년 수좌 백장스님이 어느 강가를 거닐 때의 이야기이다. 마조스님이 기러기 떼가 훨훨 나는 모습을 가리키며 "저 새가 보이는가?" 물었다. "보입니다." 수좌가 대답했다.

한참 지난 뒤에 "지금도 그 새가 보이는가?"를 물었더니 "지금은 지나가서 안보입니다." 라고 대답하였다. 그러자 마조스님이 백장스님의 코를 잡아채었고 백장스님은 "아야!" 소리를 질렀다는 일화가 있다.

깨닫지 못한 사람은 날개 짓하며 나는 새의 기운과 자기 코의 아픈 기운이 두 가지인줄 안다. 이는 둘이 아니다. 한 기운이 눈에 가면 보고, 귀에 가면 듣고, 기러기 속에도 들어가고, 사람 속에도 들어가는 것이다.

   법성원융무이상(法性圓融無二像)이라 하여 우주법체는 하나이지 둘이 아니라고 했다.

5. 선재 동자

 지금부터 53선지식의 이야기가 나오는 데 '나'라는 관념을 어렵게 벗는 내용이 나온다. 견성은 자기의 성품이 하나임을 깨닫지 못하면 얻어질 수 없는 것이다. 스스로가 비록 깨달음을 얻지 못했다고 해도 부처님의 가르침을 믿고, 조사의 말씀을 믿기만 해도 욕심이 적어진다. 집착에서도 벗어날 수 있다.

 내 몸이 내 것이 아님을 알 때, 나 하나를 위해 거짓말하고 아옹다옹하며 살 수는 없기 때문이다. 그러나 현실의 경우는 내 몸의 그림자에 얽매여 평생 종노릇을 하고 만다. 물거품 같은 오온에 끄달려 산다. 이것에서 벗어나라는 진리가 본회에서 다루어진 것이라면 후반부에서는 작은 동자를 등장시킨다.

 그가 선재(善財)동자이다. 선재동자는 진리를 전달하는 인물이다. 초발심에서부터 십신 · 십주 · 십행 · 십회향 · 십지 · 등각 · 묘각으로 보태면서 한 인물씩 만나고 있다.

 부처님은 옛날에 우리와 똑같은 범부였다. 다만 우리와 다르다면 일찍이 발심(發心)했다는 점이다. 우리 생명의 본체를 알기 위해 보리심을 발하고, 수행을 했고, 사는 자리를 깨달았기 때문에 보통사람과 다르게 된 것이다.

모르는 것을 믿고, 이해하고, 실천하고, 깨달은(信解行證) 이를 부처님이라고 하는 것이다.

모든 이치를 지니고 만사에 응하는 것이 깨달음의 태도이다. 이때에 탐심은 존재하지 않는다. 내 안에 우주 만법이 다 들어 있어 올바르게 행동하게 된다. 그러나 깨달음에 도달하지 못하면 나 따로, 우주 따로라고 생각하여 모자라고 약한 자신을 비교하며 탐심을 지니게 된다. 즉 깨닫지 못하면 탐·진·치 삼독을 지니고 사는 것이며, 깨달음을 얻으면 계·정·혜의 삼학을 지니게 된다.

선재동자는 53선지식을 만나 처음의 초발심에서 성불에까지 이른다. 보리심을 발한 선재동자는 고생을 극심하게 겪는다. 그러나 오직 뜨거운 구도정신으로 선지식을 찾아 법을 구하여 마침내 미륵보살을 친견하였다.

미륵보살은 선재동자에게 어디 가느냐고 물었다. 선재가 53선지식을 만나며 고난 속에서 구도한 이야기를 하자, 미륵보살이 손가락으로 선재의 머리를 툭 쳤다. 그러나 그간 다니며 배웠던 것이 순식간에 없어지고 말았다.

이는 배운 지식이 마음 가운데에 남아 있으면 눈동자에 금가루가 묻어있는 것과 같아 아무 것도 볼 수 없다는 의미인 것이다.

미륵보살이 다시 이르기를 "진정 보리심을 발했다면, 그리하여 부처가 되려 한다면 다시 120생을 물러가서 문수보살을 처음부터 친견해 배워오너라"라고 하였다. 선재동자의 신근(信根)이 워낙 깊은지라 그는 그러하겠노라며 밖으로 나왔다. 물론, 깨달음 속에서 전부 다시 생각이 났다. 그러자 미륵보살 앞에서 120생 밖의 문수보살이 손을 내밀면서 머리를 만지는 것이 아닌가.

"참말로 장하구나. 네 믿음이 약했다면 하나도 진실 된 것이 없었을 것이다. 네가 최후의 일념까지 진실한 생각 속에 있으니 참으로 장하다."

그리하여 선재동자는 보살도를 마치고 성불하는 과(果)를 이루었다. 일생동안 3아승지 겁을 닦을 과를 둥글게 한 것이다.

선재동자는 120생 동안 구도행각을 펼쳤는데, 우리는 바삐 가는 시간 속에서 얼마만큼 도를 닦을 수 있을 것인가. 시간을 잡아맬 수는 없을까 하는 때도 종종 있으니 말이다.

어느 마을에 다음과 같은 일화가 전해오고 있다. 한 사람이 신선과 만나 며칠 동안 함께 있게 되었다. 신선과 작별하여 마을로 돌아올 적에 신선이 조그마한 보따리 하나를 주면서 '집에 가지고 가 펴보지 않고 놓아두면 내내 행복할 것'이라고 하였다.

마을에 도착해 보니 집이 자취도 없이 사라져버렸다. 근처에서 밭을 갈고 있는 농부에게 물어보니 수백 년 전에 이 자리에 집이 있었다라고 말하는 것이었다. 알고 보니 그 농부는 자신의 7대손이었던 것이다. 신선과 함께 했던 며칠 기간이 닫힌 시간이었기 때문에 속세로 돌아왔어도 전혀 늙지 않은 것이었다.

언제나 인간들은 '하지 말라'는 일에 호기심을 갖는다. 그래서는 그 금기 사항을 어기고 만다. 이 사람도 마찬가지였다. 보따리에 무엇이 들어있는지 궁금하여 끈을 풀고 열어보니 갑자기 김이 확 쏟아져 나오면서 이 사람의 피부가 쭈그러들고 머리가 백발이 되고 말았다고 한다.

1) 문수보살을 만나다

주인공은 작은 동자, 선재(善財)이다. 왜 어린 선재동자의 발심에서 시작되는가 하면, 도에 이르는 것은 '본성을 잃지 않은 자'이기 때문이다. 다시 말하면 혼인을 하면 인간의 천진함을 잃는다고 하기 때문에 동정을 잃지 않은 표본으로 선재를 내세운 것이다.

경 그 때에 복성 사람들은 문수사리보살이 장엄당 사라림중대탑묘에 와 있다는 소리를 듣고 한량없는 대중들이 그 성으로부터 나와서 처소에 이르렀다. 그 때에 한 우바새가 있었는데 이름이 대지(大智)라는 사람이라~

강의 복성의 사람들은 탐심이 없는 사람들이다. 문수사리보살의 법문을 듣기 위해 복성을 비우고 모두들 뜨거운 구도 열로 모여든 것이다.
대지(大智)란 우리가 생활하는 데에 있어 '아는 것이 힘'이라는 격언

이 있듯이 참으로 중요한 것이다. 그러나 큰 지혜는 지식과 달라 슬기로움을 지닌 지식을 말한다. 생활 속에 응용되고 변통되는 슬기로움이 지혜인 것이다.

요즘 스님들이 보면 개개인이 지닌 근기가 달라 염불해야 할 사람이 있고, 경을 읽어야 할 사람이 있는데도 무조건 참선하면 좋다고 가르친다. 배가 아픈 사람과 머리 아픈 사람에게 다르게 약을 써야 하는 것과 같은 도리이다.

옛날의 조사스님들은 배우려는 자가 문밖에서 들어오면 혜안(慧眼)으로 바라보고는 어떤 방법으로 깨달을 수 있는 근기라는 것을 훤히 알았다. 요즈음은 그저 흉내만 낼 뿐 '죽은 가르침'이 전달되고 있는 것 같다. 활구(活句)라고 하여 산 기운을, 생명체를 깨닫게 하여 걸림 없는 지혜에 이르러야 함에도 불구하고 화두가 제 역할을 옳게 못하고 있음은 사실이다.

한 사람이 서울의 떡국이 맛있다던데 먹어보았는가를 물으니 상대가 '우리 삼촌이 사먹고 와서 이야기 해 주더라.'라고 말했다. 그러나 맛은 이야기를 통해 알 수 있는 것이 아니다. 예부터 조사스님들이 '친히 혀로 맛을 보라'고 이르신 것도 자신이 직접 경험하라는 뜻이다.

부처님의 깨달음도 우리의 생활에서 벗어난 것은 아무것도 없다. 우리와 상관없는 깨달음이란 결코 깨달음이 아닌 까닭이다. 하루하루의 길을 열어가는 것이 인생살이인 연유로 도는 우리의 삶과 분리되어 얻을 수 있는 것이 아니다.

옛날에 동산 수초(洞山 守初)선사가 있었다. 선방에서는 아침에 죽을 끓여주는 데, 죽 맛이 없었던 모양이었다. 조실이었던 이 스님이 손수 까만 깨를 갈고 있었다. 이 때 학자가 와서 "선사님, 불법의 도리가 어떻습니까?"라고 물었다. 그러자 선사는 '마 삼근'이라고 말했다. 여기서 마란 깨의 중국 글자이며, 마 삼근이란 '깨 세근'이라는 뜻이다.

즉, 불법이 무엇이냐는 질문에 "내가 대중을 위해 깨를 세근 갈고 있는 이것이 불법이다. 불법은 따로 있는 것이 아니다"라는 의미의 함축적인 표현이었던 것이다.

공자도 "도는 가히 인간생활에서 잠시도 떼어낼 수 없으며, 만약 떼어낼 수 있다면 그것은 도가 아니다"라고 했다.

또 「기신론」에서는 '이 진여의 자체는 따로 떼어내서 버릴 만한 것이 없으니 일체법이 모두 진여이기 때문이며, 또한 따로 떼어내서 따로 세울 수도 없으니 일체법이 모두 진여와 동일한 자체이기 때문이다(此眞如體 無有可遣 以一切法 悉皆眞故 亦無可立 以一切法 皆同如故).'라고 하였다.

법이란 사는 그 자리를 해설하는 작업이다. 삶의 자리를 잃고서 진여를 만나는 것은 환상일 따름이다.

경 오백 우바새 권속과 더불어 함께 나왔으니 이른바 수달타 우바새와 바수달타 우바새와 복덕광 우바새와 유명칭 우바새와 시명칭 우바새와 월덕 우바새와, 선혜 우바새, 대혜 우바새, 현호 우바새, 현승 우바새 등 이와 같은 오백 우바새로 더불어 함께 하여 문수사리보살 처소로 와서 그 발에 이마를 대며 절을 하고 오른쪽으로 세 번을 돈 뒤 한쪽에 물러가 앉았느니라.

다시 오백 우바이가 있으니 이른바 대혜 우바이와 선망 우바이와 묘신 우바이와 가락신 우바이와 현덕 우바이, 현광 우바이, 단광 우바이, 덕광 우바이, 선목 우바이 등 이와 같은 오백 우바이가 문수사리보살 처소로 와서 그 발에 이마를 대며 절을 하고 오른쪽으로 세 번을 돈 뒤 한쪽에 물러가 앉았느니라.

다시 오백 동자가 있으니 이른바 선재동자와 선혜동자와 선계동자와 선위의동자, 선용맹동자, 선사동자, 선혜동자, 선각동자, 선안동자, 선비동자, 선광동자 등 이와 같은 오백 동자가 문수사리보살 처소로 와서 그 발에 이마를 대며 절을 하고, 오른쪽으로 세 번을 돈 뒤 한쪽에 가 물러앉았느니라.

또 오백 동녀가 있으니 이른바 선현동녀와 대지동녀와 현칭동녀와 미안동녀와 견혜동녀와 현덕동녀와 유덕동녀와 범수동녀와 덕광동녀, 선광동녀 등 이와 같은 오백 동녀가 문수사리보살의 처소로 와서 그 발에 이마를 대며 절을 하고 오른쪽으로 세 번을 돈 뒤 한쪽에 가 물러앉았느니라.

그 때에 문수사리보살이 복성 사람들이 다 와서 모인 줄을 알고, 그 좋아하는 바를 따라 자재한 몸뚱이를 나투니, 그 몸뚱이의 의관이 혁혁해서 모든 대중을 두루 덥더라.~

강의 우바새 · 우바이 · 동자 · 동녀의 무리가 모두 문수사리보살에게 정례(頂禮)를 올린다. 오른쪽으로 세 번 돈다는 표현은 인도의 전통적 예법에 기인하며, 탑돌이를 할 때에 오른쪽으로 도는 것도 인도 불교의 영향을 받은 것이다.

　문수사리보살이 대중 앞에서 좌중을 압도하는 장면이다. 위엄 있는 이는 수많은 대중을 제압할 수 있다.

　경　자재한 대비로써 설법할 생각을 일으키며, 자재한 지혜로써 그 마음에 좋아하는 바를 다 알아보며, 광대한 변재로써 장차 법을 설할 생각을 내더라.

　다시 이때에 선재동자를 관찰해 보되 선재동자가 무슨 까닭으로 선재라 이름 하였는고. 이 동자가 처음에 태어날 적에 그 집안에 일곱 가지 보배 누각이 땅에서 솟아나며, 그 밑에는 일곱 가지 복장이 있어 땅이 스스로 벌어져서 칠보의 어금니가 나오니 이른바 금으로 된 것과 은으로 된 것, 유리 · 파리 · 진주 · 자거 · 마노들로 된 것이니라. 선재동자가 열 달 만에 태어났으니 몸과 팔다리가 단정하였고, ~

　강의　균형을 잘 이루며 아름답다. 단청의 빛깔은 오색이 조화를 이루며 칠하여져 '한국의 미(美)'를 자아내는 것이다. 그의 몸도 균형이 잡혔다는 것이다.

　경　땅으로 조차 보배가 나오니 광명이 비추고 빛나며 다시 그 집안에 오백의 보배 그릇이 있거늘~

강의 태어날 때에 난데없이 보배 그릇이 나오고 보배가 땅에서 솟아오르고, 그러한 인연으로 착할 선자, 재물 재자, 즉 좋은 보배, 좋은 보물이 나왔다고 하여 그 이름을 선재(善財)라고 한 것이다.

경 갖가지 모든 물건이 그릇 속에 가득하니 이른바 금강 그릇 속에는 일체의 향이 담겼고, 향 그릇 속에는 갖가지 좋은 옥이 들어있고, 옥 그릇 속에는 갖가지 맛좋은 음식이 들어있고, 마니그릇 가운데에는 갖가지 신기한 신보가 충만하였고, 금 그릇 속에는 은이 담겨 있고, 은 그릇 속에는 금이 담겨 있고, 금은 그릇 속에는 유리와 마니 보물이 충만하였고, 파리그릇 가운데에는 자기가 충만하였고, 자기 그릇 가운데에는 진주가 충만하였고, 화마니 그릇 가운데에는 수마니가 충만하고, 수마니 그릇 가운데에는 화마니가 충만하여 이와 같은 오백 보배그릇이 저절로 나타나며, 또 공중에서는 모든 보배와 모든 재물이 비 오듯이 내리니 모든 창고가 저절로 충만해지더라.~

강의 극락세계가 이렇듯 금은보화의 천국이라 한다. 달나라도 가는데 극락을 못갈 것인가. 복 많이 짓고 열심히 살면 후일 극락세계에서 만날 것이다.

그런데 우리 인간 세상은 이 의식주 해결을 위해 아옹다옹 복잡한 것이다. 천상 사람들처럼 모든 것이 구족하다면 굳이 힘겹게 살지는 않을 것이다. 시대가 변화하면 변화할수록 삶은 더욱 복잡해지고 있다.

경 그러한 까닭으로 그의 부모와 친척들과 관상을 보는 이들이 한결같이 선재라고 이름을 지었느니라. 또한 동자는 일찍이 과거에 모든 부처님을 공양하여 깊은 선근을 심었느니라. ~

강의 선근이 없는 사람은 불법과의 인연이 멀다. '그건 왜 믿나, 나 이렇게 건강한데.' 그러나 몸은 끝없이 건강해 주지 않는다. 몸 건강한 줄은 알아도 언젠가 죽는다는 것은 생각하지 못한다.

생사윤회의 고통이 있는 한, 우리에게는 자만할 것이라고는 아무 것도 존재하지 않는 것이다. 자만하고 있는 모든 것들은 단지 생명의 그림자일 뿐, 참 생명이 아닌 것을 우리는 너무도 모르고 산다.

경 신혜가 넓고 커서 선지식 친견하기를 좋아하며, 몸과 말과 뜻에 한 가지도 과실이 없고, 보살도를 조촐히 하여 일체지를 구하며, 불법의 그릇이 성취가 되며, 그 마음이 청정하기가 저 허공과 같아서 보리에 회향을 하되 장애되는 바가 없더라. ~

강의 선재동자에겐 과실이 없다고 했다. 과실이란 죄와는 사뭇 다르다. 죄는 하고자 하는 생각 속에 고의적으로 저지른 것이지만 과실은 조심하였으나 실수로 저지른 것을 의미한다.

대낮에 맨 정신으로 부모를 폭행한 것은 크나큰 죄가 되지만, 잠결에 잠버릇이 심해 부모를 치는 것은 과실인 셈이다. 고의로 저지른 일은 그 죄 값을 받아야 하나 과실의 경우는 용서하여야 한다.

몸과 말과 뜻의 업을 신·구·의(身口意)삼업이라고 한다. 인간이 짓는 업이 크게 이 세 가지로, 삼독인 탐·진·치는 바로 뜻으로 짓는 의업이다. 이를 곧 깨달아 업을 쌓으면 선업(善業)이라 하고, 역으로 일을 저지르면 악업을 쌓는다.

선업을 쌓으면 선근이 생겨, 그 그림자로 나타나는 것이 재물이라 하겠다. 즉, 선근을 심은 과보로써 얻어진 재물인 것이다.

불법의 그릇을 성취했다 함은 불법의 분야에서 큰 재목이 되었다는 내용이다. 흔히 '큰 일 잘 할 그릇이야'라는 표현을 쓰듯, 선재동자가 불법을 담아 지닐 만큼 장하다는 내용이다. 금생뿐 아니라 전생에도 믿음이 신성했기 때문이다.

> **경** 이 때에 문수사리보살이 이와 같이 선재동자의 이름이 생긴 동기를 관찰하고, 선재에게 위안하며 일러주고 일체 불법을 연설해주니, 이른바 일체 부처님의 직지법을 연설해주며 일체 부처님의 상속법을 연설해주며, 일체 부처님의 차례법을 연설해주며, 일체 부처님의 주희청정법을 연설해주며, 일체 부처님의 법륜하교법을 연설해주며, 일체 부처님의 색신상호법을 연설해주며, 일체 부처님의 법신성취법을 연설해주며, 일체 부처님의 광명으로 비추는 법을 연설해주며, 일체 부처님의 평등무의법을 연설해주더라.
>
> 이에 문수사리보살이 선재동자와 모든 대중을 위해서 설한 이법을 마치고 은근히 권유하기를 환하게 깨닫게 하시고, 그로 하여금 즐거운 생각을 내어 아뇩다라삼먁삼보리심을 발하게 하고 또한 과거 선근을

생각하고, 이런 일 짓기를 마친 다음에 다시 그곳에서 중생을 위하여 법을 연설한 후에 그 자리를 떠나갔느니라.~

> 강의 법이란 진리이다. 진리를 듣는 일은 쉬운 일이 아니라고 한다. 부처님께서도 과거 전생에 상상 밖으로 어렵게 공부를 하셨다. 어느 전생에서인가 부처님은 보통 사람으로서 신선 공부를 하셨다.

설산(雪山)은 세계의 지붕이라 불리는 에베레스트 봉이 있는 히말라야를 말한다. 힘(him)말이란 뜻은 '눈'을 의미하고 알라야(Alaya)는 '감추다'라는 뜻으로 '눈에 파묻힌 산'이라 한다. 인도는 열대 지방이지만 산이 높아 만년설에 뒤덮여 있다.

경전에는 부처님이 설산고행을 하신 것으로 기록되어 있으나 엄밀히 살펴보면 오히려 남쪽으로 내려 오셨다. 산이 신성한 정기를 지니고 있는 까닭에 후일 세인들이 만든 이야기일 따름이다.

부처님(당시 선인)께서 고행을 하는데 몇 해를 보내도 뜻한 바가 이루어지지 않는 것이었다. 어느 날 먼 곳에서 소리가 들리는데 "공부하는 것은 거문고를 타는 것과 같아서 줄을 팽팽하게 매도 소리가 잘 안 나고, 줄이 너무 느슨해도 소리가 잘 안 난다. "제행이 무상하여 시생멸법이라(諸行無常 是生滅法)"라는 것이었다. 주위를 둘러보니 나찰(羅刹)이었다.

선인이 다음 글귀를 알려달라고 간청하자 나찰은 배가 고파서 일러줄 수 없다고 대답하는 것이었다. 사람의 피를 마시며 산다고 하며 선인에게 네 몸을 내게 바치라는 것이다. 선인은 글귀부터 듣고 몸을 바치겠노라 했으나 도망갈지도 모른다하여, 나무 위에 올라갔다. 나찰로부터 글귀를 듣는 순간 떨어지기로 약속한 것이었다.

선인이 나무 위에 오르니 나찰은 '나고 죽음이 멸하면 가라앉은 맑은 물처럼 적멸함을 낙으로 삼는다(生滅滅已 寂滅爲樂).'라고 일러주었으며 선인은 서슴지 않고 나찰에게 몸을 바쳤다.

이처럼 부처님은 전생에 한 귀절의 말씀을 위해 나찰에게 목숨을 바쳤는데 과연 우리들은 무엇을 바칠 수 있을 것인가.

중국의 혜가대사는 달마대사로부터 법을 받으려 했으나 안 가르쳐 주니 팔 하나를 잘랐다. 이와 같이 구도 열로 정신을 무장하는 것이 오늘날의 한국 불교에서는 그 무엇보다도 절실하다.

지금부터 53명의 선지식이 등장한다. 120생을 걸렸으니 그 거리가 대단한 것이다. 선지식을 찾아 고난을 겪으며 찾아가는 선재동자, 그의 구도정신을 새롭게 받아 지녀야 한다.

53명의 선지식 가운데 비구는 다섯 명이 등장하는데 의사도 1명, 외도하는 신선도 한 명이 나오고 있다.

우리가 진리를 구함에 있어 반드시 스님만이 가르침을 주는 것은 아니다. 나보다 한 치라도 나은 사람들에게는 빠짐없이 배워야 한다.

과거 정화 이전에는 대처와 비구의 구분 없이 훌륭한 스님들은 모두 모시고 법문을 듣곤 했는데, 이제는 옛 이야기일 뿐이다. 불법을 배우려는 정신이 퇴색해가고 있다. 책임감 있는 교육 제도가 실현되지 않았기 때문이기도 하다.

법당에 들어가면 대부분의 신도들은 삼배 올리기에 앞서 초를 켜고

향을 피우느라 저마다 법석이다. 그러나 본래 향과 초는 스님이 피우는 것으로 신도들은 정성껏 준비해 불전에 놓아두면 큰 공양의 의미를 지닌다. 먼저 와 기도 올리는 신도가 켜 놓은 촛불을 끄집어 내리고 본인이 손수 새 양초를 꺼내어 불을 밝혀야 직성이 풀리는 모양이다.

부처님 좌우로 각각 하나씩의 촛불이면 족하다. 지극한 정성, 부처님 앞에는 오직 이것만이 최고인 까닭이다.

이처럼 스님의 일과 신도들의 일에 구분이 있듯이 어른과 어린이는 각기 자신의 위치가 있어 설 자리에 서고 앉을 자리에 제대로 앉아야 질서가 이루어진다.

이 경전에는 술 파는 이가 나오고 뱃사공이 나온다. 천녀가 나오고 외도가도 나온다. 이와 같은 이들이 선재에게 가르침을 준다. 누구든지 자신보다 나은 이에게 가르침을 받는 것 또한 질서라고 할 수 있겠다. 불법은 원래 원융하여 천한 사람이나 귀한 사람이나 매 한가지로 소중히 여기기 때문에 뛰어난 점은 그가 누구이든지 배워야 한다.

인간사회의 계급이란 껍데기이다. 바라문 · 크샤트리아 · 바이샤 · 수드라의 4성 계급이 존재하던 당시 인도사회는 결코 융화가 될 수 없는 계급사회였다. 이를 부처님께서는 타파하셨고 평등한 사회를 강조하셨던 것이다.

유태민족의 경우, 타민족에 비해 우월의식을 강하게 지니고 있었다. 그것은 하나님이 애초부터 그렇게 만들었다고 하는 자부심 때문이다. 후일 타민족의 지배하에 놓이자 예수가 평등을 부르짖은 것이다.

당시에 있어 크나큰 반란이었던 셈이다. 그리하여 평등을 부르짖은 예수는 십자가에 못 박혀 죽게 되었고, 그의 사상을 받들어 추종하는 이들이 불어나게 되자 이를 부활이라고 한다. 우리나라의 기독교인들이 잘 모르고 믿는 통에 죽은 예수가 다시 태어났다고 알고 있는데 이것은 그릇된 것이다.

우리들의 신앙도 마찬가지이다. 그릇되게 알게 됨으로써 발생되는 그릇된 신앙의 모습은 종교마저 왜곡시키기 때문이다.

예를 들어, 남편의 귀가 시간이 자꾸 늦어지면 의심을 하고 궁금해 한다. 이는 올바른 믿음이 바탕 되어 있지 않았기 때문이다. 잘못 알고 믿는 것은 불행일 뿐이다. 일평생 삶을 사는 동안 인생의 근본을 알고 사는 것처럼 소중한 일은 다시는 없다.

수많은 선지식으로부터 선재동자가 법을 구하는 정신을 우리 모두는 되새겨야만 할 것이다.

경 이 때에 문수사리보살께서 상왕(象王)이 돌아보듯이 선재동자를 살펴보고 이와 같이 말씀하기를 착하고 착하도다. 선남자야, 네가 이미 아뇩다라삼먁삼보리심을 발하고서 다시 모든 선지식을 친근하여 보살의 행을 물으며 보살의 도를 닦고자 하도다.~

강의 문수사리보살이 선재동자에게 칭찬하는 내용이다. 여기서 아뇩다라삼먁삼보리란 '부처가 되고자 하는 생각'이라 하겠다. 아뇩다라삼먁삼보리란 범어로서, 무상정변정각(無上正變正覺)으로 대신할 수 있다. 위없음이란 최고라는 뜻이고 정변정각이란 두루 바르게 깨침을 말한다. 마음을 내어 옳게 깨닫는 것은 그리 어려운 일이 아니다.

예를 들면, 볼펜이 하나 있다. 이 볼펜을 볼펜으로 바로 알려고 한다면 이를 아뇩다라삼먁삼보리 라고 한다. 즉 분명하게 정확히 아는 것, 한두 가지가 아니라 낱낱의 물건까지도 두루 안다는 것이다. 정각만이 아니라 두루 아는 정각이기에 정변정각이며 세상법보다 우뚝하게 더 나은 것이기에 그 앞에 무상을 붙였다.

흔히 공자를 문선왕이라고도 부른다. 공자의 덕을 찬탄한 이름인 것이다. 그러나 후일 찬덕의 명칭이 부족하다고 하여 지성문선왕이라고 불렀다. 지극한 성인(聖人)의 문선왕이라는 것이다. 청나라 시대로 와서 세인들은 공자를 대성(大成)지성문선왕이라고 불렀다. 제자백가를 집대성한 위인이라는 의미를 부여한 것이다.

볼펜 하나를 바로 안다는 것은 어떤 것인가. 볼펜이 플라스틱으로 만들어졌고, 길쭉한 형상이며, 그 쓰임은 글씨 쓰는 물건이라는 사실을 인식한다면, 체·상·용을 익힌 것이므로 이는 틀림없이 아뇩다라삼먁삼보리이다.

볼펜을 볼펜으로 보지 못하는 이들도 있다. 이와 같이 모르는 것을 불교에서는 근본무명이라고 한다. 볼펜을 볼펜이라고 여기지 못하는 동시에 착각을 통해 다른 것이라 여기는 오류가 생기는 미혹함이다.

달밤을 거닐다가 소나무 밑에 놓인 바위 혹은 나무의 그림자를 보고 '도둑'이라고 한다면 바위나 그림자를 모르기 때문이다. 이로 인하여 도둑이라거나 호랑이로 알게 되는 것이다.

그러므로 근본무명으로 인해 정각을 못하고 착각을 한다. 어린아이가 분필을 엿인 줄 알고 집어먹었다면, 이는 업으로 나타난다. 행동은 반드시 결과를 낳기 때문이다. 행동이 나온 그 결과는 배가 아픈 것으로 나타난다. 이를 미혹이라고 한다. 이 업을 길게 늘여놓으면 바로 12인연이 되고 사성제도 된다. 아코디언이라는 악기처럼 늘였다가 줄였다가 하는 것이 인연 설법이다.

경 선남자야 모든 선지식을 친근하고 공양하는 것이 일체 지혜를 성취하는 최초의 인연이 되는 것이니 이런 연고로 여기서 네가 피하고, 싫어하는 생각을 내지 마라.~

강의 보살도를 어떻게 닦느냐는 질문에 대한 대답이다. 일상생활 속에서 입지(立志)라는 단어를 종종 쓴다. 뜻을 세운다는 의미이다. 공부를 하겠다, 돈을 벌겠다고 뜻을 세우는 일, 이를 입지라고 한다. 입지와 보리심은 한 가지이다. 입지를 한 만큼 그에 상응하는 노력을 기울여야 한다.

공자도 열다섯 살에 학문에 뜻을 세웠다고 한다(志於學). 그러나 학문의 세계로 들어간 것은 서른 살이었다(立志). 마흔 살에는 세운 뜻이 완숙하여 미혹되지 않았고(不惑) 뜻을 곧게 세우고 쉰 살에는 비로소 하늘의 법칙(知天命)을 알고 견성하였다는 말이다. 예순 살에는 무슨 말을 들어도 화내거나 흔들림이 없으며(耳順) 일흔 살에, 하고픈 일을 마음껏 하여도 우주법칙에 어긋나지 않았다고 하니 이것은 70세에나 인격이 완성되었다는 뜻(從心所慾不踰矩)이다.

명나라 시대에 왕양명이라고 하는 유학자가 있었다. 그는 '우리가 아는 것과 실행하는 것은 둘이 아니다(知行合一)'라고 말했다. 분명히 알면 저절로 행한다는 것이다. 안다는 것은 실행이 되며 실천은 앎이 완성된 것(知者行之始, 行者知之終)이다.

처음에 아뇩다라삼먁삼보리를 발해야 하고, 발하고도 노력하지 않으면 아무런 쓸모가 없게 된다.

가령, 농사를 짓는 사람이 씨앗을 뿌리고, 키우기 위해 김을 맨다면 이는 분명한 입지와 노력을 행하는 것이다. 반면, 씨앗조차 뿌리지 않고 김만 맨다면 소용이 없지 않겠는가. 뜻을 세우지도 않고 노력만 한다면 헛된 노력인데 이를 노이무공(勞而無功)이라고 한다. 노력은 했으나 공이 없다는 말이다.

우리 모두는 부모에게 효도하겠노라, 착하게 살겠노라, 열심히 신앙생활을 하겠노라 등의 입지를 분명하게 세워야 하겠다. 이를 당위(當爲)라고 한다. 마땅히 해야 한다는 뜻이다.

아이를 낳으면 기르는 책임도 있다. 나의 일, 마땅히 해야 할 일이라고 여기기에 아이가 뱉은 것을 어머니는 자기 입에 넣어도 전혀 더럽지 않다.

이렇듯 '꼭 내가 해야 할 일'이라고 여기면 무슨 일이라도 쉽게 할 수 있다. 즉, 며느리가 '시어머니는 내가 꼭 모시고 살겠다.' 라는 마음을 먹으면 그때는 아무리 시어머니라 하여도 괴롭지 않고, 중풍이 들어 대소변을 받아낸다고 해도 더럽지가 않다.

내가 왜 하느냐고, 나는 결코 할 수 없다는 생각을 하면 아무것도 해낼 수가 없다. 한 순간의 생각이 괴로움을 만들고 안 만들고를 좌우한다.

법당의 문이 떨어져 있다면 이는 법당을 사용하는 이들의 책임인 것이다.

스스로가 지니는 강한 책임감, 이것이 깨달음을 향한 일보인 것이다.

우리 부모 모시는 일을 내가 못하겠다고 하며 책임감을 느끼지 못하는 이들이 자꾸 늘고 있다. 부모를 섬기지 못하는 세태는 참으로 큰 문제가 아닐 수 없다. 옛날에는 부모상을 당하면 사대봉사를 하였는데 이제는 부모제사도 지내지 않는 풍속이 만연하고 있다. 특히 기독교는 돌아가신 부모님에 대한 제사 조차 우상 숭배라고 하여 금기시하는 신도들이 많아졌다.

공중에 가득 할 굶은 혼(魂)들을 위로하는 위령제나 수륙재를 지내 원한 많은 혼령들을 천도하는 역할을 불교가 하여야 한다. 이러한 일 또한 보리심을 발하는 일이다.

경 선재가 사뢰어 말씀하되 오직 원하노니 성자께서는 널리 나를 위하여 설명을 해 주시옵소서. 보살행은 어떻게 해야만 배우며, 어떻게 보살의 행을 닦게 되며, 어떻게 보살의 행에 나아가며, 어떻게 보살의 행을 행하며, 어떻게 보살의 행을 깨끗이 하며, 어떻게 보살의 행에 들어가며, 어떻게 보살의 행을 성취하며, 어떻게 보살의 행을 따라가며, 어떻게 보살의 행을 생각하며, 어떻게 보살의 행을 더 넓히며, 어떻게 보살의 행을 빨리 원만케 하나이까?
　이 때에 문수사리보살이 선재동자를 위하여 게송을 설하여 말씀하셨다.

　　착하도다. 공덕장이여
　　능히 내 처소에 와 대비심을 발하며
　　부지런히 무상각을 구하며
　　이미 광대한 원을 발하되
　　중생의 괴로움을 없애려고
　　널리 모든 세간을 위하여 보살행을 닦는도다.~

　강의　이 게송은 선재동자를 칭찬하는 노래이다. 자그마한 동자가 그곳에 와서 보리심을 발하고, 무엇인가를 배워 지니려고 함을 장하게 여겨 칭찬하는 노래이다.
　보리도를 이룬다는 것은 부처가 되겠다는 생각만 한 것이 아니라 내가 힘을 얻어서 일체 중생을 내 힘으로 다 건지겠다는 것이다.
　사홍서원의 첫머리에 나오듯 '한량없는 중생을 모두 건지겠다(衆生無邊誓願度)'는 이 생각은 불자라면 누구든지 품고 있는 내용이다.
　좁게는 내 힘으로 내 가정을 건지겠다, 우리 가족을 건지겠다로부터 출발하여 넓게는 내 고을, 내 국가, 우리 민족은 내 힘을 다해 건지겠다는 것으로 승화되어야 한다.
　이 국가와 민족을 바로 내 어깨에 짊어지고 나아지게 하겠노라 서원한 사람이 진짜 이 나라의 주인이다.

고래(古來)로 부터 '인생은 내 힘으로 건지련다.'라고 한 이들이 바로 성인들이다. 예수가 그렇고 석가모니가 그러하다. 생명 있는 모든 중생을 다 건지겠다고 하신 분의 말씀에 따라 살고자 발원하는 수량이 우리들인데 매사에 큰 뜻을 지니어 실천토록 애써야 하겠다.

삶 속에서 인간들은 육근에 의해 허망하게 끌려 다니고 있다. 보다 근본적으로 인간을 지탱해주는 그 기운을 깨쳐야 한다. 일체만유 생명의 원동력을 법이라 하고, 이를 깨치면 법이 지니고 있는 조화와 함께 모두 나에게로 와서 다 쓰는 것을 부처님이라고 한다. 일체의 중생을 위해 미래지가 다하도록 부처의 원덩어리는 그대로 남아 있다.

이는 마치 전깃불을 보는 것과 같다.

여기 형광등 100촉 짜리가 켜져 있다고 가정해 보면, 열 명의 사람이 이를 쳐다보았을 때 각기 10촉씩 밖에 안보일 것인가. 백 명이 이를 쳐다본다면 100촉이 1촉씩으로 나뉘어 보이겠는가. 그렇지 않다. 사람이 보는 능력이란 법체로부터 나온다. 이 법체는 능히 보는 법과 보이는 법의 총체로서 보는 지혜가 열반의 덩어리에서 나오고, 이것이 비추는 것이 이치라는 것이다. 때문에 깨달은 이는 전체의 큰 힘을 지니고 있어서 달과 해를 수억의 사람들이 바라본다고 해서 결코 그 빛이 줄어들지 않는 것과 같다.

물질이라면 이를 나누었을때 수량이 달라지겠으나 깨달은 이가 법계 속에 차지하는 위치는 신령스러운 생명체 그 자체로서 위력을 지녔기에 변하지 않는다.

나라고 하는 존재는 따로 있는 것이 아니다. 신도들이 자주 외는 「법신송화신송」 등에는 이런 말씀이 있다. 날마다 외면서도 뜻을 알고 외는 이가 적어, 그 깊은 이야기를 음미하지 못할 따름이다.

> **경** 만약 어떤 보살이 있어서
> 나고 죽는 고통을 싫어하지 않는다면
> 곧 보현의 도를 갖추어서
> 일체가 능히 그 공덕을 깨뜨릴 수 없느니라.~

강의 다른 중생을 위하여 생과 사를 겁내지 않고 위한다면 복덕을 쌓는 일이요, 도를 갖추는 일이다. '공든 탑이 무너지랴' 라는 속담처럼 복덕과 공덕은 결코 타인에게 빼앗길 수 없는 큰 위력이다.

경 복광(福光)과 복의 위력과 복의 처소와 복의 바다를 성취하는 것일지니 네가 모든 중생을 위하여 보현의 행을 닦고자 함이로다.
  네가 저 끝이 없는 시방의 일체 모든 부처님을 볼 것 같으면 다 능히 그에게 법을 듣고서 그 법을 다 받아 가져서 잊어버리지 않을 것이로다.
  네가 저 시방세계에서 한량없는 부처님을 친견하여야 그때에 가서 모든 원력 바다를 성취하여 보살행을 구족할 것이니라.
  만약 방편해(方便海)에 들어가서 부처님의 보리에 안주(安住)하고 능히 보살을 따라서 배운다면 마땅히 일체의 지혜를 성취하고 말 것이니라.

 네가 일체 세계에 두루하여 미진등수 모든 겁까지 보현행을 닦아 행하면 보리도를 성취하게 될 것이니라.

 네가 저 한량없는 세계와 그지없는 모든 겁해에 보현행을 닦아야만 모든 큰 원을 성취할 것이니 이 한량없는 중생들이 너의 원을 듣고 모두 즐거운 생각을 내어서 다 너와 한가지로 보리의 뜻을 발하여 보현행 배우기를 원할 것이니라.

 이 때에 문수사리보살이 선재동자에게 이 찬송을 마치고 말씀하시기를 착하고 착하도다. 선남자야. 네가 이미 아뇩다라삼먁삼보리심을 발하고 또 보살의 행을 구하게 되니, 선남자야 만약 어떤 중생이 있어서 능히 아뇩다라삼먁삼보리심을 발하는 것만이라도 이 일이 매우 어려운 것이 되거든 능히 발심의 길을 마치고 보살행을 구하게 되는 것은 더욱 어려운 일이 될 것이니라. 선남자야 만약 일체의 지혜를 성취하고자 할진대 반드시 선지식을 만나야 할 것이니 선남자야 선지식을 구하되 싫은 생각을 내지 말 것이며, 선지식을 보게 되면 만족한 생각을 내지 말며, 저 선지식에게 모든 가르침에 다 그대로 순종하여 선지식의 교묘한 방편에 과실을 보지 말 것이니라.

 선남자야. 여기서 남쪽으로 가면 승낙(勝樂)이란 국토가 있는데 그 산 이름은 묘봉(妙峯)이요. 그 산중에 비구가 살고 있어 그 이름을 덕운(德雲)이라 하느니라. 네가 가히 그에게 나아가 보살이 어떻게 보살의 행을 배우며 보살이 어떻게 보살의 행을 닦으며 보살이 어떻게 보현행을 빨리 원만하게 얻겠느냐고 물어볼지니라.
덕운 비구가 마땅히 너를 위하여 설해 줄 것이니라.~

　　강의　문수사리보살이 선재동자에게 나보다 나은 선생에게서 배우라고 추천을 한다. 앉아 있으면 몸에서 덕(德)이 풍기는 것이 구름(雲)이 일어나듯 하여 덕운이라 불리는 비구를 만나보라는 것이다.

　　선생을 만나면 배움이 앞당겨진다. 홀로 공부하는 것에 비하면 큰 차이가 난다. 의학을 공부하는 사람이 홀로 책을 통해 독학을 하였다면 결코 훌륭하다고 할 수 없다. 실습을 통해 해부를 하여 직접 보고 익히는 과정이 중요하기 때문이다.

　　학문의 경우도 마찬가지이다. 조선조 연산군을 쫓아내고 등극한 중종시대의 일화를 하나 소개한다.

　　당시는 태평성대였으므로 훌륭한 이들이 많이 배출되었다. 울진 사람 남격암(南格庵)이라는 이가 젊었을 때의 일이다. 울진 불영사 부근을 지나는데 뒤에 허름한 노승이 따라오며 부르는 것이었다. 뒤돌아서서 기다리니 찌그러진 걸망을 하나 내밀면서 말에다 얹어가자는 것이었다. 격암은 매우 불쾌했지만 불쌍한 노승이라 여기고 함께 산을 올랐다. 도중에 잠시 쉬게 되었는데 노승이 바둑이나 두자고 제의하였다. 그러더니 걸망에서 바둑판이 그려진 종이를 꺼내고, 기슭의 돌을 쪼아 바둑을 두게 되었다. 본래 격암은 바둑에 뛰어난 사람이었으나 노승 앞에서 맥을 추지 못하고 바둑판만 들여다보며 한동안을 있었다. 그 사이 노승의 몸은 눈 녹듯 서서히 사라졌다가 다시 나타나더니 "이렇게 사라졌다 나타나니 무섭지 않는가"를 물어보았다.

격암이 "이렇게 앉아 있는데도 겁나지 않거늘 사라졌는데 겁 날것이 있겠는가"라고 답하자 노승이 말하기를 "이만하면 가히 가르칠만한 재능이다"라며 "비록 내 작은 기술과 기법이지만 후일 젊은이에게 큰 도움이 될 것이니 배워보라"고 권유하였다. 그리하여 격암은 천문지리·음양술수·은신술·둔갑법 등을 배울 수 있었다.

선생이 있어 그를 통해 오랜 시일이 걸려야 할 것도 보다 빨리 앞당길 수 있는 것이다.

우리나라의 대승고덕들도 중국에 가서 부처님 법을 받아 신통을 마음대로 행할 수 있었다. 명랑스님의 경우, 중국의 샘물에 들어가서 샘을 꿰어 황해를 건너 경주의 금정이란 우물로 나왔다고 전한다.

이것은 허황한 것이 아니라, 우주의 생명체를 깨달으면 자재하게 된다는 깊은 의미가 담긴 일화라고 하겠다. 땅도 하늘도 다만 우리의 마음에 때가 끼어서 캄캄할 따름이고 깨달으면 몸뚱이며 천지만물이 달리 없다는 불생불멸(不生不滅)을 배우는 것, 이것이 바로 불교이다.

죽지도 않는 생명의 바탕을 우리는 법성(法性)이라고 부른다. 법성을 깨닫는 일, 이는 부처가 되는 일인 것이다. 그러나 선지식을 만나 가르침을 얻는 일이란 그리 쉬운 일이 아니다.

백년을 살거나 하루를 살거나 죽는 것은 똑같이 괴로운 일이다. 그러나 죽지 않는 방법이 존재하고, 그것이 바로 불교임을 아는 이는 그리 많지 않다.

옛날 중국에 신통력이 뛰어난 사람이 하나 있었다. 하루는 그 사람이 스님에게 찾아와 자신의 신통력이 뛰어남을 자랑하였다. 그러자 스님은 "그것보다는 안 죽는 법을 배우는 게 더 나을 텐데"라고 말했다. 곧바로 그 사람은 불법에 귀의해 참 도를 증득했다고 한다.

불교는 이와 같이 죽지 않는 법을 성취하는 것으로, 조금 좋은 일을 하거나, 좀 잘 살거나 하는 일에 그치지 않는다. 참법을 모르는 것은 생명의 바탕을 모르는 것이므로 불도를 이루는 일이 무엇보다 중한 것이다.

원효스님에게 '야운'이라는 제자가 있었다. 원효스님이 금강산에서 홀로 공부를 할 때의 일이다. 토굴을 짓고 공부를 하다 보니 가장 큰 일이 불씨를 꺼뜨리지 않는 일이었다. 성냥도 없던 시절이니, 불이 한번 꺼지면 몇 백리를 걸어 불을 얻으러 인가로 나가야 했으니 식량이 떨어지는 것보다 더 큰 일이었다.

그런데 어느 날부터인가 새벽이면 덮어놓은 불씨가 사방으로 흩어져 있곤 하였다. 스님이 이를 지켜보니 사람 같기도 하고 짐승 같기도 한 이가 오더니 춥다며 불을 쬐는 것이었다. 나중에 그를 잡아 물어보니 '신선도'를 깨친 사람이라는 것이다. 그래서 얼마를 살았는가를 물었더니 몇 백만 년인지 세어보지 않아서 모르겠지만 동해가 세 번 씩 육지였을 때 농부들이 농사짓는 일을 보았다면서 추워 못살겠노라 하소연하는 것이었다.

그러자 원효스님 말씀이 "쓸데없는 것을 배웠구나. 오래 사는 것보다 나은 것이 바로 불법이다. 불법은 죽지 않는 법이다"라고 했는데 그 말을 듣고 도를 배운 그 사람이 야운(野雲)이고 원효스님 아래에서 사흘을 공부해 도를 얻었다고 한다.

사흘 동안 마음을 닦는 일은 천하의 보배이며, 백 년 동안 재물을 탐하는 일은 하루 아침의 티끌인 것이다(三日修心千載寶 百年貪物一朝塵).

불자들에게 꼭 하나 일러줄 것이 있다. 한 세상, 애써 돈 벌고 살아도 죽을 때 지니고 떠나지 못한다. 좋은 꿈도 현실로 꺼내오지 못하듯 우리들은 이 세상의 것을 저 세상으로 지니고 떠날 수 없다.

그러나 저 세상에 지니고 가는 방법이 꼭 하나 있다. 내생에도 잘 살고 싶다면 오늘 지니고 사는 것들을 모두 주위의 어려운 이웃들에게 나누어 주는 것이다. 현세에 나누어 쓰는 재물·사랑이 내생에서 복이 되어 기다린다. 가져가는 방법은 오직 이 하나뿐이다.

남을 위해 능히 헌신하고, 보시하는 이들은 내생에 반드시 복을 받는다. 따라서 복 짓는 일에 소홀하면 안 된다.

문수사리보살의 믿음에 관한 법문이 끝났다. 우리는 만 가지가 믿음으로부터 시작되고 있음을 믿는다. 그래서 이 경전에서도 믿음은 도의 근원이 되고, 공덕의 어머니가 된다고 이르고 있다. 모든 공덕은 믿는 것으로부터 토대가 된다.

일체의 모든 선근을 콩나물 기르듯 길러내야 한다. 우리의 삶은, 사실은 믿음을 바탕으로 하는 인생이다. 인간을 믿는 등, 각기 지향하는 바에 따라 믿음의 대상이 다르다.

옛날 중국 땅에 기(杞)라는 곳이 있었다. 이곳 주민들은 늘 하늘이 언제 무너질 것인가로 걱정하며 살았다고 한다. 얼마나 어리석은 사람들인가.

이 세상은 믿음대로 된다는 것, 마음먹은 대로 된다는 것이 바로 일체유심조(一切唯心造)이다.

남편이 아내를 믿지 못하고, 아내가 남편을 믿지 못하고, 부모와 자식이 믿지 못하고, 형제간에 믿지 못하면 행복을 어떻게 찾아 누릴 수 있겠는가.

이 세상은, 눈으로 확인할 수 없으나 진동을 통해 전달되어지고 있다. 이를 움직이는 원동력이 바로 마음으로, 다른 말로 표현하면 곧 법성인 것이다. 부처가 되는 밑바탕이라는 의미에서 불성이라고도 한다.

만사가 바르게 믿으면 바르게 되고, 바르게 믿지 않고 착각하면 착각하는 대로 변한다. 우리가 평상시에 익힌 대로, 살아온 대로 그 모습대로 되고 마는 것을 '습(習)'이라고 말한다.

평생 화두를 들거나 참선을 하면서 부처님의 가르침을 곰곰 되씹는다면 부처가 될 수 있다. 그렇게 굳어지는 것이다. 평생의 생각을 닮아가는 것이다. 그러므로 마음속에 항상 좋은 것만 담아두어 좋은 습을 몸에 익히도록 하자.

아주 보잘 것 없이 작은 것이라도 나쁜 생각은 그대로 쌓여서 업이 되고 만다.

재미있는 이야기가 있다.

오비이락(烏飛梨落)이라고 하여 '까마귀 날자 배 떨어진다.'라고 하는 속담에 얽힌 이야기이다.

까마귀 한 마리가 배나무 위에 앉았다. 종일 날며 벌레를 잡다가 무심히 앉아 쉬던 배나무에 앉았다. 새가 날기 위한 몸짓을 할 때에는 발에다 힘을 써서 나뭇가지를 꽉 눌러대는지라 그 파동에 의해 나뭇가지가 흔들려 그만 배가 떨어지고 말았다. 그런데 우연히 그 배나무 밑에 있던 뱀의 머리위에 떨어져 뱀이 죽고 말았다. 무심히 맞아죽은 뱀은 '까마귀 때문에 내가 죽었다'는 원한을 품고 산돼지로 태어났고, 후일 까마귀는 꿩으로 태어났다. 꿩은 소나무 아래에서 알을 품고 있었는데 난데없이 산돼지가 돌을 헤치며 돌아다녔다. 그런데 그 돌이 굴러서 소나무 밑에서 알을 품고 있던 꿩을 치어 죽고 말았다. 포수는 산돼지를 보는 순간 총을 겨누었고 산돼지는 도망가기 바빴다.

이를 지켜보던 천태지자선사가 포수를 불러 전생의 업을 설명해주고 설법을 하여 그 맺힌 원한을 풀어주었다.

무심히 저지른 일도 이와 같은데, 나쁜 마음을 품은 것이야 더 말할 나위 있겠는가.

조선조 숙종 때 우의정으로 약천(藥泉)이라는 호를 가진 남구만(南九萬 1629~1711)이라고 하는 영의정이 있었다. 그가 정승이 되기 전의 젊은 시절, 변방의 군수였을 때의 이야기이다. 부임하자마자 마을 주민 하나가 '아들을 찾아 달라'는 소장을 올렸다. 아들 삼형제를 잘 키워놓았더니 한 해에 한 명씩 다 죽었으니 염라대왕이 해도 정말 너무한다, 남의 자식을 연이어 잡아갔으니 염라대왕에게 항소하여 아들 삼형제를 찾아 달라는 내용이었다. 원님은 그 정도의 일은 처리할 수 있을 것이다라는 요지였다.

막상 받아놓고 보니 내 몰라라 할 수도 없어 고민 끝에 사형수를 불렀다. 마땅히 국법을 어긴 죄로 죽어야 할 목숨이지만 공문을 염라대왕에게 전해주고 전갈을 받아오면 살려주겠노라 약속하였다. 사형수가 공문을 받아 쥐고 저승길을 찾지 못해 헤매다가 마침내 염라국에 도착하여 염라대왕의 공문을 다시 받아 나왔다. 물론 현세와 염라국이 서로 통하는 것을 전제로 한 이야기이다.

염라대왕이 보낸 공문에 의하면 아들을 잡아간 이유가, 그 아버지 되는 사람이 전생에 포수였는데 나뭇가지에 앉은 새를 활 하나로 세 마리를 쏘아 죽였다고 한다. 이 새들이 원수를 갚기 위해 삼형제로 태어나 복수를 한 것일 뿐 자식을 돌려달라는 것은 염치없다고 지적한 내용이었다.

이렇듯 현세의 억울함이 염라대왕에게 전달되어 회답이 오고 저승과 서로 통하는 전달이 이루어졌다면, 우리가 보살을 염하고 부처님을 외는 것은 중생과 부처가 서로 교류하는 지름길이라 할 수 있다.

부처님을 자꾸 염하면 될 일도 믿지 않고 거리감을 느끼는 경우가 많다. 그러나 우리가 잘 몰라서 믿지 않을 뿐이다.

병이 들었을 때 의사의 진단에 의지해 약을 먹듯이 관세음보살과 부처님을 믿어야 함에도 오래 절에 다녔다는 신도들조차 믿지 않는 풍토이다. 생명에 관하여 자유자재함을 얻으신 부처님의 가르침에 의지하고 따르는 신앙인이 되어야 하겠다.

경 이 때에 선재동자가 이 말을 들은 뒤에 즐거운 생각으로 뛰어놀면서 문수사리 보살님의 발에 머리를 대고 예배를 하며 수없이 돌고 은근히 우러러 눈물을 흘리면서 그 자리를 떠나왔느니라.

강의 즐거운데 눈물을 흘린 까닭은 즐거움과 슬픔을 관장하는 신경이 한 가지이기 때문이다. 윗니가 아플 때 아래턱이 함께 아픈 것처럼 같은 신경이기 때문에 슬픔과 즐거움은 한 곳에서 나온다.

멀리 떠나있던 부부가 상봉할 때 반가움 속에 터뜨리는 눈물은 이와 같은 이치 때문이다.

2) 승락국의 덕운비구

경 선재동자는 승낙국을 향하여 묘봉산에 올라가서 그 산꼭대기에서 동서남북 좌우상하로 관찰하며 찾아다녔다. 목마른 듯한 생각으로 덕운비구를 보고자 하더니 이레(7일)가 지난 다음에 그 비구를 찾았는데 덕운비구가 다른 산 위에서 천천히 걸음하여 거니는 것을 보고는 그의 앞에 나아가서 그의 발에 절하고 오른쪽으로 세 번 돌고 앞으로 나가서 말하되,~

강의 이레 동안 선재동자가 덕운비구를 찾았다고 하는 것은 수행하여 올라가는 계단이 칠각지로서, 선재동자가 칠각지를 닦는 다음에 만났다는 뜻의 비유이다.

덕운비구가 천천히 걸음 한다는 뜻은 믿음(十信)이 깊어지면 머물음(十住)에 가까워지는데, 어느 정도 안정되고 마지막 단계에서는 맑아지고 정숙해진다는 수행의 단계 속에서, 우리가 마음을 닦는데 물의 흔들림이 없는 것과 마찬가지가 된다는 것이다.

마음이 제자리를 잡으며 그 속에서 환한 밝은 지혜가 나온다. 이를 정(定)이라 한다. 불을 얼굴에 비추면 환해지듯이 그러한 능력이 나오는 것을 혜(慧)라고 한다. 여기서 천천히 걷는 것은 정을 일컫는 것이다.

선재동자는 선지식을 찾으러 남쪽으로 떠난다. 그 이유는 도를 구하고 지혜를 구하는 것은 밝은 것을 구하는 것이므로 남쪽으로 가는 것이다.

우리나라 중국은 모두 남향으로 집을 짓는다. 궁궐도 남향이다. 해가 남쪽에 있기 때문에 해의 기운을 받아 민생에 밝은 법을 베풀기 위해 궁궐을 남향으로 지은 것이다.

과거 전통식으로 혼례를 올릴 때에 빠짐없이 남녀가 북쪽을 향해 절을 하였다. 왜냐하면 남쪽을 향해 임금이 앉아 있기 때문이었다. 남쪽이란 가장 밝은 장소를 이야기하는 것이다.

각 나라마다 존경의 예를 표하는 방식은 저마다 다른데, 인도 사람들은 이마를 발에 대고 예를 올린다. 지극한 공경의 뜻으로 상대의 하단에 자신의 가장 높은 머리를 대는 것이다.

나라마다 그 의식은 다르지만 상대를 공경하는 것에는 차이가 없다.

경 성자시여, 내가 이미 아뇩다라삼먁삼보리심을 발하였지만 지금까지 보살이 어떻게 보살의 행을 배우며, 어떻게 보살의 행을 닦으며,

어떻게 하여야 보현행에 빨리 원만하게 드는지 알지 못하나이다.

내가 듣자오니 성자께서는 능히 사람을 잘 가르쳐준다고 하니 자비를 내리셔서 나를 위하여 말씀해 주시옵소서. 어찌하면 보살이 아뇩다라삼먁삼보리를 성취할 수 있겠습니까?~

강의 선재동자가 비록 보리심을 발하였지만, 실행방법을 모른다는 질문이다. 뜻을 지녔으되 아직 실천하는 방법을 모르니 그 방법을 가르쳐달라는 질문인 것이다. 서양 철학자 칸트는 사람은 먼저 생각하고 2차로 행동을 한다고 하여 전자를 관념철학, 후자는 실천철학이라고 하였다.

경 이 때에 선생이 되는 덕운비구가 선재동자에게 고하여 말씀하시되, 착하고 착하도다, 선남자여. 네가 이미 아뇩다라삼먁삼보리심을 내었고 다시 능히 모든 보살행을 묻게 되니 이와 같은 일은 어려운 일 가운데 또 어려운 일이 되는 것이니라.

이른바 보살의 행을 구하며, 보살의 경계를 구하며, 보살의 벗어나는 도를 구하며, 보살의 청정한 도를 구하며, 보살의 청정한 광대심을 구하며, 보살의 성취한 신통을 구하며, 보살의 시현해탈문을 구하며, 보살의 세간에 나타나서 짓는 바 업을 구하며, 보살이 중생들을 수순해주는 마음을 구하며, 보살이 생사의 열반문에 드는 것을 구하며, 보살의 유의와 무의를 관찰하되 마음에 애착하는 바가 없음을 구하나니 선남자여, 내가 자재한 결정해의 힘을 얻었으니 그 때부터 믿는 눈이 청정해지고 지혜광명이 반짝거리며, 널리 경계를 두루 관찰하되 일체 장애를 여의었고, 선교로써 관찰을 하되 넓은 눈(普眼)이 명철하여 청정행을 갖추었느니라.~

강의 덕운비구가 선재동자에게 자신이 성취한 도에 관하여 이야기를 들려주고 있다. 그러나 이를 자랑이나 자화자찬이라고 여기면 큰 오산이다.

내가 이만큼을 이루었음을 선언함으로써 타인의 믿음을 이끌 수 있기 때문에 자신의 이야기를 들려주고 있다.

우리 인간들은 집착이 강해서 시야를 넓게 보지 못한다. 어떤 도둑이 한 명 있어서, 금은방에 들어가 금덩어리를 한 아름 들고 나오다가 주인에게 잡혔다. 주인이 대낮에 눈뜨고 있는데 훔쳐 가느냐며 호통을 치자 사람이 없는 줄 여겼다는 것이었다.

즉, 욕심이 앞을 가려 눈앞의 황금만이 보였을 뿐이다. 삶의 과정도 이러하다. 오온에 잔뜩 집착하면 마침내 허망해지고 만다. 시야가 넓어지려면 두루 관통하고, 집착에서 벗어나야 한다.

경 시방일체 국토에 가서 모든 부처님을 공경하고 공양하며, 항상 모든 부처님 여래를 생각하며, 일체 모든 부처님의 정법을 모두 지니며, 항상 일체 시방부처님을 보되 이른바 동방에 한 부처님과 두 부처님과 열 부처님과 백 부처님 · 천 부처님 · 백천 부처님 · 억 부처님 · 백억 부처님 · 천억 부처님 · 백천억 부처님 · 나유타억 부처님 ·

백나유타억 부처님·천나유타억 부처님·백천나유타억 부처님을 다 보게 되며 한량없고, 그지없고, 가히 셀 수도 없고, 일컬을 수도 없고, 생각할 수도 없고, 헤아릴 수도 없고, 말 할 수도 없이 수많은 부처님을 친견하게 되면 염부지를 가는 티끌로 만들어 놓은 숫자의 부처님과 사천하를 티끌로 만든 숫자의 부처님과 천 세계 미진수불과 2천 세계의 미진수불과 3천 세계의 미진수불과 부처 세계의 미진수불과 불가설불찰미진수 부처님에 이르기까지 다 내가 한 몫에 보나니.

　동방으로 보는 것과 마찬가지로 남쪽, 서쪽, 북쪽과 좌우상까지도 또한 그와 같이 보나니 그 낱낱의 가운데에 모든 부처님들의 갖가지 색상과 갖가지 모양, 갖가지 신통과 갖가지 유희와 갖가지 모인 대중과 장엄한 도량과 갖가지 광명이 끝없이 비치는 일과 갖가지 국토와 갖가지 부처님의 수명으로 모든 중생들의 갖가지 마음을 따라서 갖가지 바른 깨달음을 이루는 문을 나타내어 저 대중 가운데에서 사자후를 하여 설법하는 모양이 한꺼번에 다 보이더라.

　선남자여, 나는 이 일체 모든 부처님의 경계를 생각하는 지혜광명과 두루 보는 눈을 얻었을 뿐이거니와 어찌 능히 저 모든 보살들의 그지없는 지혜로 청정행문을 알 수가 있겠느냐.

　이른바, 지혜의 빛으로 두루 비추는 염불문, 일체 모든 부처님의 국토에 갖가지 궁전을 청정하게 장엄함을 일체 중생으로 하여금 생각하는 염불문이니 중생들의 즐거워하는 마음을 따라서 부처님을 뵈옵고 청정함을 얻게 하는 연고라 내 어찌 저 공덕행을 능히 다 알며, 능히 설할 수가 있겠느냐.

선남자야 남방으로 가면 또 한 나라가 있으니 이름이 해문이요. 그곳에 비구가 한 분 있는데 이름이 해운(海雲)이니 네가 거기 나가서 보살이 어떻게 행을 배우며 보살의 도를 닦느냐고 물어보아라.~

　강의　부부가 함께 오래 살면 모습이 닮는다고 한다. 염불을 하는 것도 그러하다. 자꾸 익힘으로써 한가지만을 생각하게 되면 완성이 된다.

글 쓰고 조각하는 이들이 그 일에 열중하다가 보면 묘력이 나온다. 묘력이 나면 그 지혜가 둥글어진다. 이와 함께 삶이 동화된다.

목욕탕의 물이 뜨거운데 찬물을 조금 틀어놓으면, 새로 들어온 찬물은 뜨거운 물속에 동화되어 뜨겁게 변화한다.

우리들이 먹은 밥과 국과 반찬이 위(胃)에서 동화됨으로써 소화가 되는 것과 한 가지로, 보고 듣고 느끼는 것들 모두가 자기에게로 와서 동화되어야만 한다.

한 가지 일에 스스로가 몰두하다가 보면 우주 법칙의 기운이 체화된다. 무심 속에서 '나'라고 하는 강한 아상이 사라져 우주법칙이 스며들어 자유자재를 이룰 수 있다.

경주의 무열왕릉비는 비석은 간 곳없고 이수와 귀부만이 남아있다. 불란서의 유명한 고고학자가 몇 해 전에 이 비를 살펴보고는 신라 시대에 생리학을 연구한 사람이 있었느냐며 깜짝 놀랐다고 한다. 거북이가 멈추어 있을 때의 발가락은 5개이나 걸어 다닐 때의 발가락은 4개인데 무열왕릉비의 거북은 4개의 발가락을 그려 넣음으로써 걸어 다니는,

생동감 있는 작품을 완성한 것이다.

가을날 단풍나무 아래의 토끼와 봄철의 토끼는 다르다. 겨울 채비를 하는 토끼는 털 속에 자잘한 털이 나와 추위를 방지한다. 봄에는 절로 털을 벗는다.

그림 그리는 이들은 토끼 한 마리를 그려도 익숙해진 손놀림을 통해 저절로 계절에 적합한 그림을 그린다.

이렇듯 이 세상에는 마음만 내면 안 되는 일이 없다. 해보지도 아니한 채 단 한 번의 시도로써 안 되는 일로 판단함으로써 무명에 휘감기고 마는 것이다.

본인이 미국에서 약 1년 반 정도 지낸 적이 있었다. 그곳에서 보고 느낀 점이 많다. 개를 좋아하는 미국인들은 잘 때도 개를 데리고 자고, 고기를 먹이는 등 정성이 지극한데 반해 자기 부모는 양로원에 혹은 따로 살면서 1년에 한 번 가보지도 않는 것이었다.

부모가 죽어갈 때 병원에서 자식에게 연락을 했더니 사무가 바빠서 못가겠으니 장례를 치르고 난 비용청구서나 보내라는 대답을 하는 것이었다.

이것이 잘 사는 나라라는 곳의 이야기이다. 사람 사는 곳에 이런 일들이 비일비재하다. 지금의 우리나라도 별반 다르지 않다. 우리의 풍속이야 이웃이 상을 당하면 조문을 가곤 하는데, 사람의 도리가 아니다 싶을 정도의 일들이 그곳에서는 당연시 된다. 그러므로 미국으로부터 배울 도(道)라는 것이라고는 없다.

국방력이나 돈으로는 부자일는지는 모를 일이지만 사람 구실을 못하는 걸로 보아서는 짐승과 다를 것이 없다는 생각이 들었다. 이토록 인간의 법칙에서 벗어나 살아간다면 삶에서 아무런 의미를 구할 수가 없다.

경을 읽다보면 꿰뚫어 파악하는 술수가 자연스레 체득이 된다.

장자에 보면, 포정이라는 사람이 19년 동안 소를 잡는 일만 하였다. 오랫동안 소 잡는 일에 열중하다가 보니 지나가는 소만 보아도 뼈는 뼈대로 힘줄은 힘줄대로 눈에 비추이는 경지까지 되었다.

그러한 연유로 그의 칼은 숫돌에 단 한 번을 갈지 않아도 새로 사온 칼과 진배없었다. 즉, 뼈에도 힘줄에도 손상 없이 능숙한 솜씨로 소를 잡는 터이라 칼이 무디어질 염려가 없었기 때문이다.

그런데 우리는 우리의 마음을 물건에 한도 끝도 없이 부딪혀 다치곤 한다. 욕심을 내어 부딪침으로써 쉽게 몸이 아프고 늙고 만다. 욕심을 내지 않고 물건에 끄달리지 않으면 그리 늙지 않게 될 것이다.

나는 30세까지는 책을 읽었다. 그러나 그 후로 책을 읽지 않았다. 앉아있으면 우주의 전체 기운이 응해져서 아주 즐겁고 편안하고 좋은데, 굳이 책을 읽을 필요성이 없었다. 몇 해 전부터 학인들을 가르치느라고 책을 조금씩 읽게 되었는데 아직까지도 마음을 한군데로 쓰면 집중이 되고 무심할 때는 구슬덩이처럼 환해진다.

우주 전체의 기운을 받아들여, 날 때부터 지닌 사람의 마음을 천심과 합일시켜야 한다는 것이 유교의 사상이며 불교의 경우도 '나(我)'라고 하는 집착과 관념에서 벗어나기만 하면 천지와 하나가 된다고 이른다.

선도에서도 망기(忘己)라 하여 자기를 잊으라. 강조하며 성인은 자기 아닌 바가 없다 하여 무소불기(無所不己)라고 한다. 이처럼 아상에서 벗어나면 태평양에 물 한 방울 떨어져 태평양 전체와 한 덩이 되듯 우주 전체와 한 덩이가 되는 것이다.

우리가 아상에서 벗어나고 집착과 결별하면 하늘과 땅과 더불어 그 수(壽:생명)만큼 산다고 한다. 천지의 끝 간 데 모를 그 시간만큼 목숨도 함께 한다는 것이다. 전체의 생명과 하나 될 때에는 모자라는 것도, 남는 것도 없어 수명이 온전하다는 이야기이다. 이것이 『화엄경』에서 설해지는 내용이다.

'나'라는 생각을 버리고 우주 전체의 기운과 하나 되면 우주의 기운이 자기에게 들어와 저절로 하나가 되는 것이다.

삼국유사에 나오는 이야기가 있다.

중국의 어떤 천자에게 사랑스러운 아내가 있어 천자는 명화공을 불러 아내와 똑같이 그림을 그리라고 하였다. 화공은 그림에 능통해 똑같은 모습의 천자 비를 그렸는데 마지막에 붓에서 튕겨나간 물방울이 배에 가서 찍히고 말았다.

그림을 흡족하게 바라본 천자는 아내의 배꼽 밑에 사마귀를 어떻게 알고 그렸느냐며 갑자기 화를 내면서 사형에 처해야 한다고 노발대발이었다.

옆에 있던 대신들이 원래 순진하고 거짓 없는 화공을 위해 거짓 없는 인물임을 대변해주었다. 그러자 천자는 진정코 화공이 거짓 없는 자라면 어제 밤의 천자의 꿈을 그림으로 그려 보이면 틀림없이 살려주

마고 약속하였다.

정성껏 화폭 위에 그린 그림은 십일면관세음보살이었다. 이를 본 왕은 무릎을 치며 똑같게 그렸다고 기뻐하였다. 화공은 무사히 풀려났지만 마음이 꺼림직하여 신라로 도망을 가서 중생사라는 절에 관세음보살상을 그렸다고 전해진다. 그것은 우주의 기를 받아들여 반영된 그림이었던 것으로 보인다.

사람의 얼굴 모습도 이와 같다. 마음이 편할수록 얼굴에 덕이 있게 되고 마음을 비뚤게 지닐수록 마음에 낀 그림자가 반영되어 어두운 모습이 된다.

'얼이 빠졌다'는 말이 있는데 얼굴의 모습도 자신이 마음먹은 대로 자꾸 변화해 간다. 얼, 즉 정신이 맑으면 표정이 맑아지며, 짜증스러워지면 그 마음이 그대로 드러나고 만다. 평생을 좋은 일을 하면 몸이 자꾸 좋아진다. 그림을 그려도, 글을 써도, 노래를 불러도 온통 무심이 되어 우주법칙 그대로가 표현되는 것이다.

그러한 까닭에 중생사의 관세음보살은 우주의 축소판 그대로가 담겨 있어 알지 못한 이들도 그 앞에서 기도를 하면 성취가 된다. 우주의 기운이 기도하는 이에게 들어가 하나가 되기 때문이다.

한 사람이 노력한 정기가 하나의 작품 속에 들어 있기 때문에 불교에서는 이를 다라니라고도 하고 주문이라고도 한다. 가령, 추사 김정희가 글을 쓰면서 후일 점 하나 획 하나 그음에 있어서도 일평생의 공부가 다 들어가 있었으니 이를 다라니라고 하는 것이다. 부언하면 부처님의 깨달은 기운이 그 속에 다 들어가 있음을 일컬어 다라니라고 한다.

　화두도 마찬가지여서 깨달은 것이 하나에 다 들어있다. 우리의 집착과 망상이 모두 사라지고 우주의 기운만이 남도록 하는 것이 화두이다. 깬 기운이 화두에 있으므로 나쁜 기운이 모두 소독되어 녹아지는 것이다.

　진언의 경우도, 깨달음의 기운이 이름에 스며 있어 관세음보살만을 염해도 깨달을 수 있다는 것이다. 열심히, 부지런히 정진하는 가운데 깨달음은 만날 수 있다.

　일념으로 생각하고 고민하는 것이 쌓이고 쌓여 어느 순간에 폭발되는 것이 견성이다. 그러나 화두만이 견성을 위한 길이 아니다.

　어느 집이든지 문이 있으면 들어가는 것이지 어느 쪽 문만 사용한다는 법률이 있지 않은 것처럼, 팔만사천의 법문 그 어느 문으로도 들어갈 수 있는 것이다[門門可入].

　옛날 서산대사가 있던 시절이었다. 선하자라는 스님이 있는데 글자도 모르고, 다라니도 모르고, 관세음보살만 부를 줄 안 것이다. 스님은 기도를 정성껏 하기 위해 가을철 집집마다 탁발 한 쌀을 가지고 묘향산에 들어가 나한기도를 시작하였다. 밥을 해서 마지를 올리고 공양을 들고, 남은 밥은 새로 찌고 이렇듯 치성으로 백일기도를 거의 마쳐가는데 하얀 노장이 꿈에 나타나 무슨 일로 자꾸 조르느냐고 묻는 것이었다. 대도견성(大道見性)하련다고 대답하니 노승은 관세음보살에게 기도를 올리라는 것이었다. 그래서 다시 관세음보살 기도를 열심히 하였다. 백일을 하루 앞둔 날, 쌓인 눈 위로 마지를 가지고 올라가는 데 뒷

산에서 포수가 총을 들고 훌쩍 뛰어들더니 산에서 배고픈 차에 잘 됐다며 음식을 달라는 것이었다. 공양 올릴 음식이니 잠시 기다렸다가 먹으라고 사정했으나 포수는 음식을 내놓지 않으면 총으로 쏘겠노라 위협하였다. 그래도 놓치지 않자 포수가 총을 쏘았는데 그 순간에 선하자스님은 몰록 깨달음을 얻었다.

그러니 기도만 하여도 된다. 자기 근기에 적합한 것 하나로 몰입해 보자. 불교의 공부나 도리는 전부 이러하다.

그동안 덕운비구가 나왔고 이제부터 선재동자는 해운비구를 만난다. 덕운비구가 발심에 관해 이야기 했고, 해운비구는 시지주(廝地住)라 하여 땅의 높낮이를 고르게 하듯 마음의 언짢음을 평정시키는 것이라는 의미에서 붙여진 것이다.

3) 해문국의 해운비구

경 이 때에 선재동자가 일심으로 선지식의 가르침을 생각하여 정념(正念)으로 지혜광명의 문을 관찰하며~

강의 정념이란 바르게 생각하는 일이다. 비탈길에서 나무를 키우면 나무가 비틀어져 자란다는 지적처럼 아이를 키우는데 있어서의 교육 또한 바르게 이루어져야 한다.

태교(胎敎)란 뱃속의 아이를 어떻게 가르치느냐 하는 방법이다. 어머니를 고스란히 닮을 수밖에 없다. 신 구 의 삼업을 조심한다는 것이 바로 태교이다.

　부인이 자식을 잉태했을 때 음식이 반듯하지 않은 것은 먹지 않고, 삿된 맛은 먹지 않으며, 몸을 움직일 때에도 앉는 자리가 반듯하지 않으면 앉지를 않고, 설 때는 한발로 서지 않으며, 또 모서리에 앉지 않는다. 높은 곳에 무거운 것을 들고 가지 않으며 먹는 것, 입는 것, 모든 것을 조심해야 한다.

　눈은 헛된 빛을 보지 말며, 음탕한 소리를 듣지 말며, 좋은 것을 보고, 좋은 일을 하여야 한다.

　옛날에는 부처님 경전 등 성인의 경을 읽었다. 그 경 한마디에 부처님의 깨달은 기운이 들어 있어 감정에 변화가 생기고 태아에게 영향을 미친다.

　강릉에서 어린이 유치원을 경영할 때 한 아이가 심한 피부병을 앓았다. 살을 긁을 때마다 사금파리 같은 가루가 떨어지면서 살이 허는 것이었다. 부모의 말에 의하면 아이를 가졌을 때 고기 뼈다귀를 고아 먹었다고 한다. 실지로 아이를 가졌을 때 오리고기는 금물이다. 먹는 것 하나에도 신경을 쓰는 것이 필요하다.

　닭이 달걀을 부화하는 데 걸리는 기간이 보통 3주 정도이다. 닭이 알을 품고 삼칠일(21일) 가량을 앉아 정성을 들이는 모양이 마치 참선하는 스님처럼 시선을 한 곳에 고정시킨다. 흰 닭이 낳은 달걀을 조선암탉에게 부화 시킬 때 암탉의 시선이 고정되는 곳에 갈색의 보자기를 쳐 놓거나 검은 보자기를 쳐 놓으면 보자기의 빛이 닭의 눈에 들어가 알에 반영이 된다. 그리하여 닭의 색깔이 달라져서 부화가 된다.

알을 품어도 이런 변화가 오는데 자신의 몸 안에서 키우는 일은 큰 변화가 있게 된다.

우주의 법칙은 참으로 신기하여 봄이면 꽃이 핀다. 내 몸뚱이를 살찌운다. 이것이 다 마음인 것이다. 우리는 우선 우주의 법칙 속에서 순응하며 올바르게 생활하는 자세를 배워야 한다.

분별망상은 어떻게 해야 없애느냐고 물어오는 이가 있는데 분별망상이 뭔지 모르는 터라 어떻게 없애는지 그 방법은 나로서도 알 수가 없다. 분별망상은 본래 있는 것이 아니라 스스로가 분별망상을 찾아간 것에 불과하다.

달마스님께서 혜가에게 네 마음을 가져 오라고 이른 이야기가 있듯이 분별 망상심은 스스로가 만든 것일 뿐 이를 깨달아 일러줄 사람은 결코 존재하지 않는다. 단지 자신의 깨닫지 못한 그림자에 의해 분별망상심을 갖는 것이다.

없는 것을 있는 것처럼 행동하는 자 만큼 어리석은 일은 없다. 돈 없는 이가 돈 있는 것처럼 행동하고, 교양 없는 이가 교양 있는 듯이 행동하는 것 모두가 어리석은 짓이다. 허황한 망상인 것이다.

옛날에 반기스님이 산꼭대기에 암자를 하나 지어 놓고 앉아 공부를 열심히 하였다. 하루는 골짜기 사이로 석양이 지는 모습을 보고 있는데 어떤 청년 하나가 조그마한 짐을 짊어지고 헐떡이며 올라오는 것이었다. 올라온 청년은 손을 정갈히 씻고 와서 절을 하며 스님을 진작에 찾아뵈려고 했는데 늦었다고 말하였다. 무슨 일이냐고 묻자 자신에게는 나쁜 병이 있어 자신도 모르는 사이에 화가 나서 걷잡지를 못하는 경우가 있다는 것이었다. 언제부터 그런 일이 있었느냐고 묻자 태어날 때부터 가지고 태어났다고 대답했다.

그러자 스님은 "자네는 다른 사람이 못 가지는 묘한 것을 가지고 있구먼. 그것을 떼는 일은 어렵지 않네. 하지만 그것을 떼어서 여기에 좀 내놓게나."라고 말하였다. 그러나 몸뚱이의 안이고 밖이고 온통 뒤져 보아도 없었다.

없는 것을 만들어서 있다고 하는 자, 이를 중생이라고 부른다.

정념(正念)의 바를 정 자를 옛말로는 '한'이라고 하였다. 큰길을 아직도 한길이라고 부르는 것도 이러한 연유이다. 인도말로는 마하라고 한다.

경 정념으로 보살의 해탈문을 관찰하며, 정념으로 보살의 삼매문을 관찰하며~

강의 해탈은 자유자재한 모습이다. 그러나 우리들은 굴레를 만들어 속박되어 산다. 누에가 입으로 실을 토해서 제 몸을 꽁꽁싸는 고치를 만들고 그 안에 들어앉아서 그 허공이 전체인줄 아는 것 마냥 우리 인간들도 이 몸뚱이를 업으로 토하여 얽어놓고 제 몸뚱이 속에 들어앉아서 전체라고 생각하고 있다.

누에는 일곱 달이 지나면 나비가 되어 고치에 구멍을 뚫고, 뚫린 구멍을 통해 고치 안의 허공과 고치 밖의 허공이 하나가 된다. 우리도 무엇보다 '나'라고 하는 관념을 뚫음으로써 부처와 내가 하나로 통하도록 하여야겠다.

경 정념으로 보살의 대해문(大海門)을 관찰하며, 정념으로 부처님의 현전(現前)하는 문을 관찰하며,~

강의 우리 범부들은 범부의 망념으로 세상을 바라보지만, 부처님은 부처님의 깨달은 법으로써 세상을 본다. 분명, 금강산은 하나이지만, 시인이 보면 시로 보이고, 화가가 보면 그림으로 보이듯 모두가 이 업에 따라서 달리 본다. 말도 다르고, 생활도 다르고, 방식이 다른 것은 이 업에 의한 것이다.

경 정념으로 모든 부처님의 방위문을 관찰하며, 정념으로 모든 부처님의 법칙의 문을 관찰하며, 정념으로 모든 부처님의 허공계와 평등한 문을 관찰하며, 정념으로 모든 부처님의 출현하는 차례문을 관찰하며~

강의 부처님이 이 세상에 나와도 출현하는 차례가 있다. 석가모니부처님 이후 56억7천만 년 뒤에 미륵불이 나온다고 하였다. 이러한 식의 차례가 있는 것이다.

경 정념으로 모든 부처님의 돌아가신 방편문을 관찰하면서 점차로 남으로 행하여, 해문국으로 이르러 해운비구의 처소를 살펴보고, 그 발에다 정례를 하고 오른쪽으로 돌기를 마치고서 그 앞에서 합장을 하고 서서 이와 같이 말을 하시었다.

'성자시여, 내가 이미 아뇩다라삼먁삼보리심을 발하여 일체 위가 없는 지혜의 바다에 들고자 하오나 보살이 어떻게 능히 세속 가(家)를 버리고 여래 가에 태어나며, 어떻게 능히 생사의 바다를 건너가서 부처님의 지혜바다에 들 수가 있으며,

어떻게 능히 범부의 땅을 버리고 여래의 땅에 들어갈 수가 있으며, 어떻게 능히 생사의 흐름을 끊고서 보살행의 흐름에 들어갈 수 있으며 어떻게 능히 생사의 수레바퀴를 깨뜨리고 보살원의 수레바퀴에 들어갈 수가 있으며, 어떻게 능히 마구니 경계를 멸하고서 부처님 경계를 나툴 수가 있으며,

어떻게 능히 애욕의 바다를 말리고 대비의 바다를 자라게 할 수가 있으며, 어떻게 능히 여러 가지 난관과 나쁜 길에 들어가는 문을 닫고 큰 열반의 문을 열 수가 있으며, 어떻게 능히 삼세의 성 밖에 나가 일체 지혜성으로 들어갈 수가 있으며, 어떻게 능히 일체 노리개(玩好物)를 버리고서 일체중생을 이익 되게 할 수 있겠나이까.'~

강의 노리개란 여성들의 장식품을 말한다. 그것을 팔아서 어려운 이웃들을 돕자고 하면 쉽게 내놓을 사람이 없을 것이다. 별 다른 쓰임도 없으면서 허영심으로 장롱 속에 넣어두기만 한다. 그러한 까닭에 선재동자는 폐물을 버리고 일체 중생을 내 마음과 내 행동으로 이익 되

게 할 수 있겠는가를 물었다.

경 이 때에 해운비구가 선재동자에게 말씀하시기를, 선남자야. 네가 이미 아뇩다라삼먁삼보리심을 발하였느냐.

선재가 말하되, 오직 내가 아뇩다라삼먁삼보리심을 발하였습니다.

해운비구가 또 말씀하시기를, 선남자야. 만약 모든 중생이 옛적에 선근을 심지 않고는 이제 와서 능히 아뇩다라삼먁삼보리심을 발할 수 없나니 보현법문의 선근광명을 얻어야 진실한 도인 삼매의 지혜광명을 갖추어서 갖가지 광대한 복바다를 출생시킬 수 있으며, 백종법을 자라게 하는데 게으른 생각이 없고,

선지식을 섬기되 피로한 생각을 내지 않고, 신명을 돌보지 않고, 간직하고 쌓아 놓은 바가 없어야 하며 평등한 마음이 땅과 같아서 높고 낮음이 없어야 하며, 항상 일체 중생을 사랑하여 모든 지혜에 전념을 하여 버리지 않고, 항상 여래의 경계를 관찰하기 좋아하나니 이와 같이 해야만 능히 보리심을 발할 수가 있느니라.

이른바 대비심을 발하는 것은 일체 중생을 널리 구원하겠다는 것이고, 대자심을 발하는 것은 일체 세간을 모두 평등하게 돕겠다는 생각이고, 안락심을 발하는 것은 일체 중생으로 하여금 모든 고통을 멸해 주고자 하는 까닭이요, 요익심(要益心)을 발하는 것은 일체 중생으로 하여금 악법을 여의게 하는 까닭이요, 애민심(哀愍心)을 발하는 것은 공포가 있는 자를 다 수호하겠다는 까닭이요, 무애심(無碍心)을 발하는 것은 일체 모든 장애를 버리고 떠나는 것이며~

강의 우리 생각에 걸림이 있는 까닭은 무엇일까? 인간의 몸뚱이는 사대와 오온으로 이루어져 있다. 텅 빈 허공과 같은 법성의 자리를 깨치지 못하면 어두워진 생각, 즉 무명이 일어난다. 무명은 멀리 볼 수 없어 막힘이 생기고 이를 지대(地大)라고 한다. 깨면 등불과 같은 지혜가 나오지만 그렇지 못할 때 '저 사람은 속이 꽉 막혔다'고 표현되는 것이다.

그 다음에는 갈라지는 생각이 난다. 이것과 저것에 대한 분별이 생긴다. 이것은 내게 아주 가깝게 여겨지는 것, 이를 사랑 애(愛)자를 쓴다. 사랑하는 마음이 생기면 바다와 같은 물이 생긴다. 인간이 물을 먹지 않는다면, 결코 살 수 없는 것도 이 몸의 일부가 물로 이루어져 있기 때문이다. 이를 수대(水大)라고 한다. 지대가 고체인데 비해 수대는 액체이다.

화대(火大)는 진심을 나타내는 것이다. 사랑에도 목마른 생각이 있고, 병이 나서 염증이 생기는 것, 조급한 생각, 구하는 생각 등 화를 내는 것에서 화대가 생긴다. 또 하나는 풍대(風大)로서 이 네 가지(地水火風)의 사대가 깨닫지 못한 생각으로부터 나온다. 이 사대를 잘못 사용하면 지옥이 되고, 잘 사용하면 천상의 선인이 되는 것이다.

무애심(無碍心 걸림없는 마음)은 집착에서 벗어나야 가능하다. 이는 반야심경에서 관자재보살이 깊은 반야바라밀다를 행할 때 오온이 다 공함을 비추어 보아서 걸림이 없기 때문에 일체고통을 면했다고 함과 같은 말이다.

경 광대심(廣大心)을 발하는 것은 일체 법계에 두루 가득한 까닭이며, 무정심(無正心)을 발하는 것은 허공계와 같은 세계에 가지 않는 데가 없음이요, 관박심(觀博心)을 발하는 것은 일체 여래를 보는 것이며, 청정심(淸淨心)을 발하는 것은 저 삼세법에 지혜가 어김이 없는 까닭이며, 지혜심(智慧心)을 발하는 것은 널리 일체 지혜해에 드는 까닭이니라. 선남자여, 내가 이 해문국에 있은 지가 12년 인데 항상 큰 바다로 경계를 삼았으니 이른바 큰 바다는 넓고 커서 한량없는 것을 생각하고 배웠으며, 큰 바다는 심히 깊어서 헤아릴 수 없음을 배웠으며, 큰 바다는 점차로 넓어지고 깊어짐을 생각했으며, 큰 바다는 한량없는 여러 보배가 그 속에 묻혀 있다는 것을 생각했으며, 큰 바다는 한량없는 물이 쌓였음을 생각했으며, 큰 바다는 물빛이 서로 같지 않아서 헤아릴 수 없다는 것도 생각했으며, 큰 바다는 한량없는 중생들이 머무는 장소인 바를 생각하였으며, 큰 바다는 갖가지 몸이 큰 중생들을 용납해 받는 바를 생각했으며, 큰 바다는 능히 큰 구름이 비 내리는 바, 비를 다 받아들이는 것도 생각했으며, 큰 바다는 물이 더하지도 않고 줄어들지도 않는 것을 생각하였노라. ~

강의 우리가 보리심을 발하면 뭐든지 보는 대로 배우게 된다. 소나무를 보면 푸른 절개와 기상을 배우고, 바위를 보면 단단한 의지를 배우는 등 이를 통해 발전을 기약할 수가 있다.

새가 나는 모양을 보고 배워 비행기가 만들어졌다. 우리도 새처럼 날고 싶다는 생각에서 만들어진 것이다. 전기가 만들어지고 전화가 발명된 것 또한 뜻한 바에 뒤따라 만들어진 것이다.

2백 년 전, 미국의 일이다. 한 청년이 철공장의 직공이었다. 일을 마치고 집에 돌아와 보면 부인이 쌀을 구해와 밥상을 차려 놓고, 살림에 보태기 위해 삯바느질을 하고 있었다. 밥을 먹으면서 바느질하는 부인을 바라보니 한없이 애처롭고 처량하게 보였다. 그래서 부인의 괴로움을 조금이나마 덜어줄 것이 없는가를 고민하여 발명한 기계가 바로 재봉틀이다. 자기 부인을 위하는 것이 전 세계의 여성의 일손을 편리하게 하였다.

이처럼 타인에게 덕이 되는 일을 찾으면 큰 보람을 얻을 수 있게 된다. 행여 타인의 실패조차도 자신에게는 배울 점이 되기 때문이다. 덕이 되는 일을 부지런히 찾아보자. 분명 안락함을 얻게 될 것이다.

경 선남자여, 내가 바다를 생각할 적에 다시 이런 생각을 해 보았느니라. 세상 가운데에 자못 넓고 큰 것으로 이 바다보다 더한 것이 있겠는가. 자못 한량없는 것이 이 바다보다 더한 것이 있겠는가. 자못 깊이가 깊은 것이 이 바다보다 더한 것이 있겠는가. 자못 특수한 것이 이 바다보다 더한 것이 있겠는가.

선남자여, 내가 그런 생각을 할 적에 이 바다 밑에 큰 연꽃이 하나 홀연히 출현하되 이길 자 없는 다라니 보배로써 줄기가 되었으며, '바이두우랴' 보배가 되었으며, '잠부하나란' 금으로써 잎이 되었으며 '침수향'으로써 대가 되고, '마노'로 꽃술이 되었고 아름답게 피어서 큰 바다를 두루 덮었다.

백만이나 되는 아수라왕이 그 줄기를 잡고 있고 백만이나 되는 보배 장엄망을 그 위에 덮었으며, 백만이나 되는 용왕이 향수로 비를 내리고, 백만이나 되는 가루라왕이 모든 영락과 보배 띠를 둘러서 사방으로 드리웠으며, 백만이나 되는 나찰 왕이 자비스러운 마음으로 관찰을 하며, 백만이나 되는 야차 왕은 공경하고 예배하며, 백만이나 되는 건달바왕은 갖가지 음악으로 찬탄하고 공양하며, 백만이나 되는 천왕은 여러 가지 하늘 꽃, 하늘화만 만들었다.

내가 이 연꽃 위를 살펴보니 연꽃 위에 한 부처님이 가부좌를 하고 앉았는데 그 몸뚱이가 여기서부터 저 위로 유정천까지 뻗혔으니 보배 연꽃 자리도 또한 가히 헤아릴 수 없으며, 도량 중에 사람들도 가히 헤아릴 수 없으며, 세상을 성취한 것도 가히 헤아릴 수 없으며, 신통 변화도 가히 헤아릴 수 없으며,

그 때에 저 부처님이 오른 손을 펴서 나의 이마를 만져주면서 나를 위하여 보안법문(普眼法門)을 설해주시고, 일체 여래의 경계를 나에게 개시해주며, 일체 보살의 지혜행을 드러내 주시며, 일체 모든 부처님의 묘한 법을 열어 밝혀주시며, 일체 법륜이 다 그 속으로 들어가서 능히 일체 제불국토를 깨끗하게 해주시며, 능히 일체 외도와 삿된 이들을 다 꺾어버리며, 능히 일체의 마구니들을 멸하고, 능히 중생들로 하여금 다 환희한 생각을 내게 하며, 능히 일체 중생의 마음과 행동을 비추며, 능히 일체 중생의 근성을 분명히 알아 중생의 마음을 다 깨닫게 하시거늘.

내가 부처님 처소로 쫓아가서 이러한 법문을 듣고, 그것을 수지하

고, 독송을 하여 억념하고 관찰을 하였으니, 가령 어떤 사람이 그 좋고 많은 공덕을 대해양으로 만든 먹과 수미산으로 지은 붓을 가지고 이 보안법문의 일품 중에 일문이거나, 일문 중의 한 법이거나, 한 법 중의 한 뜻이거나, 한 뜻 가운데에 한 구절을 쓴다 하여도 조금도 쓸 수 없거늘 어찌 하물며 능히 그 공덕을 다 할 수가 있겠는가.

선남자여, 내가 그 부처님 처소에서 1천2백 세를 두고 이와 같은 보안법문을 받아가졌으며, 날마다 들어 지니는 다라니 광명으로 무수한 품을 연수하였으며 적정문(寂靜門)다라니 광명으로 널리 무수품에 들어갔으며, 무변선다라니 광명으로 널리 무수품에 들어갔으며,

이 해장(海藏)다라니 광명으로 무수품을 해석하였느니 만약 어떤 중생이 있어서 사방으로 오는 천인이나 천왕이나, 용이거나 용왕이나, 야차거나 야차 왕이나, 건달바나, 이 한정 없는 대중이 이 모든 부처님과 보살광명인 보안문에 일체 중생으로 하여금 다 들어 갈 수가 있었느니라.

선남자여, 내가 이 보안법문을 알거니와 저 모든 보살마하살들은 깊이 보살행해에 들어가서,

내가 어떻게 그 공덕행을 알기나 하며 능히 설할 수가 있겠느냐.~

강의 이 깊고 깊은 『화엄경』의 진리를 오늘의 우리가 읽고 공부하는 인연은 무엇인가. 예를 들면 컵이 하나 있다. 이 컵의 출처가 어디냐 하는 것이 바로 역사이다. 어떤 것이든지 공간 속에 존재하는 것들은 역사를 추구해 보아야 정체가 드러난다.

직장에 입사할 때 이력서를 들고 가는 것이 이와 같은 이치인 것이다. 과거에 이 사람이 어떻게 살아왔으며 그 과거를 통틀어볼 때 우리 회사에 얼마나 기여할 사람인가를 추정할 수 있기 때문이다. 이처럼 공간적으로 따지는 것을 불교에서는 '실상론'이라고 한다. 시간적으로 파악하는 것을 '연기론'이라고 한다.

불교 가운데 반야부는 실상론이다. 『화엄경』 『법화경』 등이 모두 실상론에 속한다. 연기론은 초기 불교 · 구사 · 유식 등이다. 『화엄경』은 사사무애를 말하고 법계연기를 이야기하는 실상을 겸한 연기론이라고 보는 것이 정확하겠다.

부처님 당시에 깨달음의 경지, 이를 기록한 것이 『화엄경』이지만 부처님의 열반 후 몇 백 년 동안 이 『화엄경』을 이해한 이가 없었다. 사용하지 않으면 잊어버리는 법, 우리의 마음도 사용하지 않으면 보이지 않는 것도 이와 같은 이치이다. 부처님 열반 후 7백 년 동안 이 세상에 『화엄경』은 보급이 부족했다.

불교사를 보면 용수보살이 용궁에서 『화엄경』을 가지고 왔다고 되어 있다. 그러나 여기서의 용궁은 물속의 궁이 아니라, 인도 북쪽의 '나가족'을 일컫는다고 한다. 최근 학계에 의하면 나가족의 우리말은 용이기 때문이다. 북쪽 '나가족'에게서 가져온 것을 쓰기 편하게 용궁이라고 정리한 것으로 보여진다.

공자가 유교를 집대성해 편찬하듯이 용수보살은 이 『화엄경』을 집대성 하였다. 그리하여 용수는 화엄 초조가 되고 중국으로 건너온 화엄은 나날이 발전해간다.

중국에서 최초로 화엄학을 연구한 이는 '두순법사'인데 이런 말이 있다.

懷州牛喫草 회주에서 소가 풀을 먹으니
益州馬腹腸 익주에서 말의 배가 터지더라.
天下覓醫人 천하의 의원을 구하여
灸猪在膊上 돼지 왼쪽 다리를 뜨라.

익주와 회주의 거리는 수 천리가 떨어져 있다. 이 배가 터진 말을 고치는 방법을 다음과 같이 이른다.

우리 중생들이 깨닫지 못하고 보면 소는 소, 풀은 풀, 서울은 서울, 부산은 부산 등으로 나뉘어 있다. 그러나 깨우친 사람에게는 이것이 하나로 보인다.

깨치지 못한 눈으로 보면 서울과 부산, 태평양과 대서양, 아시아와 유럽, 이러한 것들이 각기 다른 것이라 생각한다. 그러나 땅이라는 입장에서는 한가지인 것이다. 산이 높고 구름이 많아도 이는 하나이다. 논둑을 갈라 저것은 네 것이고, 이것은 내 것이다 라는 것도 실은 본디 하나인 것을 서로 갈라놓은 것이다. 태어날 때 땅을 가지고 태어나는 사람은 아무도 없지 않은가.

허공이 하나인데 조금씩 갈라서 내 것, 네 것으로 주장하는 셈이다. 분별을 가진 상태에서 보면 익주가 따로 있고 회주가 따로 있다. 돼지·소·말이 각기 따로 있다. 그러나 이들은 모두 하나에서 온 것이다. 이를 가르치는 교리가 곧 『화엄경』인 것이다.

우리나라에 화엄을 연구한 스님으로 원효대사·의상대사가 유명하다. 두 스님은 신라에서 공부를 마친 뒤에 문화가 많이 발달해 있는 당나라로 유학을 떠나게 되었다.

당시에 유학을 떠나는 방법에는 두 가지가 있었는데 고구려를 통해 육로로 당에 도착하는 방법과 백제를 통해 서해바다를 건너 도착하는 방법이다.

고구려는 한강 위로부터 현재의 요동·발해만·연해주까지 넓은 영토를 가지고 있었다. 삼국이 통일될 때 신라가 당나라에 의존해 그 넓은 땅을 당에 빼앗기고 조금 차지하였으니 삼국통일을 이룬 신라는 역사에 있어 큰 죄를 지은 셈이다.

원효·의상 스님은 육로로 당나라에 들어가기 위해 고구려로 떠났다. 그 시절엔 사람이 죽으면 땅에 묻기보다 숲이나 들에다 버리는 일이 다반사였다. 길가에 사람의 마른 뼈가 뒹구는 게 일수였다. 그래서 스님들이 지날 때는 법문을 하였다. 시체가 가득한 숲속을 시다림(屍多林)이라 하고 그 곳에서 스님이 하는 법문을 시다림 법문이라고 한다.

두 스님이 만주벌판을 걷다가 잠잘 곳을 찾아 반공호 같은 동굴에 들어가 눈을 붙였다. 원효스님은 목이 타자 자다가 깨어 주위를 더듬어 보았다. 머리맡에 마침 커다란 바가지가 있어 물을 마시자 달콤한 맛이 갈증을 해결해 주었다.

그 이튿날, 어제 밤의 물이 생각나 찾아보니 그것은 물바가지가 아니라 사람의 해골이었다. 구역질이 나는 것을 참으며 원효스님은 곰곰이 생각해 보았다.

어젯밤의 물맛은 달콤하였는데 왜 오늘은 구역질이 나는가를 고민하였다. 『화엄경』에 보면 '마음이 일어나면 자주 변화가 일어나고, 마음이 가라앉으면 평정이 되어 더럽고 좋은 것이 없다(心生則種種法生 心滅則種種法滅)'고 하였는데 어째서 지난밤에 해골물인 줄 모르고 마셨을 때는 시원하고 달콤하던 물이 아침에 해골바가지의 물인 줄 알았을 때는 구역질이 나고 속이 울렁거림을 고민하였던 것이다. 그러던 중에 생각이 문득 멈추었다.

마음이 일어나면 갖가지 법이 생기고 마음이 가라앉으면 바가지의 물과 해골의 썩은 피는 둘이 아닐 것이다. 어제와 오늘이 다르지 않은데 내 마음이 왜 이렇게 달라졌는가, 여기서 몰록 깨달음을 얻었다.

그리하여 원효대사는 홀로 되돌아왔다. 더 배우기 위해 중국을 가려 했으나, 더 배울 것이 이젠 없기 때문이었다. 그리하여 분황사에서 화엄종을 열었는데 이를 '해동종' 혹은 '분황종'이라고 한다.

원효스님의 화엄종은 중국의 영향을 전혀 받지 않은 독창적인 종법이다.

이 때부터 스님은 세상의 집착에서 벗어나 기행을 하며 생활하였다. 울긋불긋한 옷차림으로 남산을 오르내리면서 사람들이 모이면 화엄종을 설명하였다.

요석공주와의 혼인으로 설총을 낳았다. 글도 많이 써서 저서가 많다. 화엄 소도 쓰고, 기신론 소도 써서 당시 중국의 학자들도 몰려와

'해동소'라 부르며 공부하기도 하였다.

원효대사의 또 다른 이름은 '복성거사'이다. 제자가 참으로 많이 따랐다. 일정한 머무름 없이 계속 떠돌아 다니는데, 하루는 경상도의 어느 사찰에서 가만히 삼매에 드니 중국의 어느 절이 환히 보이는 것이었다.

그 절에 수많은 대중이 피해를 입게 되는 장면이 보였다. 원효대사는 그 자리에서 조그만 판자를 하나 만들어서 '해동원효 척반구중(海東元曉 斥板救衆)'의 글귀를 써서 판자를 던졌더니 중국으로 날아갔다.

한 낮에 대중이 공양을 마치고 양치질하러 밖에 나왔는데 판자 하나가 처마 끝에서 새처럼 날고 있는 모습을 보았다. 그 절의 모든 대중들이 몰려 나와 판자를 구경하는데 갑자기 판자가 남쪽으로 가자, 대중들이 모두 판자를 따라갔다.

한참을 가는데 뒤에서 와직끈하며 절의 대들보가 무너지는 것이었다. 판자가 없었더라면 그 대중이 모두 다 죽을 목숨이었다. 판자를 들여다보니 '해동의 원효가 판자하나를 던져 대중을 구제하노라'라는 문구가 새겨져 있어 이 모든 대중이 원효를 찾아 신라로 왔다고 한다.

양산 부근에서 원효대사를 만난 1천명의 대중이 통도사에 머물며 공부하기 위해 길을 찾아가는데 양산 산신이라고 자청하는 이가 갑자기 나타나 꾸벅 절하고는 내원사로 모시겠노라고 했다.

내원사로 가는 길에 요기를 하려고 조그만 주막집에 들렀는데 1천명의 대중이 모두 들어가도 방에 앉을 자리가 남았다.

내원사에 머물며 공부를 하는데 경내의 풀들이 책상이 되어 책을 올려놓고 공부했다는 화엄풀이 아직도 그곳에 남아 있다. 1천명의 중국인은 모두 그곳에서 득도하여 성인이 되었다고 한다. 그 후로 산의 이름을 천성산(千聖山)이라고 부르고 있다.

원효와 함께 유학길을 떠난 의상스님은 도중에 잡혀 되돌아온 뒤에 백제를 거쳐 해로를 따라 유학을 갔다. 그 당시 동주에는 신라인들이 거주하는 곳이 있었다. '적화암'이라고 해서 유학생이 도착하면 며칠씩 묵게 하려고 신라인들이 지어놓은 절이었다. 유학생들은 이곳에서 며칠 묵은 후에 각기 공부할 곳을 찾아 떠나곤 하였다.

그곳에 변방 수비를 맡은 '유지인'이라는 장수가 있었는데 재산은 많으나 부인과 무남독녀 외딸과 살아가고 있었다. 의상스님의 잘생긴 용모에 반한 유지인은 의상스님을 묵게 하고 융숭한 대접을 하였다. 푸짐한 대접에 답해 스님은 설법을 들려주었는데 유지인의 딸 선묘(善妙)가 쏙 반하게 되었다. 의상스님이 떠나는 날, 부모에게 선묘는 심정을 토로하였고, 유지인 내외도 의상스님에게 사위가 되어달라고 간청하였다.

의상스님은 선묘에게 세간·인간·불법의 도리에 관해 법문을 들려주고 '네가 정히 나를 위하는 마음이 있다면 내외가 아닌 나의 제자가 되어 달라'고 하였다. 선묘는 기뻐하며 '스님을 스승으로 모시어 제 목숨이 붙어있는 날까지 스님을 받들겠노라' 다짐하였다.

이후 스님은 청량산으로 가 부지런히 불도를 닦았다. 유지인의 집에서는 다달이 하인을 시켜 스님들의 옷가지 등의 공양을 빠짐없이 올렸다.

귀국을 하게 된 의상대사는 유지인의 집에 잠시 들렸다. 며칠을 묵은 뒤에 아침에 일찍 나와 발길을 재촉하였다. 선묘가 좋은 음식과 옷을 드리려고 찾자 의상대사는 이미 떠난 뒤였다. 급히 배타는 곳으로 달려가자 배는 한참을 가고 있었다.

그 자리에서 선묘는 원을 세웠다. '내가 애정이 아닌 정성으로 이 물건을 만들었다면 이 옷과 음식이 저 배로 날아가고, 나도 스님을 따라가는 용이 되어 만경창파의 물길 속에서 스님을 무사히 모시겠노라'는 원을 발하고는 물속에 뛰어들었다.

일진광풍이 불어와 선묘가 옷과 음식을 담은 상자를 뱃전에 안전하게 올려놓았고 선묘는 용이 되어 배를 호위하면서 따라갔다.

다시 육지에 도착해서 선묘는 바위로 변하여 의상이 가는 하늘 위로 둥둥 떠다니다가 부석사(浮石寺)에 떨어졌다. 당시 그곳에는 유가종이라고 하는 대처승의 중들이 살고 있었는데 큰 바위가 공중에서 떨어지려 하자 모두 도망갔다. 그 자리에 법당을 지으면서 돌로 용을 새겨 묻었다. 실제로 외국의 고고학자가 와서 조사해 본 즉 40척이나 되는 석룡이 묻혀있더라는 것이다. 부석사를 본사로 하여 의상대사는 크게 화엄종 사찰을 설립하고 화엄종을 펼쳤다.

그래서 우리나라에는 원효대사와 의상대사의 두 화엄종이 있는 것이다. 이것이 역사 속에 면면히 흘러 내려와 마침내 오늘을 사는 우리 앞에 마주하고 있는 셈이다.

4) 해안마을의 선주비구

경 선남자야, 여기서부터 남으로 60유순을 가면 능가도변에 한 마을이 있는데 그 마을의 이름은 해안(海岸)이라는 곳이고, 그곳에 비구가 한 분 있으니 이름이 선주(善住)라는 비구이다. ~

강의 유순이라는 거리는 대·중·소 유순으로 나뉜다. 대유순이 80리, 중유순이 60리, 소유순은 40리로 60유순이라면 무척이나 먼 거리라고 하겠다. 능가산은 스리랑카에 있는 산으로 랑카산이라고 부른다. 옛날에는 석난도라고 했고 한 때는 사사국이라고도 했다.

경 네가 거기에 나아가 묻되, 보살이 어떻게 해서 보살의 행을 깨끗하게 하느냐고 하여라.
그 때 선재동자가 해운비구의 발에다 예배를 드리고 오른쪽으로 돌며 첨앙하면서 그 자리를 떠났느니라. ~

강의 보살이란 보디샷트바(Bodhi~sattva)라는 인도 말이 중국의 한자 보리살타(菩提薩埵)가 되어 우리나라에 전해진 것이다. 보리란 깨달음(覺)이며 살타란 중생, 혹은 유정(有情) 등으로 번역된다. 즉 보리란 깨닫는 법이고, 살타란 제도하는 중생이다. 그러한 연유로 보살은 '위로는 부처님 법을 구한다.'고 하면 보리가 대상이 되고, '아래로 중생을 구한다.'고 하면 보리와 살타가 모두 대상이 된다.

즉 보살은 일부는 깨닫고, 일부는 중생의 몸으로 남아있는 깨달은 중생이다. 부처님 아래에서 법을 배우고, 배운 것을 아직 미처 알지 못하는 이들에게 건네주는 자, 그가 곧 보살인 것이다.

경 이 때에 선재동자가 선지식의 가르침을 생각하며, 온전히 보안법문을 생각하며, 온전히 부처님이 신력을 생각하며, 온전히 법 구의 부름을 생각하며, 온전히 법해문에 들어가며, 온전히 법의 차별을 생각하며, 온전히 법의 소용돌이에 깊이 들어가며, 널리 법의 허공에 들어가며, 조촐히 법의 위의(威儀)를 다스리며, 법의 보철을 관찰하면서~

강의 자꾸 생각하면 생각할수록 그 대상을 닮는다. 부처님을 자꾸 생각하면 할수록 부처님을 닮는다. 선하고, 덕이 있고, 자비롭고, 지혜로운 사람으로 변모하는 것이다.

경 점차로 남으로 향하여 능가도변 해안 취락마을에 이르러 시방을 관찰하여 선주비구를 찾아다니다가 한 비구를 보니까 저 허공 가운데에서 내왕을 하며 경행을 하는데, 무수한 모든 범천들이 허공 가운데서 역시 공경하고 둘러 있어, 모든 꽃을 뿌리며 하늘의 음악을 연주할 새, 당번증기가 다 각각 무수함이라.

깃발이 허공에 가득하여 그 깃발로 공양하며 모든 용왕들이 허공에서 가히 헤아릴 수 없는 침수향 구름을 일으키고 우레와 번개를 일으켜 공양을 드리는 일도 있으며, 긴나라 왕이 여러 음악을 연주하여 여법이 찬탄을 하면서 공양을 하는 이도 있으며, 마후라가왕은 불가사의한 미묘한 옷으로 허공에 두루 펼쳐서 마음의 즐거운 생각을 내어 공양을 드리기도 하며, 아수라왕이 불가사의한 마니보배구름을 일으키고 무량한 장엄과 갖가지 장엄을 일으키되 그것이 두루 허공에 차서 공양을 드리는 것이며, 가루라 왕이 동자 모습으로 한량없는 아가씨들에게 둘러싸였으며, 필경에 무살해심(無殺害心)을 가지고 허공에서 합장 공경을 하며~

 강의   가루라왕은 사람을 해치는 귀신이다. 그러나 불보살 앞에서 선한 마음을 가지고 합장 공경을 하고 있다. 이 대목에서는 팔부신장이 다 출연하고 있다. 선하고 악한 신장들이 모두 모여 좋은 마음이 되어 공양을 드린다는 것이다.

 경   선재동자가 이런 많은 공양을 올리는 것을 보고 마음에 즐거운 생각을 내어서 합장·예경하면서 이와 같은 말을 하건데, '성자시여 내가 이미 아뇩다라삼먁삼보리심을 발하였나니 보살이 어떻게 불법을 수행하며, 어떻게 불법을 적집하며, 어떻게 불법을 구비하며, 어떻게 불법을 익히며, 어떻게 불법을 증장시키며, 어떻게 불법을 총집하며, 어떻게 불법을 구경하며, 어떻게 불법을 조촐히 다스리며, 어떻게 불법을 조촐하게 하며, 어떻게 불법을 통달하겠나이까.

내가 들은즉 성자께서는 잘 가르친다고 하오니, 원하옵건데 자애한 마음으로 저를 위하여 선설(善說)해 주시옵소서.

보살이 어떻게 해야만 부처님 보는 것을 버리지 아니하고 항상 처소에서 정근하고 수습하며, 보살이 어떻게 해야만 보살을 버리지 아니하고 모든 보살과 더불어 선근을 동일하게 하며, 보살이 어떻게 해야만 불법을 버리지 아니하고 모든 지혜를 밝게 증득하며, 보살이 어떻게 해야만 큰 원을 버리지 아니하고 널리 일체 중생을 이익 되게 하겠으며,

보살이 어떻게 해야만 여러 가지 행을 버리지 아니하고 일체 겁에 머물되 마음에 싫어하는 생각이 나지 아니하며, 보살이 어떻게 해야만 부처님의 세계를 버리지 아니하고 능히 일체 세계를 장엄해서 깨끗하게 만들며, 보살이 어떻게 부처님의 힘을 버리지 아니하고 다 능히 여래의 자재를 지견하게 되며,

보살이 어떻게 유의법을 버리지 아니하고 또한 다시 유의법에 머물지도 아니하고 널리 일체 모든 생사하는 길에서 저 변화하는 것처럼 생사를 시현하여 보살행을 닦게 되며, 보살이 어떻게 법문 듣는 일을 버리지 않고 다 능히 모든 부처님의 바른 가르침을 영수해 받으며 보살이 어떻게 지혜의 광명을 버리지 않고 널리 삼세의 지혜에 행할 곳을 두루 들어가게 되나이까.'

이 때에 선주비구께서 선재동자에게 말씀하시되, '착하고 착하고, 장하고 장하도다. 선남자여. 네가 능히 아뇩다라삼먁삼보리심을 발하였고, 이제 다시 또 발심을 하여 불법과 일체의 지혜법과 스스로 깨닫는 법을 물어 구하여 질문을 하는구나.

선남자여, 내가 이미 보살의 걸림이 없는 해탈문을 성취하였나니 네가 오거나 가거나 행하거나 그칠 적에 그 법을 수순하고 사유하고 수습하고 관찰하여 즉시에 지혜광명을 습득했나니 이 몸이 구경무애(求經无碍)라는 법이다.

이 지혜광명을 얻은 연고로 일체중생의 심행을 다 한꺼번에 아는데 막히는 바가 없으며, 일체 중생의 죽고 사는 것을 한꺼번에 아는데 걸림이 없고, 일체 중생의 전생의 일을 아는데 걸림이 없고, 일체 중생의 미래의 일을 아는데 걸림이 없으며, 일체 중생의 현재의 일을 아는데 장애가 없으며, 일체 중생의 있는바 의문을 낱낱이 알되 장애하는 바가 없으며, 일체 중생의 모든 근을 알되 장애하는 바가 없으며, 일체 중생에게 교화 할 때를 따라서 다 능히 나아가되 장애하는 바가 없으며~

강의 교화는 아무 때나 쉽게 하는 것이 아니다. 반드시 적합한 '때[時]'가 있기 때문이다. 신라시대의 고운 최치원은 '할 것은 가히 할 만한 때에 하라'고 일렀다.

경 일체의 찰라와 분(分)과 시간을 알되 장애하는 바가 없으며, 능히 삼세해에 윤회하는 차례를 알되 장애하는 바가 없으며, 능히 그 몸뚱이로써 시방의 일체 부처님 세계를 낱낱이 알되 장애하는 바가 없나니 어찌된 연고인가, 머무름이 없고 지음이 없는 신통력을 얻은 까닭이니라.

선남자여, 내가 신통력을 얻었으므로 저 허공 중에서 행하거나 머물거나 앉거나 눕기를 마음대로 하기도 하며, 혹 몸뚱이를 숨기기도 하며, 나타나기도 하며, 한 몸을 나타나기도 하며, 많은 몸을 한꺼번에 나타내기도 하며~

강의 옛날 불보살 가운데에는 한날 한시에 한꺼번에 몸을 나타나기도 하였다. 원효대사의 경우도 여덟 군데에 동시에 몸을 나투었다는 기록이 있다.

경 몸뚱이를 가지고 산이나 장벽을 뚫고 나가기를 허공과 마찬가지로 하며, 허공 위에서 가부좌를 하고 앉았되 내왕하기를 자제하게 함이 날아다니는 새와 같으며, 땅에 들어가기를 물과 같이 하며, 물을 밟기를 땅과 같이 하며, 온몸의 상하에서 불꽃을 일으키되 큰 불더미 같기도 하며, 어떤 때에는 일체 대지를 진동시키기도 하며, 어떤 때에는 손으로 해와 달을 만지기도 하며~

강의 아무도 믿으려 하지 않을 것이다. 그리고 거짓이라고 생각할 것이다. 하지만 부처님께서는 그러한 도력이 있다. 작은 것을 크게, 큰 것을 작게 하는 자유자재 함이 있다는 것이다.

경 혹은 그 몸을 나투되 높이 범천까지 닿기도 하며, 혹 사르는 향구름으로 나타나기도 하며, 혹 보배불꽃구름으로 나타나기도 하며, 혹 변화구름으로 나타나기도 하며, 혹 광명그물구름으로 나타나기도

하며, 혹 일념 가운데서 동방의 한 세계와 두 세계와 백 세계와 천 세계와 백천 세계 내지 무량한 세계를 지나서 불가설불가설 세계를 지나가기도 하며~

강의 해탈문을 얻는데 이렇듯 장하다는 것이다. 넓고 넓은 허공계에서 좋은 곳에나 나쁜 곳에나 머무름 없이 마음대로 다니는 이름이 곧 선주(善住)이다. 부처님 열반자리에도 머물지 않는 것(不住生死 不住涅槃)을 선주라고 한다. 선주라고 하는 이름은 잘 머문다는 의미인데 그것은 어느 곳에도 집착하지 않고 마음대로 다니는 것이다.

마음대로 다니는 것으로 대표적인 이야기가 있다. 대동강 물도 팔아먹었다는 봉이 김선달과 함께 익살꾼의 대명사로 불리는 정수동의 이야기이다. 부인이 아이를 낳는데 순산이 아니라 역산이었다. 그런데 약방에서 불수산(佛手散)이라는 약만 지어다 먹으면 낫는다고 하여 정수동이 급히 약을 지으러 갔다. 가는 길에 금강산 구경을 떠나는 친구들을 만나 함께 구경을 떠났다. 1년 동안 약 짓는 것도 잊은 채 구경을 하고 돌아오니, 집에서는 잔치가 열리고 있었다. 아이의 돌이었던 것이다. 그의 아내가 괘씸히 여겨 화를 내자 정수동이 대답하기를 "내 성질이 느린지, 부인 성미가 급한지 모르겠구먼. 불수산을 짓기도 전에 아이 돌잔치부터 할게 뭔가."라고 하였다. 이런 성격이라면 아마 늙지 않고 살 것이다.

경 낱낱 여래의 있는 바 선설하는 법을 내가 다 받아 가지며, 낱낱 국토의 있는바 장엄을 내가 다 억념하기도 하나니 동방의 한 곳과 같이 남과 서와 북방, 좌우, 상하에도 또한 그와 같이 하느니라. 이와 같이 일체 세계 가운데에 있는바 중생들이 나의 형상을 보는 이는 결정 코 아뇩다라삼먁삼보리를 얻을 것이며~

강의 선주의 모습을 보기만 해도 모두 아뇩다라삼먁삼보리를 얻었다는 것이다. 대단한 선지식이 아닐 수 없다.

경 내가 만약 저 모든 세계의 일체 중생을 보면 그들의 크고 작고 수승하고 하열하고 괴롭고 즐거운 모양을 따라 그 형상과 똑같은 몸으로 나타나서 그 중생들을 교화하고 성취하며 만약 어떤 중생이 있어서 나를 친견하는 자가 있으면 그들로 하여금 편안히 머물게 해주는 법문이라.
　선남자여 나는 이와 같이, 빨리 모든 부처님께 공양드리는 법을 성취하였으며, 중생들이 빨리 성취하는 무애해탈문(无涯解脱門)을 얻었지만~

강의 선주비구는 이 많고 많은 해탈문에 관하여 나는 모르고, 내가 아는 것 이상의 것은 딴 곳에 가면 알려준다고 선재동자에게 이른다. 자신이 아는 것만큼 가르치는 법문이라 하겠다.

경 저 모든 보살들의 대비를 가지는 계행과 바라밀 계행과 대승계와 보살도 상응계와 무장애계와 보리심을 버리지 않는 계와 항상 불법으로 반연을 삼는 계와 온갖 일체 지혜와 항상 뜻을 지니는 계행과 허공과 같은 계행, 일체 세간에 의지함이 없는 계행, 실수가 없는 계행, 손해가 없는 계행, 모자람이 없는 계행, 섞인 것이 없는 계행, 청정한 계행, 티끌을 여읜 계행, 이와 같은 공덕을 내가 어떻게 알기나 하며 능히 행할 수가 있겠느냐.

강의 우리가 마음자리를 깨치면 계·정·혜의 삼학이 나오고, 그렇지 못하면 탐·진·치의 삼독이 나온다. 결국 불법의 내용은 계·정·혜의 삼학뿐이라고 할 수 있다. 법성에 어긋나는 일은 모두가 악이며 법성에 맞는 일은 모두 선이라고 할 때 계(戒)란 착하고 선한 일만 하라고 이르는 것이다.

어떠한 일이 착한 것인가

거지들은 수족을 놀리지 않고 남의 밥을 쉽게 얻어먹으면 제일 좋은 일로 안다. 도둑들은 애써 땀 흘려 일을 할 필요성을 못 느낀다. 남의 것을 훔치면 된다고 판단하기 때문이다.

인생관이 올바르게 서야 올바른 생활이 나온다. 뜰 안에 화초를 하나 가꿔도 화초의 생리를 잘 알아야 한다. 어떠한 토양에서 어떠한 비료를 주고 온도 조절은 어떻게 해야 할지를 알아야 한다. 또 동물을 길러도 닭은 무얼 먹여야 알을 잘 낳는지, 돼지는 무얼 먹어야 살이 찌는지의 그 생리를 알아야 하는 것처럼 인간도 자신의 생리를 정확히 알아야 한다. 자식을 키워도 자식의 생리를 알아서 지도하여야 올바른 교육을 행할 수가 있다.

　자신의 생리, 즉 인간의 본바탕을 알아야 하는데 이를 이치(理致)라고 한다. 서구인의 경우 다수사람이 최대의 행복을 도모하는 것을 선이라고 한다. 그러나 이것은 정확한 정의일 수가 없다. 도둑이 백 명 앞아서 도둑질하는 것에 절대 찬성했다고 하여 선이라고는 말할 수 없기 때문이다.

　『영락본업경瓔珞本業經』이라고 하는 경전이 있다. 그 가운데 말하기를 '진리에 순하는 것을 선이요, 진리를 어기는 것을 악이라' 하였으니 ,진리를 어기는 것을 악(順理一禪 背理一惡)이라' 하였으니 이치라는 것은 본질(本質)이다. 모든 사물에 본질에 맞도록 하는 것은 선이고 본질에 맞지 않는 것은 악이다. 물질도 바탕에 본질이 있는데 이를 이치라고 한다.

　예컨대 화강암을 분석하면 차돌의 성질과 질돌의 성분과 돌비늘 성분으로 세 가지가 합하여진 것으로 이 성분을 알면 누구든 화강암으로 축대를 쌓으며 건축을 하여 생활에 덕이 된다.

　수소와 산소가 합하여져 물이 되고, 콩에는 단백질이 들어있고 하는 모든 것을 이치라고 한다. 『영락본업경』에서는 진리에 수순하는 것은 선이며 진리에 어긋나는 것은 악이라고 정의한다.

　『법화경』과 『화엄경』에도 모든 생명의 본질이 담겨있다. 만물은 살기를 좋아하며 죽기를 싫어하여, 살기를 좋아하는 것을 잘살게 하면 선이요, 복이며, 살려고 애쓰는 것을 못살게 만드는 것이 악이라는 것이다. 마침내 부처님이 발견하신 것도 사는 이치이다.

부처님께서도 우주만물 전체가 살려고 애쓰는 것을 살도록 도와야지 해롭게 하는 것은 살생이라고 말씀하셨다. 산 생명을 죽이거나 해롭게 하는 것은 죄가 된다고 이르셨다. 사는 것 모두를 잘 살게 해주는 언행이나 생각은 복이 되고 덕이 된다.

그러므로 도를 깨쳐야만 착하고 악한 일에 구별이 확실히 들어난다. 이것을 도공계라고 한다. 사는 이치를 확실하게 깨쳐야만 착하고 악한 일의 구별을 확실히 할 수 있다. 이것을 도공계(道共戒)라고 한다. 그 다음에는 이 경지까지는 아니더라도 사선팔정(四善八定)이나 12인연을 닦으면 마음이 가라앉아 옳고 그른 것이 비친다고 한다. 그리고 정(定)을 이루면 선악이 가려지는 것, 이를 정공계(定共戒)라고 한다.

이와 같이 부처님의 깨달은 바를 계법(戒法)이라고 한다. 이것으로 비구니, 비구, 우바이, 우바새의 삶에 금을 그어 놓았다. 인도말로 바라제 목차라고 하고, 우리말로 옮기면 별해탈계(別解脫戒)라고 한다.

도둑질 하는 이에게 도둑질 하지 말라고 이르면 도둑질 하나 만큼은 안하도록 해탈시키는 것이며, 거짓말을 하는 이에게 거짓말을 하지 말라고 하면 그것만은 면하게 하는 등, 낱낱의 것을 해탈시킨다는 것이다.

부처님이 깨달아서 제정한 계의 법칙을 계법(戒法)이라고 하며, 이를 사람에 관하여 갈라놓은 것을 계상(戒相)이라고 한다. 계를 받을 때 사람의 귀를 통해 고막을 거쳐 뇌로 전달된 뒤에 마치 컴퓨터에 입력하듯 기억되는 것을 계체(戒體)라고 한다. 계를 받지 않았다면 계체가 성립된 것이 없고, 깨뜨릴 것도 없을 것이다. 계체가 성립된 이들에 의해 입으로, 몸으로, 행동이 나타나는 것을 일러 계행(戒行)이라고 한다.

오계(五戒)는 인간들이 살아가는 데에 있어 작은 나뭇가지이다. 우리가 계를 받아 이를 성실히 지키려고 하나, 단 한 번의 실수로 계를 완전히 지키지 못한다 하더라도 입력된 계체는 남아 있어 반성한 뒤에 성실히 생활하면 공덕은 그대로라고 한다.

이를테면, 달은 늘 떠 있으나 구름에 가리면 잠시 보이지 않는 것처럼 계는 항시 변함없는 공덕이라고 함에 자긍심을 가져야 한다. 경에도 계를 받아 파(破)해도 공덕이 있어 그 사람이 불행히도 죽은 후에 짐승의 몸을 받을지언정 받은 계가 남아 있어 왕이 된다고 한다. 계를 받은 공덕은 이처럼 크다.

어떤 이들은 나는 절에 나온지 얼마 되지도 않은 걸, 아는 것도 없는데 계를 어찌 받겠냐, 계를 받으면 뭐하나 등의 생각을 지니기도 한다. 그러나 계를 받으면 생각이 달라진다. 행동도 변화한다.

계를 받아 지키게 되면 마음이 차분히 가라앉아 정(定)이 생긴다. 복잡한 마음속이 가라앉아 마음의 본성을 되찾게 되는 바, 본성의 기운과 빛을 지혜(知慧)라고 하는 것이다.

지혜가 우러나오면 세상만사가 두루 훤해진다. 부처가 되는 것이다. 부처님도 그 자리, 나도 그 자리. 부처님이야 나보다 먼저 발심하여 마음을 깨쳤다는 점 하나만 다를 뿐이다. 한산의 다음과 같은 시가 있다.

廻心卽是佛 마음을 돌이키면 곧 부처가 된다
莫向外頭尋 외도를 향하여 밖을 찾지 말라.

바로 내 안에 부처가 있다는 말씀이다. 옛날 당나라 때 한 비구니가 있어 지은 글이 있는데 다음과 같다.

終日尋春不見春 온종일 봄을 찾아 헤매도 찾지 못하고
芒鞋踏破嶺頭雲 산꼭대기 구름이 다 헤어지도록 밟고 다녔네.
歸來偶把梅花嗅 달밤에 돌아와 매화향기 맡아보니
春材技頭已十分 봄은 매화가지에 무르익었어라.

계(戒)의 종류는 크게 세 가지가 있다. 첫째, 나쁜 짓을 하지 말라는 섭율의계(攝律儀戒)가 있다. 둘째, 착한 일은 무엇이든 하라는 섭선법계(攝禪法戒)가 있다. 세째, 앞의 두 가지로써 중생에게 덕이 되는 것은 무엇이든 하라는 섭중생계(攝衆生戒)가 바로 그것이다.

무엇을 하지 말라고 함은 소극적인 의미이며 무엇을 하라고 함은 적극성이 포함되어 있다. 이와 같은 소극과 적극을 가지고 나의 생명이든 남의 생명이든 일체의 생명에 대하여 모두 베풀라는 것이 세 번 째의 계율이다.

『화엄경』의 선주비구는 이런 계행을 내가 알 수 없노라고 이야기 하였다.

경 선남자여, 여기서 남방으로 가면 한 나라가 있는데 그 나라의 이름은 달리비다요, 성의 이름은 자재(自在)라는 성이며, 그 가운데 사람이 하나 있는데 이름은 미가(彌伽)이니 네가 그리로 나가서 '보살이 어떻게 보살행을 배우며, 보살도를 닦느냐'고 물어볼지니라. 이 때에 선재동자가 그 발에 예배를 드리고 오른쪽으로 돌며 첨앙하면서 하직하고 떠났느니라. ~

강의 달리비다라고 하는 나라는 우리말로 옮기면 소융(消融)으로 쇠를 녹이는 용광로의 뜻이다. 모든 쇠를 용광로에 넣고 끓이면 모두 쇳물로 변하듯, 일체의 잡념이 용광로에 넣고 끓인 듯 하나도 남아있지 않다는 말이다.

우리의 공부도 이와 같아야 한다. 누에가 며칠 동안 뽕잎을 먹으면 속이 맑아져서 투명체가 되는데 이를 입으로 내면 명주실이 된다. 미물도 오래될수록 나이 값을 하는데 우리 인간들은 늙으면 늙을수록 못해지는 것만 같다. 눈도 어두워지고 기력이 약해지며 정신도 없어지니 말이다.

이것은 집착 때문이다. 동물들이야 식욕밖에 없다. 인간에게는 무수한 욕망들이 존재하고 있다. 명예욕, 권력욕, 재물욕, 음욕 등의 욕심으로 가득 차 있는지라 밝은 본성이라고는 찾아볼 수가 없다.

동물들이, 미물들이 욕심 없이 살고 있다는 것은 그것들이 무심하기 때문이다. 개미는 땅속에 집을 지으면서 저녁녘에 비가 올 듯하면 구멍을 미리 막는다. 개미에게 고속도로나 신작로가 있는 것이 아닐 터인데도 한참을 떨어진 곳에 가 먹을 것을 구해서 다시금 자기 집을 찾아온다.

비둘기를 태평양에서 날려도 대한민국의 자기 집에 돌아온다. 개똥벌레가 쇠똥을 굴려 자신의 집으로 돌아가고, 거미가 정확하게 집을 짓는 등 이 모든 일은 업에 의하여 생긴 짐승의 도리인 것이다.

우리의 잡념을 녹여 무심한 하나로 만들면 이는 곧 깨달음이다. 이 깨달음이 하나의 법체로 돌아가면 하고픈 것은 무엇이든지 가능한 것이다.

뜻을 내면 반드시 실현된다. 이것이 초기에는 억설이라 하여 배척을 받기도 하지만 후일 보편화되면 인류문화로 정착되기 때문이다. 인류가 다른 동물에 비해 장한 것은 뜻을 지니고 있는 것으로 뜻의 실현은 인류 발달에 밑거름이 되었다.

성의 이름이 자재라고 하였는데, 한 가지 생각으로 융해됨을 자재라 한다. 우리가 잡념을 지니면 이에 얽혀 꼼짝하지 못하지만 본체 · 본성으로 돌아가면 만물의 출발점을 되찾는 셈이다.

미가라는 사람은 의사이다. 미가라는 이름은 우리말로 구름이다. 구름에는 만 가지를 덮고 생장시키는 기운이 있다. 이것은 의사가 타인의 병을 고쳐 덕을 입는 것이 구름이 만물을 생장시킴과 같다고 하여 붙여진 이름이다.

5) 자재성의 미가선인

경 이 때에 선재동자는 일심으로 법광명 법문을 정념하며 깊이 믿고 나아가며 저 부처님을 전념하여 삼보를 끊이지 않게 하며, 욕심을 떠난 성품을 찬탄하며 선지식을 생각하며, 널리 삼세에 비추는 모든 대원을 생각하며, 중생을 널리 구원하시되 있는 법에도 애착을 갖지 아니하며, 필경에는 모든 법의 자성을 생각하여 다 능히 일체 세계를 장엄하여 깨끗이 하였으며, 저 일체 부처님의 도량중회에서 마음의 애착하는 바가 없어지면서 점차로 남으로 향하여 자재성에 이르러서 미가장자를 찾다가 그를 보니, 저 저자 가운데의 설법하는 사자좌에 앉았으되 그 곳에는 일 만이나 되는 대중들이 그 미가장자를 에워싸고 있었으며, 미가장자는 륜(輪)자 장엄법문을 설하고 있었다.

이 때에 선재동자가 앞으로 나가서 그 발에 예배를 드리고 한량없이 돈 뒤에 합장하고 말하였다.

성자시여, 내가 이미 아뇩다라삼먁삼보리심을 발하였으나 이제까지 알지 못했나이다. 보살이 어떻게 보살의 행을 배우며, 어떻게 보살의 도를 닦으며, 어떻게 하여 일체에 유전하되 항상 보리의 마음을 잊지 않으며, 어떻게 평등한 뜻을 얻어 그 뜻이 견고하고 움직이지 않으며, 어떻게 청정한 마음을 얻어 능히 다른 이가 무너뜨릴 수 없게 되며, 어떻게 대비심을 내되 항상 피곤하지 않으며, 어떻게 다라니에 들어가되 널리 청정한 보리를 얻게 되며, 어떻게 지혜의 광대한 광명을 발생하여 저 일체 법에 모든 어두운 막힘을 여의며, 어떻게 무애한 걸림이 없는 알음알이에 변재의 힘을 갖추어 일체 심히 깊은 이치의 땅을 결정하며, 어떻게 다 정념의 힘을 얻어서 일체 차별한 법륜을 기억하며, 어떻게 청정한 힘을 얻어서 저 일체 길에서 널리 모든 법을 연설하게 될 것이며, 어떻게 지혜의 힘을 얻어서 일체 법을 다 능히 결정, 분별하겠나이까.

이 때에 미가장자가 선재에게 말씀하시되,

"선남자여, 네가 이미 아뇩다라삼먁삼보리심을 발하기는 하였는가."

선재가 말하되

"오직 제가 먼저 아뇩다라삼먁삼보리심을 발하였습니다."

미가가 그때서야 별안간 사자좌에 앉았다가 아래로 내려와서 선재가 있는 곳에서 자기의 오체를 땅에 던져서 선재의 발에 예배를 드리고~

강의 가르치는 선생이 갑자기 어린 선재의 발에 예배를 하는 감동적인 장면이다. 앞의 두 비구스님은 성직자로서의 위엄으로 선재를 대했으나 미가장자는 재가불자로서, 선재동자가 그 유명한 발심을 한 것에 정례를 올렸다. 체계가 반듯한 장한 모습이 아닐 수 없다.

경 금과 은의 꽃과 값비싼 보배와 최상의 세밀 전단향을 흩으며, 무량한 여러 가지 옷을 그 위에 덮고, 또 무량한 갖가지 향기 나는 꽃과 갖가지 공양거리를 흩어서 선재에게 공양한 연후에 일어서서 선재를

칭찬하며 말씀하시되

　착하고 착하도다 선남자여, 그대가 기어코 아뇩다라삼먁삼보리심을 발하였구나. 선남자여, 만약 능히 아뇩다라삼먁삼보리심을 발하는 이가 있다면 곧 일체 부처님의 세계를 다 엄숙하게 장엄할 수가 있을 것이며~

강의 세밀 전단향에서 밀(樒)이란 전단향은 무척 향기로운 향나무이다.

　아뇩다라삼먁삼보리심을 발하면 부처의 세계를 장엄한다고 하였다. 각자 좋은 마음으로 부처님께 바치는 단 한 송이의 꽃도 장엄하는 일이다. 초를 켜고 향을 사르는 일 모두가 부처님의 세계를 장엄하는 일이다.

　여성 불자들의 대부분은 초·향 등의 공양을 한다. 해 보았기 때문에 가능하다. 거사들의 경우 아직도 많은 이들이 꽃 공양 올리는 일을 쑥스럽게 여기고, 어색해 한다. 이는 안 해 보았기 때문에 습관이 안 된 것이다.

경 곧 일체 중생을 성숙케 함이며, 곧 일체 법성을 통달함이며, 곧 일체 모든 행을 원만히 하게 될 것이며, 곧 일체 대원을 끊지 않음이며, 여실히 탐을 여윈 성품을 알게 될 것이며, 곧 능히 밝게 삼세의 차별을 보게 될 것이며, 곧 신혜로써 길이 견고함을 얻게 될 것이며, 곧 일체 여래의 가지는 바가 될 것이며, 일체 모든 부처님의 억념하는 바가 될 것이며, 일체 범왕들이 예경하는 바가 될 것이며, 일체 천왕들이 공양하는 바가 될 것이며, 일체 야차들이 수호해주는 바가 될 것이며~

강의 선한 마음을 지니면 선한 귀신들이 함께 한다. 마음을 악하게 가질수록 악한 귀신이 따라 다닌다. 그와 함께 될 일이 안되고, 재수가 없게 된다.

선한 마음을 지니면 공중의 착한 기운이 한 곳으로 모여든다. 마음을 악하게 가질수록 세상의 모든 악한 기운이 모두 한 곳으로 몰려든다.

인간의 행에 유유상종(類類相從)이라 하여 같은 벗들끼리 모이듯이 기운 또한 같은 성질끼리 모인다.

중국의 『전등신화』라는 책에 있는 일화 하나를 소개하겠다. 중국 오대산에 법연(法演)이라는 선사가 있는데 그의 화두에 관한 이야기이다.

장감이라는 거사가 살고 있는데 그에게는 청이라는 딸이 하나 있었다. 당시 중국은 내·외종간에 혼인을 하던 시절이었다. 청이가 커서 청이의 고종사촌과 결혼시키려던 장감은 보다 더 좋은 사위감을 발견하고는 선약을 어기고 딴 사람에게 시집보내게 되었다.

청이나 고종사촌은 고민에 휩싸였다. 그 고종사촌은 도망을 가서 헤매다가 하루는 환한 달밤에 성벽에 하염없이 앉아 세상을 한탄하고 있는데, 갑자기 오빠를 부르는 소리가 들렸다.

뒤돌아보니 청이가 서 있는 것이 아닌가. 청이도 또한 오빠생각이

나서 다른 이와의 결혼은 상상할 수도 없어 집을 나왔다고 고백하는 것이었다.

그리하여 둘은 객지에서 살림을 차렸다. 수년을 죽도록 고생을 하다가 이제 집으로 돌아간들 별 꾸지람이야 듣겠는가 싶어 혼인 승낙도 얻을 겸 고향으로 되돌아갔다. 배에서 내렸으나 청이를 앞세워 들어가기가 멋쩍어 고종사촌은 청이에게 기다리라고 하고는 외삼촌을 찾아갔다.

외삼촌에게 그동안 죄송하다며 절을 하니, 외삼촌은 혼인을 못시켜 준 자신이 미안하다며 도리어 사과하는 것이었다. 그래서 청이의 고종사촌은 그간의 자초지정을 외삼촌에게 설명하였다. 청이를 만나 5년 가량 함께 객지생활을 했노라 고백하니 외삼촌은 깜짝 놀라며 그럴 리가 있겠느냐는 것이었다.

이유인 즉 그 사내가 떠난 이후로 청이는 골방에서 식음을 전폐한 채 이제껏 누워있다며 네가 함께 살았다는 청이를 데려와 보라고 하였다.

문밖에서 기다리던 청이가 들어오고 골방에 누워 있던 청이가 일어나 나왔다. 그런데 그 둘은 희한하게도 다시 하나가 되는 것이었다. 이러한 이야기를 법연선사가 화두로 만들었던 것이다.

'청이가 혼(魂)을 떠났는데 어떤 것이 진짜 청이인가 (倩女離魂 那個是眞)?'

둘이 하나가 되었으니 생각이 갈라지지 않으니 하나인즉 일념이다. 혹 참선에 들거든 법연선사의 화두를 들어보기를 권한다. 일념이면 일체가 받든 귀신도, 천지신명도 모두 그 일을 받든다.

우리가 잡념을 지니고 있어 이 몸뚱이가 보이는데, 생각이 하나로 모아지면 몸이 보이지 않게 된다고 한다. 가령 옛날 큰스님들은 신장이 모시고 다녔는데 신장이 스님을 보지 못했다고 한다. 왜냐하면 무념에 들어가기 때문에 보이질 않는 것이다.

선방의 스님이 화두를 들면 귀신의 눈에는 몸뚱이가 보이지 않는데 그것은 '나'라고 하는 생각이 없어지기 때문이다.

평생 '나'라는 생각을 지니고 있는 한 범부에 지나지 않는다. '나'를 잊는 것이 화두를 드는 방법이다. 나를 잊어버리면 법계성과 하나 되어 자재를 이루게 된다. 이와 함께 일체의 나찰아귀도 전부 공양을 하기에 이른다.

경 일체의 용왕들이 영접을 하며, 일체 긴나라 왕이 노래하여 찬탄하며, 일체 모든 세간의 임금들이 다 칭찬하고 경애한 생각을 내며 일체 중생계로 하여금 다 안온함을 얻게 될 것이니 이른바 그들로 하여금 모두 재앙을 벗어 나오게 될 것이며, 일체 빈궁의 근본을 끊게 할 것이며~

강의 일념에 든 자가 있다면 그로 인하여 천지가 편안해지고, 비도 잘 오고, 곡식도 잘 열린다고 한다. 마음이 천지의 법칙을 알아 안정

되고 만복을 얻는다는 것이다.

그래서 일념에 든 자가 있다면 일체의 빈곤도 끊는다고 했다. 보리심을 발하면 욕심을 내지 않기 때문이다. 호주머니에 1만원이 있는데 욕심 많은 이는 주머니에서 일체 돈을 꺼내려하지 않는다. 어떤 이는 밥을 사먹고, 어떤 이는 채소를 사고, 어떤 이는 차를 타는 등 삶에 필요한 것들에 활용하며 생활하는 경제활동을 한다.

욕심 많은 이는 융통되어야 할 돈을 주머니 속에 욕심과 함께 넣어 두었으니 인류사회에 아무런 이익을 주지 못하여 가난하고, 죄가 될 수밖에 없다. 타인에게 덕이 되는 일을 하라고 함이 계법으로 이를 통해 일체 가난마저 뿌리 뽑을 수 있다고 한다.

경 일체의 쾌락을 내게 하며, 선지식을 만나 친근하는 까닭이며, 광대한 법을 듣고 수지하게 될 것이며, 보리심을 내는 까닭이며, 보리심을 조촐히 하는 까닭이며, 보살도를 비추는 까닭이며, 보살의 지혜에 들어가는 까닭이며, 보살지에 머무는 까닭이니라.

보리심을 발한 이는 독한 기운이 없어 앉아만 있어도, 다른 사람을 보아도 좋기만 하다. 마음먹은 바가 고루 몸에 퍼지기 때문에 그 업이 나타난다.~

강의 보리심을 발한 이는 독한 기운이 없어 앉아있기만 해도 다른 사람이 보고 좋아하기만 한다. 마음먹은 바가 몸에 고루 퍼지기 때문에 그 업이 나타난다.

유명한 고승대덕을 친견한다는 생각을 내는 것은 보리심을 내었기 때문이다. 오대산의 적멸보궁에 가는 것도 보리심을 발했기 때문이다.

보살의 지혜에 드는 경전의 내용은 〈경구속어〉 부처님의 깨달은 기운이 들어있어 보기에도 시원할 뿐만 아니라, 경의 제목만 들어도 악도에 떨어지지 않는다. 관세음보살만 불러도, 물에 들어가도 빠지지 않고 불에 타지도 않는다고 하였다.

도통이라는 도인이 산에서 정진하고 있었다. 이 때 의식이라는 정승이 찾아와 「보문품」의 내용을 질문하였다. 가령 흑풍(黑風)이 취기선방(吹其船舫)하여 우리가 탄 배를 몰아 사람 잡는 귀신의 나라에 밀어 넣더라도 딱 한사람이라도 관세음보살을 부르면 그곳에서 빠져나온다고 하였는데 어떤 것이 사람 잡는 귀신의 나라에 집어넣는 것인가를 물었다. 그러자 스님은 갑자기 "네까짓 놈이 어찌 그런 것을 다 아느냐"며 호통을 치니 낯이 새파래지면서 대들 기색이었다. 스님은 다시 말을 이었다. "바로 그 모습이다."라고 말이다.

만공스님 생전에 목사가 하나 찾아와서 스님을 골리려고 질문을 하였다.

"스님은 듣자하니 선지식으로서 남에게 덕을 보인다고 하는데 그렇습니까." 그렇다고 대답하니, 목사는 신통변화도 마음대로 하지 않겠느냐고 또 물었다. 조금할 줄 안다고 대답하자 신통변화를 보여 달라는 것이었다.

그러겠노라고 답한 만공스님은 시자를 불러 냉수 한 대접 떠오라 일렀다. 냉수를 떠다 놓아도 스님은 묵묵부답으로 앉아 있었다. 목사가 또 질문하였다.

"신통을 보여준다더니 어째서 보여주지 않는 것입니까."

스님이 말씀하시되, "이 사람 신통을 보여줘도 모르는구먼. 저기 있는 물을 여기까지 오게 한 것이 신통이 아닌가."라고 하셨다. 물을 긷고 땔 나무를 져다 놓은 것이 곧 신통묘용이기 때문이다.

> **경** 선남자여, 마땅히 알아라. 보살의 짓는 바가 심히 어려워서 보살이 있을때 세상에 나는 것도 어렵고 또 만나기도 어려우며, 보살을 보기는 몇 곱이나 더 어려울 것이니라. 보살은 일체 중생의 의지처가 될 것이니 일체 중생으로 하여금 모든 것을 생장시키고 성취시키는 은인이 될 것이며, 일체 중생의 건짐이 되나니 모든 고난을 빼어내 줄 것이며, 일체 중생의 의지처가 될 것이며, 모든 세간을 잘 지켜서 수호해주는 까닭이며, 일체 중생을 구제하여 돕는 것이 될 것이며, 일체 중생으로 하여금 모든 공포를 없애줄 것이며, 보살은 바람의 둘레와 같으니 모든 세간을 유지하여 나쁜 길에 떨어지지 않게 하는 까닭이요, 보살은 큰 땅덩이와 같음이니 중생의 착한 선근을 증장시키는 까닭이요, 보살은 큰 바다와 같으니 복덕이 충만하여 한정 없는 까닭이요, 보살은 밝은 해와 같으니 지혜의 광명으로 널리 비추는 까닭이요, 보살은 수미산과 같으니 선근이 높이 우뚝솟은 까닭이요, 보살은 밝은 달과 같으니 지혜 광명을 출생하는 까닭이요, 보살은 용맹스런 장수와 같으니 마구니 군사를 꺾어버리는 까닭이요, 보살은 나라에 군왕과 같으니 불법성 중에 자재를 얻게 하는 까닭이요, 보살은 맹렬히 타오르

는 불꽃과 같으니 모든 중생들의 아(我)의 집착을 태워주는 까닭이요, 보살은 큰 구름장마 같으니 한량없는 법우(法雨)를 내려주는 까닭이며, 보살은 때맞춰 오는 비와 같으니 일체의 선근의 싹을 증장시키는 까닭이며, 보살은 뱃사공과 같으니 모든 법해에 돌아가는 바를 지시해주는 까닭이며, 보살은 강을 건널 수 있는 다리와 같으니 모든 사람들로 하여금 생사해를 건너게 해주는 까닭이니라.

미가는 이렇게 선재를 칭찬하며 모든 보살로 하여금 즐거운 생각을 내게 하기를 마치고 그 입으로부터 갖가지 광명을 놓아서 삼천대천세계를 두루 비추니 그 가운데에 있는 중생들이 그 광명을 만나고 모든 용과 범천들이 모두 미가장자의 처소로 모여들거늘,

그 때에 미가장자께서 곧 방편으로「윤자품」장엄법문을 보여서 연설·분별해 주며 해석하니, 귀신과 모든 중생들이 그 법 듣기를 마치고 다 아뇩다라삼먁삼보리에 불퇴전하는 능력을 얻었느니라. ~

강의 할 만한 것은 항시 해야 할 때에 해야 하는데 이 때를 놓치면 평생 못할 때가 있다. 인생을 살아오면서 못내 꺼림칙한 일들이 있는 것이다. 실로 오랜만에 만난 친지들에게 여건이 좋지 않아 대접을 융숭히 해드리지 못했다거나, 못다 한 효도를 이젠 돌아가신 부모님 영전에서 다시 할 수 없다는 사실은 한스러울 만큼 아쉬운 일들이다. 언제 어느 곳에서나 하늘과 땅 사이에 부끄러움 없는 존재가 되어 살아야 여한이 없다.

경 미가장자가 그 때 다시 자리에 올라 앉아 선재에게 구하여 말씀하시되,

선남자여, 내가 이미 묘음(妙音)다라니를 얻었나니 이 법을 얻으면 능히 삼천대천세계 가운데에 모든 하늘 사람이나 인간 사람이나 모든 용·건달바·아수라·가루라·긴나라·마후라가 인·비인(非人)들과 모두 천상의 범천들의 있는바 말을 모두 분별하여 알게 되었나니~

강의 '정북창'이라는 시인이 절에서 공부를 하여 깨달았다. 깨달아 참 언어로써 시를 썼는데 그이가 어릴 적에 부친을 따라 중국에 갔는데 그곳에서 일본 사람이 어린 정북창에게 절을 하자, 정북창은 그 사람과 같은 언어를 사용하였다.

일본 사람 말이 '연분의 성인을 만난다더니 바로 당신'이라고 하였는데 이 어린이에게 대단한 모습이 보인 것이었다.

아마도 묘음다라니를 했던 것 같다. 묘음다라니는 일체의 음성을 들을 수 있으니 말이다.

경 이러한 말을 통달하며 내지 불가설 세계에도 다 또한 이와 같이 통달을 하였느니라.

선남자여, 나는 이 보살의 묘음다라니를 광명법문을 얻었을 뿐이거니와 저 모든 보살마하살들이 능히 일체 중생의 갖가지 생각의 바다에 들어가는 것과, 갖가지 명호의 바다와 갖가지 언어의 바다에 들어가는 것은 알지 못하겠으며, 또 능히 일체 비밀법구해에 들어가는 것과 일

체의 구경법구해에 들어가는 것과 일체의 소연(所緣) 할 것 가운데 온갖 삼세간에서 소연 할 것을 말하는 법구해와 상품을 말하는 법구해와 상상품을 말하는 법구해와 차별법구해를 설하는 법과 일체 차별법구해를 설하는 법과 능히 널리 일체 세간의 주술바다에 들어가는 대목과 일체 음성장엄륜, 일체 차별자륜제에 들어가는 이와 같은 공덕이야 내가 어떻게 알 수가 있을 것이며, 설할 수가 있겠느냐.

선남자여, 여기서 남으로 가면 한 취락이 있으니 그 마을의 이름은 주림(住林)이라는 곳이다. 그 곳에 장자가 한 분 있으니 해탈이라는 사람으로 네가 거기 나가서, 보살이 어떻게 보살행을 닦으며, 어떻게 보살행을 성취하며, 어떻게 보살행을 물으며, 어떻게 보살행을 성취하느냐고 물어볼지니라.~

강의 지금까지 미가장자의 설법이었다. 이어서 선재는 주림마을의 해탈장자를 만나러 간다. 장자란 나이가 많고 덕이 있는 자를 일러 말한다. 모든 것이 남보다 앞서고 뛰어남으로 해서 붙여진 존칭이다.

해탈이란 속박에서 벗어나는 것으로 아무 곳에도 얽매이지 않는 자재한 상태를 말한다. 무엇을 하되 집착이 없는 것이 해탈이다.

미가장자는 선재동자에게 해탈장자를 만나보라고 한다. 길을 떠나는 선재는 머리 속에 무수한 것들을 떠올린다. 그런데 불교에서는 머릿속 생각을 담아두지 말라고 이르고 있다. 기도를 하려거든 뜻을 세워 한 가지만 생각하니 여러 가지를 생각하지 말라는 것이다.

기도를 한다는 것은 흩어진 생각을 하나로 종합해 정신통일 하는 것으로 참선·염불·독경 등도 모두 정신 통일에 그 목적이 있다고 하겠다. 기도는 비단 불교에만 있는 것이 아니다. 종교마다 독특한 기도법이 있고, 많은 이들이 기도에 임하고 있다.

옛날 조사스님을 비롯해 유명한 이를 보면 기도를 통해 낳았다. 옛날 중국인들은 아들을 많이 낳기 위해 아내를 여럿 맞이하였다. 공자의 경우 아버지가 일흔이 되도록 변변한 아들이 없어 고민하다가 열여덟 먹은 처녀와 결혼하였다. 기왕 세상을 하직하기 전에 훌륭한 자식 하나 남기고 싶다며 집 뒤에서 천지신명에게 기도한 끝에 낳았다고 한다.

기도란 많이 하면 할수록 좋다. 부처님과의 교류도 되고 정신도 맑아져 잔병도 부지불식간에 낫기도 한다. 참선이야 선지식 아래에서 올바르게 배워야 하지만 염불·기도는 정(淨)한 마음 하나로부터 시작하는 것이다.

6) 주림마을의 해탈장자

경 이 때에 선재동자가 모든 보살의 걸림이 없는 해탈다라니 광명장엄문을 생각하며 깊이 모든 보살의 언해의 문에 깊이 들어가며, 모든 보살이 일체 중생의 미세한 방편문을 억념하며, 모든 보살들의 청정심문을 관찰하며, 모든 보살이 선근광명문을 성취하며, 모든 보살이 중생을 섭수하는 지혜문을 밝게 깨달으며, 모든 보살의 광대한 지락문을 견고하게 하며, 모든 보살의 수승한 지락문을 머물러 지니며,

모든 보살의 갖가지 신해문을 성취하며, 모든 보살의 한량없는 선심문을 생각하되 맹세하거니 견고하여 마음에 피로한 생각을 내지 아니하여, 모든 갑주로써 스스로 그 몸을 장엄하였으니 정진하는 깊은 마음이 가히 물리칠 수 없으며, 무너지지 않는 신심을 갖추되 그 마음이 견고하기를 저 금강석과 나라연(那羅延)과 같아서 다른 이가 능히 무너뜨릴 수가 없는 것이요, 일체 선지식의 가르침을 지켜 가져서 모든 경계에 무너지지 않는 지혜를 얻었으니 넓은 문이 청정하여 가는 곳마다 걸림이 없이 되며, 지혜광명이 원만하여 널리 일체를 두루 비추며 모든 지위의 총지 광명을 구족하여 법계에 갖가지 차별을 알되 의지함도 없고 주함도 없어서 평등하여 둘이 없으며, 자성이 청정하여 널리 마음을 장엄하여 저 모든 행하는 바이다.

구경함을 얻었으며, 지혜가 청정하여 모든 집착을 떠났으며, 시방의 차별법을 모두 알되 지혜에 걸림이 없으며, 시방의 차별되는 장소를 다 나가되 몸이 괴로운 생각이 없으며, 시방의 차별 없이 다 분명함을 얻고 저 시방 차별불에 현저히 보지 아니함이 없으며, 저 시방 차별 때에 다 깊이 들어감을 얻었으니 청정한 묘법이 그 마음에 가득 차고, 넓은 지혜의 삼매가 마음을 밝게 비춰주는 지라. 마음이 항상 평등한 경계에 들어가니 여래의 지혜로 밝게 비춰주는 바가 되며, 일체 지혜의 흐름이 계속하여 끊어지질 아니하며 몸과 마음이 항상 불법을 떠나지 않으며, 일체 모든 부처님의 신력을 가호하는 바와 일체 부처님의 광명이 비치는 바로 큰 원을 성취하여 원하는 몸이 일체 찰망에 두루하니 일체 법계가 모두 그 몸속으로 비춰 들어가더니, 점차로 남으로 향

하여 12년 동안에 주림성에 이르러서 두루두루 해탈장자를 찾아다니다가~

강의 12년이라는 햇수는 12년 동안 찾아 갔다고도 볼 수 있으나 자분과 성진에 미리 가둔 자분인과 그 결과에 각각 6도를 닦기 때문에 12년이란 것을 잡았다고 주석이 되어 있다. 이는 결국 모든 법을 공들여 닦았다는 뜻이다.

경 해탈장자를 친견하고 오체를 땅에 던져서 절하고 일어서서 합장하고 사뢰어 말씀하되,

성자시여, 내가 이제 선지식과 더불어 이와 같이 만나게 되었으니 이것은 내가 광대한 선리(善利)를 얻은 바가 되었나이다. 왜냐하면 선지식은 가히 보기도 어려우며, 가히 그 소문을 듣기도 어려우며, 선지식은 이 세상에 나오기도 어려우며, 받들어 섬기기도 어려우며 친견하기도 어려우며, 받들어 접하기도 어려우며, 만나기도 어려우며, 함께 살기도 어려우며, 또 기쁘게 하기도 어려우며, 따라다니기도 어렵거늘 내가 이제 선지식을 만났으니 그야말로 좋은 이익을 얻은 바가 되었나이다.~

강의 해탈장자를 만난 선재동자가 해탈장자 앞에서 경배한 뒤 환희심에 가득차 하는 말이다.

어린 아이가 울면 부모가 보살펴 준다. 병들면 의사가 고쳐준다. 부

부간에도 무엇을 생각하고 무엇을 하는지 상호 느낌으로 알아야 한다. 낱낱이 이야기하지 않더라도 서로의 애정과 신뢰가 쌓여 파악할 수 있는 것이다.

그러므로 선지식은 지식이 많은 것뿐만 아니라 영리하고 지혜로운 이를 가리킨다. 고집이 없어야 선지식이 될 수 있다.

정북창·정소업 형제의 이야기이다. 형제가 길을 가는데 동생이 자꾸 웃기 시작하였다. 그러자 형이 이를 알아듣고는 '왜 점잖지 못하게 천기를 누설하느냐'면서 '이왕 그랬으면 가서 구제를 하라'고 일렀다.

형을 먼저 보낸 동생은 오던 길을 되돌아 그 마을의 가장 부잣집에 들어갔다. 주인을 불러 하룻밤 잠자리를 부탁한 뒤에 주인에게 긴히 이런 말을 들려주었다. 하룻밤을 묵어가는 은혜는 보통 은혜가 아니니, 은혜를 갚으려 한다면서 다음과 같은 이야기를 들려주었다.

숯 굽는 곳이 많으니 숯을 50여 석을 사고 마당을 깊이 파서 그 숯을 모두 넣고 불을 피울 것이며, 작은 통을 구해놓고 자기가 하는 대로 끝까지 지켜볼 것을 요청하였다.

다짐에 다짐을 받은 뒤 숯불을 훨훨 피워 놓았다. 주인집에 네댓 살 먹은 아들이 있는데 구경하러 나왔다. 정소업은 다짜고짜 아들을 통속에 넣더니 통의 입구를 봉하고는 치솟는 불구덩이 속에 던져 넣었다. 주인은 발버둥을 치며 울고 말렸는데 정소업은 호통치며 끝까지 지켜본 뒤에 자기를 벌하라고 해서 수그러들었다. 한참동안 통이 불에 타 들어가면서 그 통속에서 집채만한 뱀이 함께 타고 있었다. 불이 꺼진 뒤에 꺼내어 보니 잿더미 속에 조그마한 쇳덩이가 나와 이를 물에 담갔다. 그러자 쇳덩이는 부러진 낫 조각이 되었다.

　주인에게 주어 보이면서 이것을 아느냐고 물었더니 그제서야 알겠다는 것이었다. 자초지종은 다음과 같다.

　주인이 몇 해 전에 못을 파고 양어장을 만들었다. 고기를 팔아 많은 이익을 보고 있는데 하루는 물고기가 자꾸 줄어들기에 기이하게 여겨 지켜보았더니 집채만 한 뱀이 나타나 물고기를 잡아먹는 것이었다. 그래서 풀을 베던 낫을 가지고 뱀을 찍었으나 낫의 중간이 부러지고 말았다. 뱀은 도망을 갔다. 이후에 뱀은 쇠독이 퍼져 죽었고 원수를 갚기 위해 이 주인집에 태어난 것이다. 광에 있는 부러진 낫과 잿더미 속에서 꺼낸 낫을 맞춰보니 꼭 들어맞았다.

　적어도 이 정도는 되어야 남을 제도한다고 할 수 있지 않을까? 환자의 병을 제대로 아는 의사라야 그 병을 완전히 고칠 수 있는 법이다. 서툰 의사 일수록 병을 고치려다가 죽이는 경우가 다반사일 것이다.

　철두철미하게 완벽한 능력이 있어야 선지식이 될 수 있다. 불교는 절대 입으로 믿는 종교가 아니다. 자신의 철저한 신력(信力)이 있어야 한다. 자재를 얻지 아니한 채로의 중생제도란 어불성설이기 때문이다.

　서커스단이나 남사당패의 줄타기는 하루아침에 이루어진 것이 결코 아니다. 줄타기를 처음 배울 때에는 줄을 땅에서 두어 치 정도 올려서 매고는 선생이 매를 들고 서서 '줄만 보아라. 절대 땅은 보지 마라. 허공도 보지 말고 줄만 보라고 가르친다. 이것이 숙달되면 줄을 조금씩 더 높여 가는 것이다.

　공자가 제자들을 데리고 여행을 가던 길이었다. 높은 계곡에서 폭포가 떨어지는데 그 물이 강물이 되어 흘러가는 속도가 급류와 같았다. 그런데 그 물 사이로 어떤 이가 떠내려가는 것이 보였다. 공자는 제자에게 세상살이에 실패했거나 삶을 비관하여 자살을 기도한 것임에 틀림없다며 새끼줄이라도 던져 떠내려가는 사람을 구하라고 하였다.
　제자가 새끼줄을 던졌으나 여전히 그 사람은 급류를 타고 떠내려가다가 갑자기 급류를 거슬러 오는 것이 아닌가. 몇 차례를 그리한 뒤에 언덕위에 올라와 물기를 씻으며 노래를 부르는 것이었다.
　공자는 그 사람이 자살하는 이가 아니라 물에 자재를 얻어서 수영하는 사람임을 알고 나서야 그에게 어쩌면 그렇게 수영을 잘 하느냐고 물었다. 그 사람 대답인 즉 처음 수영을 배울 때는 물이 보였으나 숙련이 되면서 물이 보이지 않더라는 것이다. 물속에 있어도 육지에서처럼 자재하다는 이야기였다.
　우리들은 몸이 약하니 무슨 보약을 먹고, 음식을 과하게 먹은 뒤에 소화제를 먹곤 한다. 약한 말에 무거운 짐을 실으면 말은 넘어지고 만다. 음식도 마찬가지로 위장에 알맞게 먹어야 한다. 중도가 다른 것이 아니다. 적당하고 알맞은 것이 중도인 것이다. 넘치거나 모자라거나 한쪽에 휩쓸리는 것은 중도라 할 수 없다.
　옛 성인은 행하여 마땅히 하는 것을 도(道)라고 해석하였다. 효도를 한다고 자신의 살을 베어 부모에게 드린 이야기가 있다. 마침 부모가 몰랐으면 다행이지만 부모가 알면 오히려 불효가 된다. 해도 적당히, 지나치지 않게 하는 것이 도이다.

옛날에 '등백도'라고 하는 이가 있었다. 그에게 동생 내외와 조카가 하나 있었는데 내외가 모두 죽게 되어 조카를 데려다 길렀다. 하루는 피난을 가게 되었는데 자신의 아들과 조카를 모두 데리고 갈 수가 없어 둘 중에 누구를 버릴 것인가를 고민하였다.

의논 끝에 우리는 다시 자식을 낳을 수 있으나 동생은 죽어 없으니 조카를 데리고 가자고 결정하였다. 동생의 아이를 데리고 피난을 떠나 한 곳에 정착하여 평생을 살았으나 자신의 아이는 끝내 낳지 못하였다.

몇 백 년이 지난 뒤에 송나라의 주자가 이를 격찬하는 글을 쓴 것을 본 일이 있다. 그것을 보고 실망하였다. 공자의 사상은 본디 그러한 사상이 아니다. 천륜이란 자신의 아이를 데리고 가는 것이다. '등백도'는 오히려 도에 벗어난 행위를 하였다.

다 같이 노인을 공경하되 공자의 도리는 자신의 부모를 먼저 공경하고 이웃의 어른을 공경하라고 일렀지, 부모보다 이웃어른을 더욱 공경하라고 말하지는 않았던 것이다.

나의 부모, 남의 부모 모두를 다 같이 공경하고, 내 자식, 남의 자식을 다 같이 사랑한다고 하여도 천륜은 자기 부모, 자기 자식에게로 가는 것이다.

먼저 할 일과 마땅히 해야 할 일을 구별하는 것이 옳음(義)이라 하겠다. 그럼에도 불구하고 '등백도'는 이를 무시했던 것이다.

부처님의 뜻도 이와 같아 올바르게 알아야 하는데, 바로 알지 못하는 무리가 간혹 나서서 세상을 이끌어 오다가 오늘에 이르렀다. 잘못된 것을 자꾸 쌓아올리면 끝까지 잘못될 수밖에 없다. 애당초, 시작이 그릇된 이들에 의해 정치가 이루어졌기 때문이다.

선도에서 이르기를 오직 지혜가 맑게 가라앉은 물이어야 다른 이도 그와 같이 맑게 만든다고 하였다.

노자의 『도덕경』에는 큰 나라를 다스리려거든 작은 생선 굽듯이 하라고 일렀다. 작은 생선은 뼈가 많아 석쇠에 놓고 구울 때 저절로 구워지도록 놓아야지 이리저리 뒤척여 놓으면 가시가 살에 박혀 먹을 수가 없다는 뜻이다. 이는 곧 백성들은 제각기 사는 능력과 방법이 있어 잘 살아 가는데 자꾸 간섭하면 도리어 편히 살지 못한다는 내용인 것이다.

어린이 교육도 그러하다. 요즈음 소년원에 가보면, 부잣집 아이들도 상당수이다. 부모가 자식에게 너무 지나친 간섭을 하니까 반발심이 커진데다가 차라리 굶더라도 간섭은 받지 않겠다고 도망 나온 아이들이 많은 것이다.

일제시대에 아버지를 죽인 아들이 서대문 형무소에 있었다. 그 이유는 아버지를 곁에 두고는 하루도 편히 살 수가 없었다는 것이다. 잘못은 언제나 조그마한 일에서부터 발생한다. 갓난아이도 어머니의 나무라는 소리를 알아듣는데 머리 큰 아이들이야 오죽할 것인가. 자신의 생각만으로 자식을 교육하려 하면 큰 문제를 일으키기가 십상이다.

새는 하늘을 맘껏 날며 벌레를 잡아먹어야 산다. 커다란 궁전에 비단형줔 위에 올려놓고 음악을 들려준다고 좋아할 새는 없다. 아이의 성장에 맞추어 적절한 교육이 진정한 교육인 것이다.

『화엄경』은 이처럼 세상사는 이치를 담아놓은 경전이다. 자기 마음을 깨치면 부처가 된다는 이야기이다.

필자가 3년간 제자를 가르친 적이 있다. 한두 달 들으면 다 배웠다 싶어 짐 짊어지고 떠날 줄 알았던 그 제자들은 3년도 짧게 느끼더니 각자 10년씩 더 공부를 한 뒤에 강의를 맡겠다며 10명이 흩어져 떠났다. 그런데 다 안 것 같아도 아직 모르는 것이 많다고 했다. 인간은 평생을 배워도 못다 배운다지 않던가.

선지식이란 올바르게 지도하는 선생이므로 스승삼아 열심히 배워야 한다. 만나기가 어려워서 문제인 것이다.

경 성자시여, 내가 이미 아뇩다라삼먁삼보리심을 발한 것은 일체 부처님을 다 섬기고자 하는 까닭이며, 일체 부처님을 다 만나고자 하는 까닭이며, 일체 부처님을 다 보고자 하는 까닭이며, 일체 부처님을 다 알고자 하는 까닭이며, 일체 부처님의 평등법을 증명하기 위함이며~

강의 선재는 한 두 선생만을 만나려 하는 것이 아니라고 했다. 일체의 부처님을 모두 만나겠다는 것이다.

재가불자가 스님을 따르는 경우도 이와 같아서, 어떤 이는 '우리 스님'하며 스님을 따로 정해놓는 경우가 있다. 여기에는 삿된 생각이 포함되기가 쉽다. 스님은 모든 스님을 고루 섬겨야 하며 특정 스님에게 편견을 갖거나 집착을 가진다면 이는 아주 잘못된 생각인 것이다.

일체의 부처님을 보고자 했는데 여기서 보는 것은 눈으로 보는 것[見]이 아니고 마음으로 보는 것[觀]이다.

마음이 어두운 이는 다 똑같다고 생각한다. 방안에서 왱왱거리는 파리도 생긴 모습은 저마다 다르건만 똑같다고 바라본다. 거리에 돌아다니는 외국인을 전부 미국인이라고 생각한다. 장삼에 가사를 입는다고 해서 모두 스님으로 바라보면 잘못이다.

무엇보다도 통찰력이 필요하다. 주변의 것들을 자세히 살펴 파악하는 지혜도 중요하다. 대통령이 되면 아랫사람 말에서 옳고 그름을 분별할 줄 알아야 한다. 이렇듯 관할 때에는 우선 자기 자신부터 보아야 한다. 내가 오늘 하루 동안 부모에게 효도를 하였는가, 남편에게, 아내에게 소홀함은 없었는가, 자녀에게 지나침은 없었는지 살펴보는 것이다.

내가 절에서 공부를 한 뒤에 배우는 이들에게 쉽게 이야기 하는 방법을 생각해내고는 강의를 하였다. 그러다가 한암 스님의 '차라리 천년을 두고 자취를 간직하는 학이 될지언정 백년을 두고 경망스레 말하는 꾀꼬리는 되지 않겠노라(寧爲千年藏踪鶴 不學百年巧言鶯)'는 말씀이 생각나 약 30여 년을 도심으로 나오지 않았다.

당시에 포교사가 부족해 어쩔 수 없이 일을 맡았다가 주위의 권유로 유학을 다녀왔다. 그리고는 그 이후로 아무리 많은 권유도 다 마다하고 무문관에 들어가 6년을 났다. 무엇보다도 제 맘껏 사는 일이 최고였던 것 같다. 누구에게 끌려 다니고 마음이 여기저기 휩쓸리는 것은 결코 좋은 일이 아니다.

   중국의 양무제가 수도정진하는 '도홍경'이라는 인물을 좋아해 말벗 겸 도반으로 궁에 불러들였다. 그러나 '도홍경'은 도망가기에 바빴다. 양무제가 "자네는 산중에 뭐 그리 좋은 것이 있는가."라고 묻자 다음과 같은 시를 지어 바쳤다.

    山中何所有   산중에 무엇이 있느냐 하면
    嶺上多白雲   꼭대기에 흰구름이 많지요
    只可自怡悅   다만 마음속으로 희열을 느꼈을 뿐
    不堪持贈君   감히 가져다 드릴 수 없소이다.

   우리들은 살아가는 동안 매어 사는 경우는 허다하다. 그러나 진실로 옳게 살고자 한다면 매어 사는 것에서부터 벗어나야 할 것이다. 권력이나 지위나 명예나 좋은 것은 찰나일 뿐이다. 중생을 제도함에 애를 쓰되 상을 보여서는 절대로 안 된다.

경   일체 부처님의 대원을 발하고자 함이며, 일체 부처님의 대원을 만족하고자 함이며, 일체 부처님의 지혜광명을 갖추고자 함이며, 일체 부처님의 여러 행을 성취하고자 함이며, 일체 부처님의 신통을 얻고자 함이며, 일체 부처님의 법을 다 듣고자 함이며, 일체 부처님의 법을 다 받고자 함이며, 일체 부처님의 법을 다 가지고자 함이며, 일체

부처님의 법을 다 이해하고자 함이며, 일체 부처님의 법을 다 보호하고자 함이며,

내가 듣자오니 성자께서는 모든 보살대중을 잘 가르친다고 하오니 능히 방편으로써 얻은 바를 천명해서 그 길을 보이며 나루터를 일러주며, 그 법문을 주어서 아득한 장해를 제거해주며, 오직 원하오니 나를 위하여 이와 같은 방법을 모두 선설해 주시옵소서. 보살이 어떻게 보살의 행을 배우며, 보살도를 닦으며, 닦아 익힌 바를 따라 빨리 청정함을 얻으며, 빨리 분명함을 얻겠나이까.

그때 해탈장자가, 과거의 모든 선근의 힘과 부처님의 위신력과 문수사리동자의 억념하는 힘으로써 보살의 삼매문에 들어갔으니 삼매의 이름은 모든 부처님 세계에 한량없는 것을 거두는 선다라니라는 법문이다.

이 삼매에 들기를 마칠 것 같으면 저절로 깨끗한 몸뚱이를 얻게 되나니 그 몸뚱이 속에 시방각십불찰미진수 부처님과 그 부처님의 국토 중회도량에 여러 가지 광명을 모두 장엄하는 일이 몸뚱이 속에 한꺼번에 나타나며,

또한 저 부처님의 행한 바 신통·변화, 일체 지난 세월에 닦던 도를 돕는 법과 모든 지난 세월에 가졌던 청정장엄이 그 몸뚱이 속에 한꺼번에 나타나며, 또한 모든 부처님이 등각을 이루고 묘한 법륜을 굴리어 모든 중생들을 교화하던 일체가 그 몸뚱이 가운데에 다 드러나되 조금도 장애되는 것이 없어서 갖가지 형상과 갖가지 순서가 근본대로 머물러 조금도 섞이지 않으니 이른바 갖가지 국토와 갖가지 중화와 갖가지

도량과 갖가지 장엄과 그 가운데에 모든 부처님이 나타내는 갖가지 신력이 다 한꺼번에 나타나며, 갖가지 승도(乘道)가 나타나며~

> **강의** 승(乘)이란 가르칠 교(敎)자와 같은 뜻이다. 불교는 소승과 대승으로 나누어 볼 수 있는데 이것은 부처님 깨달은 법은 하나이나 배우는 사람은 등급이 다르기 때문이다. 교육제도에도 초·중·고·대학 등의 순서가 있듯이 배울 사람에게도 차등이 있어 그에 알맞게 가르쳐야 한다. 각기 대중마다 근기가 다르기 때문에 적합한 방편으로써 부처님의 깨달은 법을 가르쳐야 하는 것이다.

쉽게 설명하자면 소승은 적은 인원이 타는 비행기이고, 대승은 많은 사람이 타는 큰 비행기이다. 우리가 생사의 이 언덕에서 열반의 저 언덕으로 배를 타고 건널 때 이 물은 번뇌·망상의 바다이다. 이 바다를 건너려면 부처님의 가르침에 의지하여야 한다. 이때에 방편을 소승과 대승으로 분류할 수 있다.

소승은 사제법을 이야기하고 12인연을 이야기 한다. 대승은 육바라밀, 부처되는 법을 이야기 한다. 소승이 몇 사람만이라도 건너야 하는 작은 배라면 대승은 자리이타(自利利他)의 정신 속에 모두 함께 타고 건너는 큰 배인 것이다.

> **경** 모든 갖가지 서원의 문을 보여주되 도솔천 궁에 계시어 불사를 짓는 수도 있으며 · 혹 어떤 세계에서는 도솔천 궁에서 불사를 지을 수도 있으며, 이와 같이 어떤 곳에서는 마야부인의 뱃속에 태어나는

것을 보여주기도 하고 · 혹은 배 밖으로 나와 탄생하는 것을 보여주고 혹 어떤 곳에서는 정반왕 곁에 있기도 하고 · 혹은 출가하기도 하고 · 혹은 도량에 나아가기도 하고 · 혹은 마군을 깨뜨리기도 하고 · 혹은 제천용들이 공경하여 위호하는 것을 보여주기도 하며 · 혹은 세상 사람들이 설법하기를 권청하는 것도 보여주며 · 혹 법륜을 굴리기도 하고 · 혹 모든 여래들이 갖가지 중회와 갖가지 세간과 갖가지 취생과 갖가지 가족과 갖가지 욕망과 갖가지 행업과 갖가지 언어와 갖가지 근성과 갖가지 번뇌와 습을 가진 이 모든 중생 가운데에 혹 작은 도량에 처하기도 하며 · 광대도량에 처하기도 하며 · 일 유순 되는 도량에 처하기도 하며 · 십 유순 되는 도량에 처하기도 하며 · 불가설 불찰미진수 유순도량에 처하기도 하여 갖가지 신통과 갖가지 언사와 갖가지 음성, 갖가지 제법을 설하기도 하면서 저 모든 여래의 있는바 언급을 선재동자가 다 능히 받아가지며, 또한 모든 부처님과 모든 보살의 불가사의한 삼매신변을 다 보기도 하거늘 그 때에 해탈장자가 삼매에서 일어나 선재동자에게 고하여 말씀하시되,

선남자여, 내가 이미 여래의 걸림이 없는 장엄 해탈문에 들어갔다 나왔느니 선남자여, 내가 이 해탈에 들어갔다 나올 때에 동방으로 염부단금광명세계에 용자재왕여래 응정등각께서 도량중회에 위호한 것을 보니 그곳은 비로자나불이 상수가 되었고, 남방으로 속질력세계에 보향여래응정등각께서 도량중회에 둘러싸인 것을 보니 그곳은 심자재왕 보살이 상수가 되었고, 또 서방으로 가니 향광세계의 수미등왕여래 응공등각 도량중회에 둘러싸인 것을 보니 심왕보살이 상수가 되었고,

북방으로 가사랑세계의 불가괴 금강여래응정등각을 도량중회에 둘러싸인 것을 보니 금강보용맹보살이 상수가 되었으면 또 동북방으로.

하방으로 불광명세계의 무애지당여래응정등각 도량중회에 둘러싸인 것을 보니 일체 세간 찰당왕보살이 상수가 되었더라.

선남자여, 내가 이렇게 시방의 각 십불찰미진수 여래를 보니까 저 모든 부처님, 여래가 그곳에서 떠나 이 곳에 온 것도 아니고, 내가 그곳에 간 것도 아니라.

내가 만약 극락세계의 아미타불을 보고자 할 것 같으면 뜻을 따라서 곧 아미타불을 보게 되고, 내가 만약 전단세계의 금강광명여래와 묘향세계의 보광명여래와 연화세계의 보련화광명여래와 묘금세계의 적정광여래와, 묘희세계의 부동여래와 선주세계의 사자여래와 경광명세계의 월각여래와 보사자장엄세계의 비로자나여래를 보고자 하면 이와 같은 일체를 내가 다 볼 수가 있게 되나니.

그러나 저 모든 부처님들이 나에게 오는 것도 아니고, 내가 또한 그곳에 가는 것도 아니라. 일체 부처님과 내 마음이 다 꿈과 같음을 알며, 일체 부처님은 저 그림자와 같고 내 마음은 물과 같은 줄을 알며, 일체 있는바 모든 색상과 모든 자심(自心)이 다 환술(幻術)과 같은 줄 알며, 일체 부처님과 자기 마음이 다 메아리와 같은 줄 아노니, 내가 이와 같이 알며 이와 같이 생각할 때에 보이는 바 모든 부처님이 다 내 자심으로부터 일어나는 것이니라.

마땅히 알거라, 선남자여 보살이 모든 불법을 닦으면서 모든 불찰을 청정하게 하며, 모든 묘행을 쌓으며, 중생을 조복시키려고 큰 서원을 발하고, 일체 자재, 유희, 불가사의한 해탈의 문에 들어가서 부처님의 보리를 얻으며, 큰 신통을 나타내며, 모든 시방에 두루 가며, 미세한 지혜로 여러 겁에 들어가는 이런 것들이 모두 자심으로 말미암음이니라.

이러한 연고로 선남자여, 마땅히 선법으로써 자심을 붙들어 도와야 될 것이며, 법의 물로 자심을 윤택하게 하여야 될 것이며, 마땅히 저 모든 경계에서 자심을 다스려야 할 것이며, 마땅히 정진으로서 자심을 견고히 하여야 할 것이며, 마땅히 인욕으로써 자심을 조복시켜야 될 것이며, 마땅히 지혜의 증득함으로 자심을 결백하게 해야 될 것이며, 지혜로서 자심을 밝히고 날카롭게 하여야 될 것이며, 마땅히 부처님의 자재로써 자심을 개발하여야 될 것이며, 마땅히 부처님의 평등으로써 자심을 광대하게 하여야 될 것이며, 마땅히 부처님의 십력으로 자심을 비추어 살펴야 할 것이니라.

선남자여, 나는 오직 이 부처님의 무애한 장엄해탈문에 출입함을 얻었을 뿐이거니와~

강의 해탈장자는 '나는 이 이상은 모른다'며 다른 곳의 선지식을 만날 것을 일러 준다. 여기에서 해탈장자의 법문은 끝이 난다. 이어 찾아가는 이는 해당비구이다. 해탈장자 법문은 방편구족주라 하고 이제 만날 해당비구의 법문은 정심주(正心住)라고 한다.

7) 마리가라의 해당비구

경 선남자여, 저 남으로 염부제를 돌아가면 한 나라가 있는데 마리가라라는 나라에 비구가 하나 있어 이름이 해당(海幢)이니 네가 거기 나가서 보살도를 어떻게 배우며, 보살도를 어떻게 닦는지 물어볼지니라.~

강의 수미산 아래 하수가 돌고 있는데 향수해라 한다. 물 일곱 겹과 산 일곱 겹을 돌린 다음에 큰 함해라는 바다가 있어 이를 사주세계라고 하는데 동쪽에는 동불바제가 있고 서쪽에는 서우화주가 있고 남쪽에 남염부제 혹은 남섬부주가 있고 북쪽에 북구루주가 있으며, 우리가 사는 세계를 남염부제라고 한다. 이곳의 북쪽으로 가면 무열지라고 하는 연못이 있는데 그 연못 곁에는 우람한 과일나무가 한 그루 서 있다. 열매 하나의 크기가 수박만한 것으로 연못 속에 뚝 떨어져 모래를 금빛으로 물들인다고 한다. 이 금을 염부단금이라 부르고 그 떨어지는 소리를 염부제 또는 섬부주(jambu dvipa)라고 하는 것이다.

그곳의 언덕에 있는 한 나라가 마리가라인데 '장엄하다'의 뜻을 가지고 있다. 해당비구의 당자는 당간지주처럼 우뚝 솟았다는 의미를 함축하고 있어, 정심주에 들어가니까 그 하는 일이 깊고 넓어 우뚝 표출된다는 것이다. 그러므로 곧은 마음이 여간해서 움직이지 않아, 이를 바다에 비유한 것이다.

선재동자는 다시금 선지식을 만나러 가면서 많은 생각을 한다. '선지식은 참으로 소중하다. 선지식을 공양하고 섬기고 선지식을 만남으로써 일체지를 보고, 선지식은 자비스러운 어머니와 같다'고 생각한다. '일체 무익한 것을 다 떠나게 하는 선지식은 자비스러운 어머니와 같고 일체 모든 선법이 나도록하는 것은 엄한 아버지와 같다'고도 생각한다.

예로부터 엄부자모(嚴父慈母)라고 하여 아버지의 엄격함과 어머니의 인자함이 조화를 이룬 가운데 자녀교육이 이루어져야 한다고 믿었다. 요즘 부모들의 경우 한없이 좋게만 대해 주고 있어서 문제점이 발생하는 것으로 보인다. 목적은 설령 좋다고 하여도 자녀교육의 올바른 태도는 아닌 것 같다.

옛날에 말을 끔찍이도 아끼던 이가 있었다. 말의 똥마저 손으로 받아내고 아침저녁으로 솔질을 잘 해주는 등 온갖 열과 성을 다해 말 시중을 들었다. 하루는 말을 아끼는 마음에, 쇠파리가 앉아 있음을 보고 등을 탁 때려 쇠파리를 잡는데, 갑자기 놀란 말이 발길질을 하여 주인은 죽고 말았다.

좋은 일을 하려거든 성품을 깨달아 부처가 되어야 한다. 요즈음의 부모들은 자식을 너무도 사랑하며 키우는 터인지라 아이들 버릇이 없는 경우가 많다. 잘못도 덮어주며 키우기 때문이다.

옛날 중국의 묵자는 '이마가 갈아지고 발꿈치가 다 닳아지더라도 천하의 덕이 되는 것은 다 해보겠노라'고 하였다. 이에 반하여 양자는 '내 털 하나를 뽑아 천하 사람을 다 위한다고 하여도 나는 그런 짓은 안한다.'고 하였다.

세상 사람들은 묵자를 훌륭한 이라 말하고 양자를 이기주의자라고 욕을 하지만 잘못이다. 남을 위하는 일만 하는 것은 결코 잘하는 일이 아니다.

오히려 양자의 사상이 훌륭하다고 본다. 날아다니는 새나, 기어다니는 벌레도 모두 제각기 자신의 힘으로 살아가고 있다. 수족이 멀쩡한 사람이 제 힘으로 못 살아 갈리는 없는 것이다. 주체적으로 설 수 있도록 힘이 되는 것은 좋으나 타인을 위해 밥 얻어다가 떠먹이는 일은 행여 없어야 하겠다.

사회를 반듯하게 정화하려면 밥 주고, 의지하게 만드는 시원찮은 자비심은 없애야 한다. 부처님께서는 무조건 남을 위하라고 이르시지는 않으셨다.

자식에게도 마찬가지이다. 야부송에 보면 '천하에 행세를 잘 하려고 하면 한 기술이 강한 것보다 나은 것은 없다.'고 하였으니 진정 자녀를 사랑한다면 올바르게 가르쳐야 할 것이다.

경 이 때에 선재동자가 저 장자의 가르침을 생각하며, 저 장자의 가르침을 관찰하며, 저 불사의한 보살해탈문을 억념하며, 저 불사의한 보살의 지혜광명을 사유하며, 깊이 저 불사의한 법계문에 들어가며, 저 불사의한 보살보인문에 나아가며, 저 불사의한 여래신변을 밝혀보며, 저 불사의한 불력의 장엄을 분별하여.

점차로 남으로 향하여 염부제언덕 마리가라 마을에 이르러 두루 해당비구를 찾아 다니다가 그이를 보니, 길가에 있어 가부좌를 하고 삼

매에 들었는데 그 때에 벌써 출입식을 여의었으며~

강의 숨을 내쉬고 들이쉬는 것을 출입식이라고 한다. 우리는 숨이 멈추면 죽었다고 하나, 인도에서 요가를 하는 이들은 1년이든 3년이든 날짜를 정해놓고 정(定)에 든다. 정에 들어갔다가 나올테니 내가 숨을 거두면 코에다 약을 넣고 봉하라고 한 뒤에 몸을 독에 넣고 땅속에 묻힌다. 약속한 날짜에 개봉을 하면 숨을 쉬고 일어난다고 한다. 거짓말 같은 사실이다. 지금 1천여 년을 사는 사람도 있다고 한다. 잠깐 세상을 한번 돌아보고는 또 들어가곤 한다고 전한다.

이것을 절대로 부러워할 필요는 없다. 자성을 깨달아 생사를 면하는 것이 최고이기 때문이다.

경 사각(思覺)이 없어서 몸과 마음이 동하지 않더라.
비구가 삼매에 드니까 발아래에서 수없는 백천억 장자와 바라문들이 쏟아져 나와 다 갖가지 장엄구를 가지고 자기 몸을 장엄하였고, 머리에는 보배관을 썼으되 그 이마에는 계명주를 매었고, 널리 시방 일체 세계에 가서 일체 보배와 일체 염락과 일체 의복과 일체 법다운 음식과 일체 꽃과~

강의 바늘로 찌르면 따끔하고 불을 대면 뜨겁게 느끼는 것을 감각이라 하고 사각이라고도 한다. 쉽게 표현하면 사각은 잡념이라 하겠다.

비구가 삼매에 들자 시방세계에서 대중들이 모여들고 그 기운으로 작은 현상이 벌어지고 있다.

계명주(髻明珠)라는 것은 상투에 꽂는 좋은 보배이다. 옛날의 선조들은 금과 은을 지니면 귀신이 붙지 않는다고 하여 모두 금과 은을 소중히 지녔다.

신라시대 원성왕 때의 일이다. 원성왕이 스님 한 분을 모셔다가 분황사에서 산림대법회를 열었다. 지해(智海)스님이었는데 그 분의 시봉이 묘정(妙正) 이었다. 묘정은 늘 시봉을 들고 낮에 마지를 올린 뒤에 불기를 씻곤 하였다. 언덕 아래의 금강정이라는 샘물에서 씻었는데 물속에 거북이가 한 마리 보였다.

매일 그릇에 붙은 밥풀을 훑어서 먹였다. 화엄산림이 다 끝날 때 묘정은 거북이에게 '세상물건은 모두 은혜를 아는데 어찌 너는 나에게 아무것도 갚을 줄 모르느냐'며 농담 삼아 말하였다.

이튿날 거북이가 입에서 오물거리더니 토해내는데 좋은 구슬이었다. 허리띠에 숨겨 차고 다니니 그를 보는 사람마다 좋아하는 것이었다. 임금도 그 날부터 묘정을 가까이 두고 좋아하였다.

당나라에 사신을 보낼 때에도 묘정을 함께 딸려 보냈다. 당나라에서도 보는 이 마다 잡아끌며 좋아하는 것이었다. 당나라 임금 곁의 역관이 아무리 찬찬히 살펴보아도 남에게 환영받을 인물이 아닌지라 묘정의 몸을 뒤지니 구슬이 하나 나왔다.

나라 임금이 이를 보더니 내 평생에 여의주 4개를 지니고 있었는데 여기 하나를 찾았구나 하면서 맞춰보니 딱 들어맞았다. 여의주를 빼앗긴 묘정은 그 뒤로 아무도 좋아하지 않았다고 한다.

그렇게 남을 즐겁게 할 수 있다면 관세음보살을 부르거나 불경을 읽어서 부처님의 진리를 가슴에 지니고 있으면 더할 나위 없이 좋을 것이다.

경 일체 처에서 일체 빈궁 중생을 다 구원해 섭수를 하며, 일체 고뇌 중생을 안위시켜서 다 환희케 하되 뜻과 마음이 청정하여 위없는 보리를 다 성취케 하더라.~

강의 좋은 뜻과 마음으로 지니면 하늘과 땅이 모두 힘을 모아준다. 마치 대통령의 일을 정부 각 부, 처에서 해주듯이 말이다. 세력과 지위가 있으면 천지가 응한다는 것이다. 그러나 도리에 어긋나는 생각을 하면 천지가 모두 비난하고 핍박하며 벌을 주고 만다.

경 또 그 뿐만 아니라 두 무릎에서는 수없는 백천 만억이나 되는 크샤트리아 무리가 쏟아져 나오니, 나오는 대중들이 다 총명하고 갖가지 색상과 갖가지 의복과 상묘장엄이 널리 시방세계에 두루하여, 일체 사람에게 사랑스러운 말을 해주고, 또한 동사섭(同事攝)을 하여 모든 중생을 섭수하나니 이른바 가난한 사람에게는 만족하게 해주고, 병든 이에게는 병을 낫게 해주고, 위태로운 사람에게는 편안하게 해주고, 두려운 사람에게는 그 두려운 생각을 없애주고, 근심하고 괴로운 사람에게는 모두 쾌락을 얻게 하여 악한 짓은 버리고 편안히 선법에 주하도록 해주더라.

  두 허리에서는 중생의 수효와 같은 한량없는 신선들이 쏟아져 나오니, 풀로 된 옷을 입은 이들도 있으며, 가죽 옷을 입기도 하며, 물병을 가진 이도 있으니 그들이 다 위의가 고요하고 적적하여 두루두루 시방세계를 제 마음대로 다니면서 저 허공 가운데에서 부처님의 묘한 음성으로 여래를 칭찬하며, 여래의 모든 법을 연설하는 것을 칭찬하며, 혹은 청정범행의 도를 설하여 그로 하여금 잘 수습하여 모든 근(根)을 조복(調伏)시키며~

강의   육근을 조복시키는 것이란 하고 싶은 모든 일을 하지 않고 항복받는 것을 말한다. 옛말에 '산중의 도적은 항복받기 쉬워도 제 몸에서 나오는 도적은 항복받기 어렵다(破産中之賊易 破身中之賊離)'고 하였다. 중생들은 항시 자신이 하고 싶은 일을 다 하려고 발버둥친다. 분명 그것들이 무리임에도 불구하고 애쓴다.

  자기 자신의 사사로운 욕심을 이기는 것을 극기(克己)라고 한다. 사사로운 자신의 사욕을 극복하여 천지에 두로 통하는 예절을 회복하여야 한다(克己復禮).

경   혹 모든 법이 다 자성이 없음을 설하여 그로 하여금 그 법을 관찰시켜서 지혜를 완성하게 해주며, 혹은 세간의 언론과 규칙을 설하며, 혹은 다시 일체 지혜의 벗어나는 방편을 개시해서 그로 하여금 차례대로 각각 그 업을 닦게 해주며, 두 옆구리로 부터는 한정 없는 용의 신통변화를 내고 또 가슴 가운데 만(卍)자에서는 한정 없는 아수라를 내고 등에서는 한정 없는 2승을 내고 득도를 할 사람에게는 수없는 백천억 성문독각을 출생시키며, 또 아집이 있는 자를 위해서는 일체 행이 다 무상함을 설해주며, 탐행(貪行)을 하는 자에게는 부정관을 설해주며~

> **강의** 탐행은 남녀 간에 연정을 잊지 못하는 것이다. 서로가 이를 깨끗하게 보기 때문에 탐착이 생긴다. 그러나 실은 몸뚱이가 부정한 것임을 알지 못한 것에서부터 나온 것이다.

부처님의 사촌, 아난존자는 부처님과 얼굴 모습이 닮았다. 기사굴에서 몸이 황금빛으로 변하자 부처님과 아난은 서로 비슷하여 구별하기 어려운 적도 있었다.

한번은 발우를 들고 왕사성으로 걸식을 나갔다가 '마등가'라는 기생을 만나 좋아하게 되었다. '마등가'가 아난을 잡아놓고 음행을 하려 하는데 이를 아신 부처님이 나무불·나무법·나무승을 외워 아난을 불러들였다.

퍼뜩 정신이 든 아난은 꽁지가 빠지게 줄행랑을 놓아 기원정사로 돌아왔다.

'마등가'와 그녀의 어머니가 함께 기원정사까지 찾아와 부처님에게 아난을 돌려달라고 사정을 하였다. 부처님께서는 이에 대한 방편으로 마등가에게 불가에 입문할 것을 권유하였고, 마등가는 삭발하고 수도 정진하게 되었다.

어느 날 부처님께서는 '마등가'에게 아난의 어디가 그토록 좋으냐고 질문하였다. 마등가는 대답하였다. 도톰한 코, 널찍한 이마, 동그란 눈 등 다 마음에 든다고 이야기하자, 부처님이 말씀하셨다. "아난의 얼굴에서 코도 없고 눈도 빠지고 이마는 납작한 아난을 생각해 보라"고 하였다. 마등가는 그런 아난을 상상해 보았다. 정나미가 떨어져 쳐다보기도 싫었다. 부처님은 말을 이었다. "이번에는 이것저것 다 떼어내고 앙상한 뼈만 남았다고 생각해 보도록 하여라."

이처럼 부처님께서는 사람의 탐착을 떼어내는 부정관을 설해 주셨다.

경 성내는 이를 위해서 자비관을 설해주며, 치행(痴行)하는 자를 위해서는 연기관을 설해주며 등분행을 하는 자에게는 지혜로 더불어 상응하는 경계법을 설해 주며 경계에 애착하는 자를 위하여 무소유법을 설해주며, 적정처에 낙착하는 이에게는 대서원을 발하게 하여 널리 일체 중생을 요익하게 하는 법을 설해 주나니 이와 같은 소작이 다 법계에 두루 하더라.~

강의 등분행이란 탐과 진과 치의 비율이 동등한 사람을 일컫는다.

때로는 몹시 화가 날 때가 있다. 화[嗔]는 불끈 솟아 나오는데 성내는 것이란 어디에서부터 나오는 것일까. 실물이라면 출처가 있겠으나 실체 없는 물건은 출처가 없다.

욕심[貪]은 어디에서 나오며, 진심이나 탐심은 어디에 있는가. 탐·진·치란 실제로 존재하지 않는다. 근심·걱정은 찾아보면 결국 없다.

신수대사는 '번뇌가 있으면 날마다 버리라'고 가르쳤다. 하지만 버릴 것이 무엇인가. 없는 것을 있다고 하여 날마다 버리려 하는 것 자체가 어리석음[癡]이다. 없는 것을 없다고 인정하는 것이 곧 깨달음인 것이다.

오랜 옛날 중국에 악강이라는 사람이 살고 있었다. 군수가 되어 고을을 다스리는데 부하 가운데에 한 청년을 무척이나 아꼈다.

가을밤에 악강은 그 청년을 불러 대청의 술상 앞에 마주앉아 술을 마셨다. 이 청년이 술을 받아 마시던 중에 술잔을 보니 잔 안에 자그마한 뱀이 들어있는 것이 아닌가.

께름직했지만 군수 앞이라 아무 소리 못하고 꿀꺽 마시고 말았다. 그 이후로 이 청년은 몸져 눕고 말았다. 뱀이 뱃속에 있어 내장을 야금야금 갉아먹는다는 생각을 하면서부터 일어나질 못 한 것이다.

몇 달 동안 청년이 보이지 않자 군수는 청년을 찾았다. 청년에게 무슨 이유인가를 묻고는 지난번에 앉아 마시던 자리에 다시 술상을 차려 놓고 술을 부었다. 악강이 물었다. "또 다시 뱀이 보이는가." 청년이 대답했다. "예 또 보입니다." "이 사람아, 그게 어디 뱀인가. 천장에 매달려 있는 활을 보게나." 그러나 그것은 진짜 뱀이 아니라 천정에 매어놓은 화살에 그려놓은 뱀의 그림자였던 것이다. 이 청년의 병은 그 자리에서 낫고 말았다.

이 세상은 전부 이와 같은 이치이다. 자신이 있다고 여겨 만든 것으로 인하여 고통을 당한다. 우리는 밖에서 괴롭고 나쁜 일을 당한다고 생각하지만 결국 내 마음 속에 들어 있던 것이 투영된 것일 뿐이다.

천지의 만물이 모두 나로부터 나온 것을 알아야 한다. 장미꽃을 바라보며 아름답다고 느낀다면 이는 마음에 있는 것이다. 거울을 들고 들여다 보면 거울 속으로 얼굴이 보인다. 거울에 비친 그림자가 다시 나의 눈동자에 비치는 것이다.

미학에서는 내가 아름답다면서 감상하는 마음이 장미꽃에 비쳐서 다시 본인에게로 돌아오는 것을 미의 이입성(移入性)이라고 한다.

마침내 모든 것이 자심(自心)으로 되돌아오는 것, 이것이 불교의 묘미이다. 따라서 자심을 옳게 조정하면 일체가 평화롭다는 것이다. 자심을 깨닫지 못한 것에서 모든 고통이 뒤따른다는 사실을 명심해야 하겠다.

경 머리에서 한량없는 불찰미진수 모든 보살들이 나오니 다 상호로써 그 몸을 장엄하였고, 그지없는 광명을 놓아 갖가지 행을 설하나니 이른바 보시를 칭찬하여 간탐(奸貪)을 버리고 여러 가지 묘한 보배 장엄세계에 태어나게 하며~

강의 금생에 탐심을 내지 않고 보시를 하는 이는 후생에 온갖 보배 집이 생긴다는 내용이다. 그리고 생략된 부분은 양 어깨에 걸쳐, 두 눈에서, 또 이마에서 각종 조화가 쏟아져 나온다는 내용이다. 이것은 내 마음에서 나온다는 이야기와 똑같은 말이기에 생략하였다.

경 또 계를 갖는 공덕을 찬탄하며, 모든 중생들로 하여금 모든 악을 끊고 보살의 대자대비한 계에 머물게 하며, 또 일체 유가다 꿈과 같은 것을 설하며, 모든 욕심이 재미없음을 설하며, 모든 중생으로 하여금 번뇌로 묶인 것을 떠나게 해주며, 인욕력(忍辱力)으로 하여금 저 모든 법에 마음의 자재를 얻게 해주며, 금색신을 찬탄하여 모든 중생으로 하여금 성내는 성질을 떠나서 대비행(大悲行)을 일으켜 축생도를 끊게 해주며~

강의 참는 일에는 여러 가지가 있겠다. 불에 데어 뜨거운 것을 참는 것도 참는 일이지만, 이러한 일도 있다.

외국의 한 작가가 있었다. 20여 년 가까이 심혈을 기울여 '프랑스 혁명사'를 집필하였다. 가까운 친구에게 원고 교정을 부탁하며 원고를 보냈는데, 그 친구가 잠시 자리를 비운 사이에 하녀가 낡은 휴지조각인 줄 알고 20여 년을 집필한 원고를 벽난로 속에 넣고 불을 지피고야 말았다. 20여 년의 세월이 한낱 헛됨이 되고 만 것이다.

친구는 작가를 찾아가 사정을 이야기하고 사죄하였다. 엄청난 일이 었는데도 불구하고 이 작가는 얼굴색 하나 변하지 않은 채 할 수 없지 않느냐고 대답하였다.

그 뒤에 다시 이십여 년을 걸려 재 집필하였다. 그가 죽을 때 '맨 처음 원고가 세상에 발표되었더라면 그 뒤의 이십여 년은 좀 더 유익한 일을 하였을 테데, 그렇지 못한 것이 유감이다'라고 말했다.

말 할 수 없는 억울함을 이처럼 참은 사람도 있는 것이다. 우리나라의 잘 참는 사람의 이야기도 있다.

　조선조에 후조라는 사람이 있었는데 훗날 대감까지 지낸 이가 있다. 그의 부인에 관한 이야기인데, 대감의 어린 동생이 글방에 다니며 글을 배우고 있었다. 마침 후조의 조상 제사가 있는 날이었는데 글방 친구들이 모두 동생에게 제사 음식을 훔쳐오라고 하였다.

　미리 만들어 놓은 제사 음식은 안방의 다락 속에 넣어 두었는데 어린 동생이 필사적으로 올라가 음식을 꺼내려다가 구르고 말았다. 그런데 하필 넘어진 그곳에는 후조의 갓난 아들이 있었던 것이다. 갓난아이는 어린 삼촌 밑에 깔려 숨을 거두고 말았다.

　후조의 부인이 '와장창' 소리에 놀라 달려와 보니 방안은 난장판이 되어 있었고 아이는 죽어 있었다. 아무 말 않고 시동생을 내보낸 뒤 방을 정돈하고 다시 제사상을 차렸다.

　차례를 마친 후에 친척들이 모두 돌아간 뒤 후조의 부인은 남편에게 아이가 갑자기 경기를 일으키다가 죽고 말았노라고 알렸다. 아무에게도 죽게 된 경위를 알리지 않고 참았던 것이다.

　이 이야기는 그 동생이 후일 노년기에 형에게 전해주면서 알려졌다고 한다. 죽은 자는 가히 되살릴 수 없는 법, 죽은 것을 투정하고 불평하여도 소용없음을 안 며느리의 인욕의 자세는 본받을 만한 것임에 틀림없다.

　경 이와 같은 소작이 모두 법계에 충만하더라. 해당비구가 또한 그 몸뚱이에 일체 털구멍마다 낱낱이 아승지불찰미진수 광명망이 나오니 낱낱광명망에서 아승지색상과 아승지장엄과 아승지경계와 아승지사업을 갖추어서 시방일체법계에 충만하였다.

　이 때에 선재동자가 일심으로 해당비구를 관찰하고 깊이 앙모하는 생각을 내어 저 삼매해탈을 생각하며 저 부사의한 보살의 삼매를 사유하며, 저 부사의한 중생을 이익 되게 하는 방편해를 사유하며, 저 부사의한 중생을 이익 되게 하는 방편해를 사유하며, 저 부사의한 작용함이 없는 보장엄문을 생각하며.

　저 견고한 보살 대원력을 사유하며, 저 증강한 보살 행원력을 생각하더니 이와 같이 머물러 서서 사유, 관찰하기를 하루와 하룻밤 내지 7일 밤을 지내는 것과 반달과 한 달을 지내며 내지 육 개월을 지나서 또 엿새를 지냈다. 이렇게 지내기를 마친 연후에 해당비구가 삼매에서부터 일어나거늘 그 때에 선재동자가 찬탄하여 말씀하였다.

　성자시여, 희한하고 기특하시나이다. 이와 같은 삼매는 가장 깊은 것이 되며, 이와 같은 삼매는 가장 광대한 것이 되며, 이와 같은 삼매는 그 경계가 한량이 없으며, 이와 같은 삼매는 신력을 생각하기도 어려우며, 이와 같은 삼매는 광명이 비길 데 없으며, 이와 같은 삼매는 장엄이 될 수 없으며, 이와 같은 삼매는 위력이 억제하기 어려우며, 이와 같은 삼매는 경계가 평등하며, 이와 같은 삼매는 널리 시방을 비춰주며, 이와 같은 삼매는 이익이 한량없나니 능히 일체 중생의 무량한 고통을 덜어주는 까닭이라.

　이른바 일체 중생으로 하여금 가난을 여의게 해주며, 또 지옥에서 벗어나게 해주며, 축생도를 면하게 해주며, 모든 난문을 얻게 해주며,

인간과 천인의 길을 열계 해주며, 인간과 천인의 중생에게 모두 희락심을 내게 해주며, 그로 하여금 선정계를 즐거워하게 해주며, 능히 유희락을 증량해주며, 능히 출유락을 시현해주며. 이렇게 되는 까닭이니라.

성자여, 이 삼매의 이름은 무엇입니까?

해당비구가 그때에 말씀하셨다.

선남자여, 이 삼매의 이름을 보안사득(普眼捨得)이라 하느니라. ~

강의 선재동자는 해당비구를 찬탄하더니 삼매가 신비함을 알고 그 출처를 물었던 것이다.

보안사득이란 우주 전체를 보는 눈[普眼]은 일체의 욕심을 버린 연후에 얻어진다는 말이다[捨得]. 쥐고 있는 잡것을 놓아버릴 때에야 비로소 환희심이 얻어지는 것이다.

경 보안사득이라고도 이름 하지만 또 한 가지 이름은 반야바라밀 경계의 청정한 광명이라고도 하며, 또 한 이름은 보장엄청정문이라고도 하느니라.

선남자여, 내가 반야바라밀을 수습한 까닭에 이 보장엄청정 삼매 등 백만 아승지 삼매를 얻게 되었느니라.

선재동자가 그 때에 물었다.

성자시여, 이 삼매경계가 마침내는 아직 이것 뿐 입니까?

해당 비구가 말씀하셨다.

선남자여, 이 삼매에 들어갈 때에 일체 세계를 하나도 남김없이 다 알되 장애하는 바가 없으며, 일체 세계를 두루 나가는데 거기도 걸리는 바가 없으며, 일체 세계를 초과하는데 또한 장애하는 바가 없으며, 일체 세계를 모두 장엄하는데 장애하는 바가 없으며, 일체 세계를 모두 닦아서 다스리는 데 장애하는 바가 없으며, 일체 세계를 깨끗하게 하는 데 장애하는 바가 없으며, 일체 부처님을 보는 데 장애하는 바가 없으며, 일체 부처님의 광대한 위력을 관찰하는 데 또한 장애하는 바가 없으며, 일체 부처님의 자재신력을 아는데 또한 장애하는 바가 없으며, 일체 모든 부처님의 광대한 힘을 증득하는 데에 장애하는 바가 없으며, 일체 보든 부처님의 모든 공덕해에 들어가는데 장애하는 바가 없으며, 일체 부처님 불법 가운데 들어가서 묘한 행을 수행하는데 장애하는 바가 없으며, 일체 부처님의 전법륜, 평등한 지혜를 증득하는 데 장애하는 바가 없으며, 시방 모든 부처님을 다 관찰하는데 장애하는 바가 없으며, 대비로써 시방 중생을 다 섭수하는데 장애하는 바가 없으며, 항상 대비를 일으켜서 시방세계에 가득 충만하게 하는데 장애하는 바가 없으며, 시방 부처님을 다 친견하여 보되 마음에 염족한 생각이 없으며, 그 바다에 들어가되 장애하는 바가 없으며, 일체 중생의 육근의 바다를 다 알되 장애하는 바가 없으며, 일체 중생의 모든 근기의 차별지를 알되 장애하는 바가 없느니라.

선남자여, 나는 오직 이 한 가지 반야바라밀 삼매광명문을 알 뿐이거니와 저 모든 보살들이 지혜바다 청정한 법계에 들어가서, 일체 취를 요달하고 무량찰에 두루하여 잘 총지하는 자재삼매에 들어가서, 청정한 신통이 광대하며 그 변재가 다함이 없으며, 지위를 선설하여 중생의 의지처가 되는 도력이야 내 어찌 그 묘행을 알 수가 있으며, 그 공덕을 가릴 수가 있으며, 그 묘행에 요달할 수가 있으며, 그 경계를 밝힐 수가 있으며, 그 원력을 구경할 수가 있으며, 그 중요문에 들어갈 수가 있으며, 그 증득한 것에 달할 수가 있으며, 그 길의 부분을 설할 수가 있으며, 그 삼매에 머물 수가 있으며, 그 깊은 경지를 볼 수가 있으며, 그 가진 바 평등한 지혜를 알 수가 있겠느냐.~

강의 해당비구는 반야바라밀 삼매광명문을 알 뿐 더욱 깊고 깊은 것을 알 수 없다고 말한다. 그리하여 다른 선지식을 선재동자에게 일러주게 된다.

경 선남자여, 여기서 남으로 가면 한 주처가 있는데 이름이 해조(海潮)이고, 그곳에 공원이 있는데 이름이 보장엄이며, 그 가운데에 우바이가 있으니 이름이 휴사(休捨)이니 네가 그곳에 가서 묻건대 보살이 어떻게 보살의 행을 배우며, 보살도를 닦느냐고 물어볼지니라.~

강의 해당비구의 법문은 여기서 끝난다. 여기까지를 정심주(正心住)라고 한다. 십바라밀 가운데 여섯 번째인 지혜를 닦는 법문이므로 정심주라고 한 것이다. 지혜를 닦으면 마음이 바르게 된다고 하여 들려준 법문이다.

십바라밀은 보시 · 지계 · 인욕 · 정진 · 선정 · 지혜의 육바라밀에 방편·원력·후덕지·방원력지의 열 가지이다. 육바라밀이 자리행(自利行)이라면 뒤의 네 가지는 이타행(利他行)이다. 육바라밀은 닦아 중생을 제도하는 방법이다. 여섯 번째의 지혜가 근본 지혜라면 아홉 번째의 지혜는 이타지혜인 것이다.

그동안 선재가 떠날 때마다 '~나라가 있으니~'라고 되어 있었으나 이번에는 '한 주처'가 있다고 나온다. 나라는 바뀌지 않고 남섬부주에서 그리 멀지 않은 장소인 까닭에 '주처'라고 말한 것이다.

해조라는 곳은 바닷가이다. 조수가 일정한 것처럼 중생을 제도하는 것도 그 대상의 근기에 맞추어 제도해야 한다. 해조에 비유하여 방편법문을 하게 된다.

주석에 의하면 널리 중대한 장엄이 있기 때문에 보장엄에 가서 설명을 하였고, 생사로서 공원을 삼고 만행을 장엄으로 삼기 때문에 보장엄 숲에서 법문을 하였다고 한다.

이번에 선재동자가 만나는 이는 재가 여성신도이다. 우바이는 여성 불자, 즉 보살님을 가리키며 청신녀(淸信女)라고도 한다. 우바새는 남자 신도로 거사(居事) 혹은 청신사라고 한다.

여성 불자들을 보살님이라고 부르는 것은, 관세음보살의 자비를 실천하는 데에는 여성들의 자비심이 남자들에 비해 더욱 크기 때문일 것이다.

우바이의 이름이 '휴사'라고 하였는데 이는 인도범어로서 우리말로 해석하면 의락(意樂)이다. 혹은 희망, 만원(滿圓)이라고도 한다. 중생의 의락과 희망에 따라 모든 것을 원만하게 성취시켰으므로 붙여진 이름이다. 불자들이 받아지니는 법명이 신기하게도 그 사람과 흡사한 경우가 많다. 법명을 수지하는 일이야말로 참보살이 되는 첫 문이다.

선재동자를 보내면서 해당비구가 물어보라고 일러주는 내용은 그 이전의 선지식들과 똑같다.

화두라고 한다. 화두에는 1천7백 가지의 공안이 있다. 그러나 그 많은 가짓수가 묻는 바는 한결같다. '어떻게 해야만 부처가 되는가!' 단지 단어만 다를 뿐이지 결국 묻고자 하는 뜻은 이 한 가지인 것이다.

부처란 무엇인가. 자성의 자리를 깨달아 불생불멸하는 몸을 얻어 고통에서 영원히 벗어나는 것, 이것이 바로 부처되는 자리이다.

법문의 경우, 마지막 목표인 열반의 사상에 들어가지 못한다면 결코 법문이라고 할 수 없다. 열반적정의 기운이 들어가야 법문인 것이다.

제행무상 · 제법무아 · 열반적정, 이를 삼법인(三法印)이라고 한다. 이것이 세상의 법문이다. 힘들고 어려워도 깊고 깊은 법의 말씀이 곧 이『화엄경』에 담겨져 있다.

53선지식에게 선재동자가 묻는 것은 똑같다. 그러나 배우는 것과 닦는 것은 다르다. 관념으로 아는 것이 아니라 실천행으로써 이루어야 하기 때문이다.

8) 해조의 휴사 우바이

경 이때에 선재동자가 해당비구 처소에서 견고신을 얻었으며, 묘한 법의 재물을 얻었으며~

강의 우리의 몸은 부서지기 쉬운 몸뚱이다. 찔리면 피가 나고 넘어지면 살이 벗겨지고, 다치면 뼈가 부러지는 등 여리디 여리다. 우리의 몸은 법성에 어긋난 옳지 못한 생각, 어긋난 행동의 기운들이 모여 이 몸을 형성했기 때문이다. 그러므로 덧없이 무상하다. 촛불이 사그라들듯 이 몸도 오래되면 없어지고 만다.

촛불은 먼저 사그라드나 후에 기운이 찬다. 경전에는 이 몸뚱이가 촛불과 같다고 되어 있다. 눈이 어두운 이는 어제의 물이 오늘도 고였다고 알지만, 어제의 물은 흘러 흘러 바다로 나갔다. 뒤에 오는 물이 오늘의 위치를 차지하고 있을 따름이다.

우리의 몸도 그렇다. 세포가 사그라들면 새로이 조성된다. 아까의 나는 지금의 나와 다르다. 아까 이 팔목을 지나던 피는 지금은 이 팔목을 떠났다.

우리는 우리가 늙는 것을 그다지 의식하지 못하고 산다. 그러나 시간은 가고, 그 시간에 맞춰 우리의 인생도 흐르고 있으며 이 몸도 조금씩 늙어가고 있다. 끝없이 변화하고 또 변화한다. 생각 또한 변화하여 생과 사가 마음속에서 일어났다가 꺼지곤 한다.

그런데 선재동자는 움직이지 않는 굳은 마음으로 해당비구의 법문을 듣고 지니게 되었다. 견고심이란 허공과 같아짐을 뜻한다.

자신의 한 몸을 생각하면 오히려 병이 잘난다. 몸을 잊어야 병이 생기지 않는다. 신앙이 깊어갈수록 병 따위와는 멀다. 견성하면 앓지 않는다. 그 이유는 허공보다 더 단단한 것을 얻었기 때문이다.

대혜스님이 초년에 견성했노라며 돌아다니자 경지선사가 만약 병이 나는지를 보면 알 것이라 말하였다. 후에 경지선사가 먼저 열반에 드시면서 상자 하나를 대혜스님에게 전하였다.

하루는 부스럼이 몹시 심해 견디지를 못한 대혜스님이 그 상자를 열어보니 탈지면과 고약이 있었다는 것이다. 간혹 체하는 등 작은 병치레를 제외하고 견성한 이에게는 달리 큰 병이 나지 않는다.

경 깊은 경계에 들어가니 지혜의 눈이 명철해지며 삼매가 환히 비치며 청정해에 주하게 되며 심히 깊은 법을 보게 되니 그 마음이 저절로 모든 청정문에 주하게 되고, 지혜광명이 저절로 시방세계에 충만하게 되며, 마음에는 항상 즐거운 생각이 나서 한량 없이 뛰놀며, 그때에서야 오체를 땅에 던져서 해당비구의 발에 예배를 드리며 무수잡을 돌고 공경첨앙하고 사유관찰하며 자차 염모를 하며 그의 명호를 그리며, 그 용기를 생각하며, 또한 그 음성도 생각하며, 그 삼매와 대원의 행하던 바 경계를 생각하며, 그 지혜롭고 청정한 광명을 받아서 길을 떠나갔느니라.~

강의 환희심에 가득 찬 선재동자가 해당비구에게 인사를 드리고는 여러 번 재차 칭찬을 올리며, 비록 몸은 떠나면서도 해당비구를 마음속에 그리고, 그의 깊은 법문을 새김질하는 내용이다.

다음 번에 나오는 선지식은 휴사 우바이의 방편주에 들어가면 몸도 견고해지지만, 생각도 물러가지 않는다고 하여 불퇴주(不退珠)라고 한다. 선재동자는 휴사 우바이에게로 가면서 또 생각에 잠긴다.

경 이 때에 선재동자가 선지식의 힘을 입었으며, 선지식의 가르침을 의지하며, 선지식의 말을 생각하면서 저 선지식에게 깊은 마음으로 사랑하고 즐거운 생각을 내어 말하였다.

선지식이 나로 하여금 부처를 보게 하였으며, 선지식이 나로 하여금 법을 듣게 하였으니 선지식이라는 이는 곧 나의 스승이 되는 것이니 나에게 불법을 인도해준 까닭이며, 선지식은 나에게 눈과 마찬가지이니 나에게 부처님의 허공과 같은 진리를 보게해 준 까닭이며, 선지식은 나에게 나루터와 같으니 나로 하여금 모든 부처님여래에 연화의 못으로 실어다주는 까닭이다.

이런 생각을 하면서 점차로 남으로 향하여 해조처에 가서 보장엄누각을 보니~

강의 선지식이 나루터와 같다는 것은 생사의 고해에서 배로써 열반의 언덕에 닿을 수 있게 하듯이 실어다 주는 역할을 선지식이 하였다는 생각이다.

휴사 우바이는 미혼이다. 사람을 이야기 할 때 그 사람이 지니고 있는 환경은 의보(依報)라고 하며, 그의 내면적인 것을 정보(正報)라고 한다. 이 경전에서는 의보에 관해 설명이 나온 뒤에 정보의 이야기가 나온다.

경 뭇 보배로 담이 되어 에워싸고 있으며, 일체의 보배나무가 행렬을 지어 장엄하게 서 있으며, 일체 보배꽃이 피는 나무, 일체 보

배 묘한 꽃비를 내려서 그 땅에 곳곳에 퍼져 있으며 일체 대보만의 나무에는~

강의 만(鬘)이란 줄을 묶어 만든 매듭으로 머리에 꽂는 것이다. 옛날, 부처님께 수기를 받은 재가여성 승만(勝鬘)부인이 이 만을 무척 잘 만들었다고 한다. 수승하게 마니를 잘 만든다고 하여 승만이라는 이름이 붙었다.

경 곳곳에 대보만의 비를 내리고, 일체 마니보 왕 나무에서는 대마니보배의 비를 내려서 두루 퍼지고 충만하며, 일체 보배 옷이 열리는 나무에서는 갖가지 색동옷으로 비 내리니 그 응할 바를 따라서 알맞게 퍼져 있으며, 일체 음악나무에서는 바람이 선뜻 불며 음성을 이루니, 그 음성의 미묘한 것이 천상의 음악보다 나으며 일체의 장엄구 나무에서는 제각기 기묘한 물건을 비 내리니 그것이 곳곳에 분포하여 장엄을 하였으니~

강의 휴사 우바이가 기거하는 보장엄동산의 숲에는 한정 없는 나무들이 들어서 있고 그 나무에는 일체 보배가 열려 있다.

경 그 땅이 청정하여 높고 낮은 데가 없으며, 그 가운데에는 백만 전당이 있으니 대마니보로 합성한 것이고, 백만 누각이 있으니 그것은 염부단금으로 그 위를 덮었고, 백만이나 되는 궁전에는 비로자나마니

보배로 장엄을 하였고, 일만이나 되는 목욕하는 못에는 뭇 보배로 합성을 하였고, 또 칠보로 난간을 만들어 두루 둘렀으며, 일곱 가지 보배로 된 계단이 사면으로 뻗었고, 여덟 가지 공덕의 물이 그 속에 가득 차 있으니 그 물의 향기가 천상의 전단향 보다 낫고 금모래가 밑에 깔리고, 수청주 보배가 사이사이에 섞여 꾸며져 있으며, 그 못 둑에는 오리와 기러기, 공작, 구치라조가 그 가운데에 지껄이고 서로 놀며 모두 화평한 음성을 내었다.~

강의 수청주라는 구슬은 진흙탕 속에 넣어도 그 구슬로 인해 물이 모두 맑은 향수가 되는 보배라고 한다.

경 또 보배다라수가 주위에 열을 지어 늘어져 있거늘 그 나무에는 보배그물이 덮이고 그물코마다 금방울을 달아놓았으니 미풍이 불면 항상 그 곳에서 미묘한 음성이 나오며, 큰 보배그물을 둘러치고 보배나무를 모두 위호하거늘 거기는 무수한 마니보당을 세워서 광명이 널리 백천 유순까지 비치며, 그 가운데 또 백만이나 되는 언덕진 못이 있되 검은 전단의 모래가 그 밑에 엉겨 쌓이고 일체의 모든 보배로 연꽃이 만들어져서 물 위에 두루 퍼져 있으니 대마니화의 광색이 그 곳에 또 비추어졌다.

그 공원 가운데에는 다시 광대한 궁전이 있는데 이름이 묘장엄이라. 해장묘보로서 그 땅을 장엄하였고, 비유리(毘瑠離) 보배로 기둥을 이루고 염부단금으로 그 위를 덮었으며 광장마니보배로 장엄을 하고 무수한 보왕들로 광명이 찬연하고 중각과 협각을 갖가지로 장엄해 놓았고, 아루나향과 각오(覺悟)향에서 다 묘한 향을 풍겨 일체 널리 퍼지며~

강의 휴사 우바이의 처소는 밖으로 치장이 많이 되어 있으며 그 외 모든 보는 이에게 환희심을 일으키도록 생겼다고 한다. 보기만 하여도 그의 말을 들을 수밖에 없다고 하니 우리들로서는 상상하기 어렵다. 대단한 장관임에는 틀림없겠으나 우리는 이 보배를 느끼지 못한다.

窓外雨蕭蕭 창 밖에 비가 소소하게 내리니
我心亦蕭蕭 내 마음 또한 소소해지더라.

아무 감각이 없는 상태라고 할까? '창을 열고 보니 / 비는 소소하게 내리고 / 내 마음 또한 소소해지더라.'라는 옛사람의 싯구처럼 보는 대로 느낄 뿐이다.

경 이 때에 휴사 우바이가 진금의 방석에 앉아서 머리에는 해장진주망관을 쓰고 모든 하늘나라의 것보다 좋은 진금보훈을 끼고, 감청머리카락을 드리우고~

강의 지금의 보훈은 팔찌를 가리킨다. 옛날 신라시대에 혜숙, 혜공이라는 두 도인이 있었다. 혜공선사는 아무 곳에서든 장난을 즐기고, 술집에 드나들며 생활하기도 하였으나, 워낙 도력이 높은 터이라 주변에서 그를 모두 받들었다.

하루는 새끼줄을 가지고 영묘사라는 절에 가서 새끼줄을 둘러놓았다. 그리고 원주스님에게 이 줄을 며칠 동안 걷지 말고 그냥 두라고 부탁을 하였다.

사흘 뒤에 선덕여왕이 영묘사로 기도하러 행차하였다. 그런데 그 앞으로 어떤 미친놈이 다가오는 것이었다. 지귀라는 거지였다. 선덕여왕의 보살상 같은 미모에 반한 지귀는 여왕을 짝사랑하였던 것이다. 소란스러워지자 선덕여왕은 자초지종을 물었다. 말을 전해들은 여왕은 '나같은 사람을 사랑해주니 고마운 사람이다'라면서 기도드리고 나올 때까지 기다리라고 일렀다. 부처님께 기도드릴 때 부정탈까 염려하여 돌아나오면서 만나볼 생각이었다. 그러나 선덕여왕은 기도를 하느라 모두 잊고 말았다.

시간이 오래 지난 뒤에 기도를 마치고 나오다 보니 지귀는 기다림에 지쳐서 잠이 들어 있었다. 단잠을 깨우기도 멋쩍어 선덕여왕은 자신의 팔찌를 빼서 지귀의 가슴위에 얹어 주었다. 여왕이 환궁한 이후에 잠에서 깨어난 지귀는 팔찌를 발견하고는 얼굴에 비비고, 품에 안는 등 가슴속에서 불이 나도록 좋아하다가 자기 몸이 타고 그 불이 주위에 옮겨 붙어 온통 타고 말았다. 그러나 혜공선사가 둘러친 새끼줄 안의 절만은 타지 않았다고 한다.

지귀의 그림을 그려 붙이면 불이 나지 않는다고 하여 지귀 그림을 붙이는 것이 우리의 고유 풍습이다. 왕권시대에 거지를 인간답게 여긴 선덕여왕의 자비심은 우리 모두가 본받아야 하겠다. 가난하거나 힘없는 자를 괄시하는 작금의 풍토를 일소하기 위해 우리 모두는 노력해야 할 것이다.

경 대마니 보망으로 그 머리를 꾸몄으며, 사자구마니 보배로 귀고리를 하였고, 여의마니 보배로 영락을 만들고, 일체 보배그물로 그 몸을 덮어 드리웠으니, 백만이나 되는 나유타 중생이 허리를 굽혀 공경하며, 동방으로 한량없는 중생들이 모두 휴사 우바이 처소로 나왔으니 이른바 범천과 범중천과 대범천과 범보천과 자재천들로부터 내지 일체 사람들과 비인들이러니. 남방과 서방과 북방과 사유와 상하에도 또한 그와 같이 많이 모였느니라.

어떤 이가 이 휴사 우바이를 본다면 그가 몸에 지니고 있던 일체 병이 다 낫고 모든 마음의 번뇌의 때가 여의어지며~

강의 우리 중생들은 먼저 보거나 들은 것이 뇌에 자리를 잡아 그 이후에 상황이 달라진다고 해도 변함없는 선입관을 지니고 살아간다. 올바른 생각을 지니기가 지극히 어렵다.

『능엄경』에 이르기를 '지견(知見)에 앎(知)을 세우면 무명의 근본이 되고, 지견에 앎이 없으면 열반에 든다(知見立知是無明本 知見無知斯則涅槃).'고 하였다. 이처럼 굳어진 지견을 소독해 올바른 생각을 배워야 한다.

휴사 우바이를 한번 보는 이는 모든 번뇌마저 씻긴다고 하니 참으로 큰 공덕을 지닌 이가 아닐 수 없다.

경 모든 견해의 가시를 빼내게 되며, 장애의 산을 무너뜨리게 되어 걸림이 없는 청정한 경계에 들어가서 일체 있는 바 선근이 더 부풀어나고 제근(諸根)이 증장되며, 일체 지혜의 문으로 저절로 들어가게 되며, 일체 총지문에 들어가니 일체 삼매문과 일체 공덕문이 저절로 앞에 나타나며 그 마음이 저절로 넓고 커져서 모든 신통을 갖추게 되며, 몸이 저절로 장애함이 없어져서 저절로 일체 처에 나가게 되었다.

이 때에 선재동자가 보장엄동산에 들어가서 두루두루 구경을 하다가 휴사 우바이가 묘한 보배방석에 앉은 것을 보고 그 앞에 나가서 발에 예배를 드리고, 무수잡을 돌고 사뢰어 말씀하였다.

성자시여, 내가 이미 아뇩다라삼먁삼보리심을 발하였지만 모든 보살이 어떻게 보살행을 배우며 보살도를 닦는지 아직 알지 못합니다. 내가 듣자오니 성자께서는 능히 사람을 잘 가르쳐주신다고 하니 원하옵건대 나를 위하여 설명을 해주옵소서. ~

강의 선재동자는 우리가 어떻게 하면 법을 옳게 알아 바르게 살 수가 있는가를 선지식에게 물었다.

바르게 살면 곧 이 몸뚱이에서 부처를 얻을 수 있다. 사는 이치를 깨달은 자가 부처이기 때문이다. 우주의 법도에 어울리게 사는 이가 부처이며, 어긋나게 살아가는 것을 기독교에서는 사탄이라고 한다.

이제 만나는 휴사 우바이는 얼굴 한번 보아도 덕을 보는 복을 지은 재가여성이다. 사실 귀인 혹은 덕이 많은 이를 만나 때때로 감동을 하게 될 때가 있다. 대단한 이야기를 나누는 것도 아니요, 단 한 번의 악수로도 덕을 입는 듯한 느낌을 갖게 되기도 한다. 선지식이란 이러한 이들이다.

오래 전, 서구의 한 철학자는 "유명한 현인과 대인의 말은 세상을 바꾼다."고 말하였다. 실제로 생명의 핵심인 본체를 깨닫게 된다면 그로부터 나오는 기운은 환해질 수밖에 없다. 깨달은 이의 말과 행동은 보다 밝은 것이다.

금고를 열 때, 번호를 맞추고 열쇠를 돌리면 열린다. 아무리 수십 가지의 열쇠를 넣고 돌린다고 하더라도 분명한 하나의 열쇠가 없으면 무용지물인 것이다.

우리의 경우 스위치만 켜면 환히 밝아질 수 있음에도 아직은 스위치를 켜지 못한 무명의 상태이다. 그러나 사는 자리를 반듯하게 돌려놓으면 환히 밝아지는 법, 이는 억지로 공들여서 이룩되는 일이 절대로 아니다. 마음을 돌이키면 곧 부처인지라, 밖을 향하여 찾지 말아야 한다. 밖의 물건, 밖의 소리에 언짢아하고, 반복해서 생각하는 것은 법성을 깨치지 못해 이루어지는 소치이다.

아주 오랜 옛날에 범어사에 명학이라는 스님이 있었다. 이 스님은 공부를 하지 않고 자꾸 돈을 벌 궁리를 하였다. 요사이도 이런 스님들이 있어 흥성하는 불교를 좀먹고 있으니 큰 일이 아닐 수 없다. 명학스님은 절에서 돈을 벌기 위해 온갖 일을 다 하였다. 누룩을 떠서 팔고, 나물을 캐서 파는 등 분주하고, 상좌에게도 공부할 시간을 주지도 않고 돈 버는 일만 시키는 것이었다.

영운이라는 상좌가 있는데, 봄철에 나물 캐오라기에 고사리를 캐다가 줄기가 부러졌는데 진액이 나오는 모습을 보고는 피가 흐르듯 느껴져 차마 캐지 못하는 등 마음 씀씀이가 범상치 않았다.

후일 명학스님 밑을 떠나 선지식을 찾아다니게 된 영운스님은 선지식을 찾아다니고 기도를 하러 다니는 가운데 금강산에 머물게 되었다. 그 곳에서 도인이 되어 지금까지도 그 자리를 영운동이라고 부르고 있다. 그런데 영운스님이 그 곳에 자리 잡고 앉아 선정에 들어 있는데 '범어사의 명학을 잡아다 죽이자'는 소리가 들려오는 것이었다. 금강산에는 시안봉이라는 봉우리가 있는데 지옥과 연결되어 있다고 한다.

이곳에서는 명학스님을 잡아다가 평소에 한 일을 낱낱이 파악한 뒤에 뱀으로 만들어 황사굴에 가둬놓았다.

이것을 안 영운스님은 은사스님의 위급함을 그냥 볼 수가 없어 걸망을 진 채 스님의 49재를 위해 범어사로 돌아왔다. 범어사 내에서는 노장스님이, 시봉 들다가 도망가더니 스님이 열반하자 땅마지기나 얻으러 왔다고 호통이었다.

이에 굴하지 않고 정성껏 명학스님의 49재를 지낸 영운스님은 사제에게 죽을 쑤어달라고 하였다. 죽을 쑤어 광문을 연 뒤 그 안에 있는 큰 뱀에게 "스님, 부지런히 드십시오. 스님이 평생에 탐하시더니 이제 이렇게 되셨습니까?"라며 죽을 권했다. 뱀은 눈물을 뚝뚝 떨구면서 축대로 가서 머리를 부딪쳐 죽고 말았다. 상좌 앞에서 죄를 뉘우치며 부끄럽게 여겨 죽은 것이다.

갑자기 이 뱀은 새파란 연기가 되어 하늘로 떠갔다. 영운스님이 쫓아가 보니 후에 사람의 몸을 받았다. 그 집을 찾아가니 부인이 아이를 잉태하였고, 네댓 살이 되면 데리고 가겠노라 약조를 받았다.

아이가 자라자 영운스님은 방에 데려다 놓은 뒤, 문구멍을 뚫어놓고 소가 들어오면 밥을 많이 주겠노라 하였다. 밥 많이 먹을 양으로 아이는 열심히 문구멍을 들여다 보았고, 몇 년이 지난 후에 어느 날 갑자기 큰 황소가 문구멍으로 들어오는 것을 보고 깨치게 되었다. 자신이 전생에 영운스님의 은사였음도 보게 되었다고 한다. 바늘구멍으로 황소바람이 들어온다는 말의 연유이다.

법성 가운데 살면서 그 전체를 깨닫지 못한 것으로부터 잡념과 망심이 일어나, 이 세상천지가 온통 자기가 깨닫지 못한 식으로 되었다고 판단해 버린다. 우주법칙이 '사는 것은 하나'이다. 모두 빈손으로 헛되이 분별을 낼 따름이다. 쓸데없이 빈주먹에 무엇인가 있으려니 추측하는 가운데 무명의 기운이 생겨난다.

이 몸뚱이의 밑바탕은 생각을 자꾸 일으킨 것이 쌓여 이룩되었다. 신구의(身, 口, 意)의 업으로 쌓인 오온이 생명의 본체가 아님을 알아, 신앙을 하더라도 이를 분명히 알고 실천하여야 하겠다.

「기신론」에서는 '어떻게 하면 이 도리를 알 수 있습니까'라는 대목이 나온다. 생각을 해도 가진 생각이 없고, 말을 해도 생각이 없으면 그 자리에 저절로 들어간다는 것이다.

물거품이 아무리 많고, 파도가 높이 치더라도 이들은 물이 변한 것이다. 가라앉아도 물이건만 중생들은 파도가 달리 존재한다고 생각한다. 이처럼 자신의 존재도 마찬가지인 것이다.

휴사 우바이를 한번만 보아도 해탈하고 말만 들어도 무애가 되는 것은 휴사 우바이가 그 자리를 증명했기 때문에 우리들에게 감응되는 것이다.

가령, 전화 다이얼을 돌려 상대방과 통화를 한다고 하자. 전선 하나로 어떻게 서로 주고받는지는 발명한 사람이나 전기통신에 관심 있는 이들만이 알 뿐, 우리로서는 신기한 것이다. 어찌 그리되는지는 몰라도 사용을 할 수 있고 서로 멀리 떨어져서도 대화를 할 수 있는 것이다.

신앙이 그런 것이다. 우리의 마음자리는 가히 알 수 없는 자리이지만 그 자체를 믿고 수행하고 기도하면 그 자리와 하나로 상응할 수 있는 것이다.

어록에 보면 '이 자리를 알 수 없음을 알면 그것이 곧 견성(但知不解是卽見性)'이라고 하였다. 알려고 애쓸 필요도 없다. 본래 알 수 없는 자리이기 때문이다. 이렇게 아는 것이 바르게 아는 것이다.

휴사 우바이처럼 유덕한 여성 불자들이 우리나라에도 많이 생겨나길 기대한다. 이 자리는 본래 둥글어서 남는 것도 없고 모자라는 것도 없이(圓同太虛無欠無餘) 똑같아서 누구든지 가슴에 뜻을 품고 노력하면 도달할 수가 있겠다. 하품하고 재채기하는 것도 다른 사람의 힘을 빌려 하는 것이 아니듯 스스로 힘차게 삶을 꾸려가는 것이기 때문이다.

이러한 스스로의 능력을 깨치지 않으면 인간은 게을러지게 된다. 몸에 녹이 쓸면 성불은 더욱 멀어진다.

백장이란 스님이 계셨다. 7백여 명의 대중을 거느린 조실스님이다. 산중에서 밭을 일구고 모를 심으면서 자급자족 생활을 하였다. 공부도 장하게 하신 분이었으나 나이 드신 어른이 일마저도 젊은 스님들과 똑

같이 하니까 대중들이 어려워하였다. 그리하여 스님들이 조실스님의 노동 도구들을 숨겨 놓았다. 연장이 없다는 구실로써 스님의 일을 쉽게 하자는 배려였던 것이다.

그러자 그날부터 스님은 공양을 끊으셨다. 사흘쯤 되도록 공양을 안 드시자 학인스님들이 도구를 제자리에 놓아두었다. 그날부터 스님은 다시 일을 시작하고 공양도 드시는 것이었다. 한 스님이 그 까닭을 묻자 '내가 할 일을 했으니 공양을 한다'고 대답하였다고 하니 땀흘려 일하지 않으면 먹지 않겠노라는 대단한 정신이 스며있는 자세라고 하겠다. 선농일여(禪濃一如)라 할까.

하루 일하지 않으면 하루 먹지 않는다(一日不作 一日不食) 는 정신으로 백장스님의 철저한 수행정신을 오늘부터라도 불가에 회복시켜야 한다고 생각한다.

경 휴사 우바이가 고하여 말씀하셨다.
선남자여, 내가 보살의 해탈문을 얻었으니 만약 나를 눈으로 보거나 귀로 내 이름을 듣거나 마음으로 나를 생각하거나 또는 나와 더불어 함께 머물거나 또 나에게 보시를 하는 사람은 다 그 복이 헛되지 않으리라.~

강의 해탈문을 얻는 것이 바로 삶의 과제이다. 인간에게는 저마다 자신을 먼저 위하는 아집이 남아있으므로, '나'라는 관념을 훌훌 벗어던져야만 해탈에 들 수 있다.

휴사 우바이와 더불어 복을 얻는다는 대목인데, 행해진 일은 헛되지 않아 반드시 그 업보가 있음을 이르는 말이다. 스님을 비방하거나 경전을 비방하는 일은 큰 업을 짓는 일이라 한다. 청담스님께서도 '아무리 중이 어떻다고 하여도 신도보다 낫다'고 하였던 바, 이는 스님이 성직자로서 중생을 부처로 이끄는 매개자의 역할을 하기 때문이다.

수양을 많이 할수록 생각은 단정해진다.

그것은 복을 얻기 때문이다.

경 선남자여, 만약 어떤 중생이 선근을 심지 못하였으면 선지식을 섭수하지 못할 것이며, 선근을 심지 않았다면 모든 부처님의 보호하는 바가 있지도 않을 것이니 그런 사람들은 마침내 나를 보지 못할 것이다.

선남자여, 만약 어떤 중생이 나를 믿고 보는 사람이 있다면 그는 아뇩다라삼먁삼보리에 물러나지 않는 힘을 얻을 것이니라.

선남자여, 동방에 모든 부처님들이 항상 여기 오셔서 내가 앉아있는 저 보배자리에 앉아서 항상 나를 위해 설법을 해주시며, 동쪽뿐만 아니라 남쪽과 서쪽과 북방과 사유·상하 일체 부처님들도 다 여기에 오셔서 이 보좌에 앉아 나를 위하여 설법을 해주시느니라.~

강의 가정교사가 집에 와서 학생을 가르치는 것처럼 부처님이 직접 찾아와 설법을 들려줄 만큼 휴사 우바이는 장한 불자이다.

경 선남자여, 내가 항상 부처님을 보고 법을 듣는 것을 떠나지 않으며 또 모든 보살과 더불어서 함께 있느니라.

선남자여, 나의 대중은 8만4천억 나유타인데 다 이 공원에 있어 똑같이 행동을 하며 다 아뇩다라삼먁삼보리에 불퇴전을 얻은 이들이며, 그 나머지 중생도, 이 동산에 주(住)하는 자는 또한 널리 불퇴전의 지위에 들어간 분들이니라.~

강의 불퇴전이란 범어로 아비발치(阿毘跋致 a-vinivartaniya)라고 한다. 다시는 물러나지 않고 신심이 견고한 상태로 아주 높고 깊은 신앙의 경지라고 하겠다.

경 선재가 사뢰어 말씀하였다.

성자께서는 아뇩다라삼먁삼보리심을 발한 지가 얼마나 되었습니까?

휴사 우바이가 말씀하셨다.

선남자여, 내가 생각해보니 과거에 저 연등부처님 처소에서 일찍이 범행을 닦고 공경하고 공양을 냈으며 그에게 법도 듣고 받아 지니기도 했으며, 또 그 다음에 이구(離垢) 부처님 처소에서 출가를 하여 도를 배우고 정법을 수지한 적도 있으며, 또 그 다음에는 묘당(妙幢) 부처님 처소에서도 그렇게 하였으며, 승수미(勝須彌) 불토에서 그렇게 하였고, 연화덕장(蓮華德藏) 부처님 처소에, 비로자나 부처님에게서, 보안(普眼) 부처님에게서, 그 다음에 범수(梵壽) 부처님에게서, 그 다음에 금강지 부처님에게서, 그 다음에 바루나천(婆樓那天) 부처님에게서도 그와 같이 도를 닦았느니라.

　선남자여, 내가 생각하니 과거의 한량없는 생 가운데에서 이와 같이 차례로 36항하사 모래 수와 같은 부처님 처소에서 부처님을 받들어 섬겼으며, 공경하고 공양을 드렸으며, 법을 듣고 수지했으며, 조촐하게 범행을 닦았고, 그곳에서의 이후로의 일은 부처님의 알바가 아니며 내 생각으로는 아는 바가 못 되느니라.~

　강의　인도의 갠지스 강이 항하(恒河)이다. 갠지스 강변은 1만8천 리의 길이로 모래알이 가루가 되어 아주 작다고 한다. 하나의 항하에 있는 모래알의 수만 하여도 셀 수 없을 텐데 그러한 항하가 36개나 된다니 수 없이 많음을 은유한 것이다.

　이렇게 부처님이 되는 길은 멀고 험난하지만, 마음에서 보리심을 발하면 그 때부터 부처의 행동이 나온다. 보리심을 발하면 모든 것을 스승으로 바라보게 된다. 달을 보며 밝음을 배우고, 물을 보며 맑음을 배우고, 소나무를 통해 절개를 배우고, 바위를 보며 굳셈을 배우는 등 일체를 스승으로 보는 것이다[善惡皆吾師].

　부처가 되겠노라는 생각은 내 힘으로 일체 중생을 건지겠다는 서원을 세웠다는 뜻이며, 이것이 보리심이다. 이런 광대한 원을 세운 고로 그릇된 일 한번 하지 않고, 법성 그대로, 진실 그대로가 행동으로 발현되는 것이다.

경 선남자여, 보살들이 처음으로 발심하는 것은 한량없어서 일체 법계에 충만하고, 보살이 대비문을 일으키는 것은 한량없어서 널리 일체 세간에 들어가는 까닭이며~

강의 일체 중생을 모두 내가 건지겠노라는 대비심을 지님으로써 일체 세간에 그 생각 하나가 모두 들어가는 것이다.

과학에서 분자를 이야기 한다. 돌을 부수면 돌가루가 나오고 물을 끓이면 물 분자가 공중으로 발산되면서 수증기가 올라간다.

이처럼 낱낱의 것들이 모여 본래 하나를 이루고 있는데, 이를 불교에서는 아주 쉽게 설하고 있다. 그래서 부지런히 경전을 대하며 불교를 공부하여야 한다.

인간이 안다면 얼마를 알겠는가. 인간 외에 인간 밑으로, 인간 위로 천차 만차의 것들이 있다고 일렀는데 이를 안다면 굳이 화내고 싸울 까닭이 없는 것이다.

세상이 시시해질 때에야 애착 없이 남과 내가 동등하게 더불어 살 수 있다. 집착이 생기면 알음알이를 놓쳐 천지가 나와 하나인 것을 잊게 된다.

경 보살의 대원문(大願門)은 한량없어서 시방 법계를 구경하는 까닭이며, 보살의 대자문(大慈門)은 한량없어서 널리 일체중생을 다 덮어주며, 보살의 닦는바 행은 한량없어서 저 일체 찰과 시간 가운데 늘 닦아 익히는 까닭이며, 보살의 삼매력은 한량없어서 보살도로 하여금

물러가지 않게 하는 까닭이며, 보살의 총지력(摠持力)은~

강의 총지(摠持)는 다라니를 한꺼번에 지니는 것이다. 한꺼번에 지니는 일은 결코 쉬운 일이 아니다. 중생들의 경우 차별심을 지니고 있어 한꺼번에 가질 수 없다. 법계가 내 것이라고 설하여도 믿질 않는데 법성자리를 얻는 것은 실로 어렵다.

그렇기 때문에 경허스님께서는 심우도에서 '몇 겁이 지나도록 고생을 하고 고통을 받더라도 어찌 한 걸음이라도 법성자리 밖으로 나간 이가 누가 있으랴(六途四生歷劫辛酸 何曾一步離着家鄕)'라는 가슴에 와 닿는 말씀을 하셨다.

꿈 속에 호랑이가 달려드는데 꼼짝도 못하고 있다가 꿈이 깨면 없어진다. 중생이 깨닫지 못할 적에 가히 제 아무리 번뇌망상을 끊어 없애려 해도 할 수가 없다. 깨쳐서 본지에 돌아가면 번뇌망상을 일으키고자 하여도 할 수가 없다(是故行者還本際 巨息忘想必不得). 이는 마치 어제 밤의 꿈을 오늘 다시 꿈꾸고자 하여도 할 수 없음과 같다.

종교의 목적은 이고득락(離苦得樂)이다. 고생을 여의고 즐거움을 얻는 일이다. 그러나 중생들은 밖에서 눈과 귀와 입맛에 맞는 것을 찾아 즐거움을 얻고자 한다. 그 즐거움은 결코 밖에도, 속에도 존재하지 않는데도 말이다.

옛날에 마조스님의 제자 가운데 '등은봉'이라는 사람이 있었다. 그는 마조스님 한마디에 공중을 마음대로 날아다니는 신통을 얻게 되었는데 스스로가 개발하여 주장자를 타고 날아다닐 정도가 되었다.

'오원제'라는 이가 있어 난을 일으켰으나 '등은봉'이 주장자를 타고 공중에 나타나 겁을 주자 평정이 되었다. 후일 오대산 청량사에 들어가 살았다. 어떻게 살까를 생각하다가 세상에 오래 살아 있을 필요를 못 느껴 어떻게 죽을까를 고민하였다. 남들보다 특이하게 죽으려고 동굴 앞에서 거꾸로 서서 죽고 말았다. 장사를 지내기 위해 시신을 옮기려고 해도 꿈쩍도 않는 것이었다.

여동생이 비구니 스님이었는데 스님이 그 시신 앞에서 '생전에도 세상을 미혹케 하더니 죽으면서까지 이래야 하느냐'며 손으로 툭 미니 넘어졌다고 한다.

세상은 세상의 법에 맞춰 살아야 한다. 이 『화엄경』의 내용 또한 한 마디 한 글자가 우주의 질과 양이 그대로 담겨있어 세상사는 법을 가르치고 있다.

경 보살의 청정한 몸뚱이는 한량이 없어서 두루 일체 불찰에 퍼지는 것이니라.

선재동자가 말하였다.

당신은 얼마 만에 아뇩다라삼먁삼보리를 얻게 되었나이까?

휴사 우바이가 대답하시되,

선남자여, 보살들이 보리심을 발하는 것은 이 세상에 한 중생을 교화하고 조복하기 위하여 발심한 것이 아니며, 백천만 중생을 교화하고 조복하기 위한 것이 아니며, 보리심을 발하는 것은 불가설불가설수 중생을 조복 받고 교화하려는 까닭에 발심한 것이 아니며, 염부제미진수 세계 중생을 교화하기 위한 까닭에 보리심을 발한 것이 아니며, 삼천대천세계 미진수 세계 중생만을 교화하기 위한 까닭에 보리심을 발한 것이 아니며~

강의 숫자가 자꾸 늘어 중생제도를 알게 하는 경문이 계속되므로 생략키로 한다.

경 일체 모든 부처님의 불국토에 가서 다 남은 이가 없게 하고자 하는 까닭에 보리심을 발했으며, 일체 제불의 중회에 다 들어가 남음이 없게 하기 위하여 보리심을 발했으며, 일체 세계 가운데에 모든 겁이 차례로 일어남을 다 알아서 남음이 없게 하기 위하여 보리심을 발한 것이니라. 보살이 이와 같은 백만아승지 방편을 쓰는 까닭에 보리심을 발했느니라.

선남자여, 보살의 행은 널리 일체 법에 들어가서 다 증득한 까닭이며, 널리 일체 찰에 들어가서 다 엄정한 까닭이니 이러한 연고로 선남자여, 일체 세계를 엄정하여 마친 다음에 나의 원이 끝날 것이니라.

선재동자가 말하였다.

성자시여, 이 해탈의 이름을 무엇이라고 합니까?

선남자여, 이 해탈의 이름은 '근심을 여의고 편안해지는 깃대'라고 한다. 선남자여, 나는 오직 이 해탈문 하나를 알 뿐이거니와 저 모든 보살 마하살들이 그 마음 넓기가 바다와 같아서 다 모든 부처님을 용납해 받으며, 수미산과 같아서 뜻이 견고하여 가히 움직일 수 없으며, 선견

약(善見藥)이 일체 중생의 번뇌 중병을 다 치료해 주는 것과 같으며, 밝은 해가 능히 일체 중생의 무명과 어두운 것을 다 깨뜨려주는 것과 같으며, 저 큰 땅덩이가 모든 일체 중생이 디디고 사는 곳이 됨과 같으며, 또 저 좋은 바람이 일체 중생들에게 이익을 주는 것과 같으며, 또 저 밝은 등잔불이 능히 일체 중생을 위하여 지혜 광명을 내게 하는 것과 같으며, 저 큰 구름장이 능히 일체 중생을 위하여 적멸법을 비내리는 것과 같으며, 저 깨끗한 달이 능히 복덕광을 놓아 주는 것과 같으며, 저 제석천이 능히 일체 중생을 수호해 주는 그런 법문이야 내가 어떻게 그 공덕행을 알기나 하며, 설할 수가 있겠는가.

선남자여, 여기서 저 남쪽으로 바다 조수가 드나드는 곳으로 가면 그 곳에 한 국토가 있는데 그 국토의 이름은 나라소(那羅素)라고 하며, 그 중간에 한 신선이 있으니 비목구사(毘目瞿沙)라는 사람이다. 네가 그에게 가서 묻되 보살이 어떻게 보살의 행을 배우며 보살도를 닦느냐고 물어볼지니라.~

강의 본성의 자리를 깨우친 사람은 생각하고 말하고 행동하는 것 등 모든 것이 진실되고 게으르지 않으며 분명하게 행동하게 된다. '나라소'라는 곳은 게으르지 않은 곳으로 그곳의 사람들은 아주 부지런 하다고 한다. 비목구사는 우리말로 '최상무공포성' 즉 어느 곳에서나 큰 소리치고 사는 사람, 혹은 가장 두려움 없는 큰 소리를 내는 사람이라는 뜻이다.

동산스님이 달밤에 앉아 재채기를 하자 30리 밖에서도 들렸다는 일화가 있다.

비목선인도 소리가 어디를 가든 겁이 없어 다른 사람들이 감화를 입게 된다. '나'라는 집착이 있으면 남들 앞에서 남들을 의식하는지라 바른 말을 제대로 못한다.

조각가가 조각 하나에 일심으로 만들면 진실 된 작품이 이룩되듯이 천지만물의 조화는 그러하다. 마음을 깨치면 진실하게 된다.

이를 유교에서는 중(中)이라고 한다. 또 정성 성(誠)자를 쓰기도 한다. 그래서 '정성이란 하늘의 법칙이며 하늘의 법칙을 내 몸에 정성스레 하는 것이 사람의 도리이다'라고 하였다.

일본의 홍법대사가 중국에서 도를 배워 돌아왔다. 청년이 '어떤 것이 불법의 도리인가'를 물으러 오자 '답게 하는 것이 불교'라고 하였다. 사람이면 사람답게, 부모가 되면 부모답게 하며, 군인이면 군인답게, 스님이면 스님답게 하는 것이 불교라고 하였다. 정성 성자를 풀어쓴 것과 같다. 즉 거짓 없는 정성을 부모에게 하면 효도이고, 자식에게 하면 사랑이며, 이웃과 나누면 신뢰하는 것이다.

공자의 제자 민손이란 이가 있다. 민자건이라고 부른다. 그의 아버지도 공자의 제자였다. 자건은 계모 밑에서 의붓형제들과 성장하였다. 한 겨울에 수레에 물건을 싣고 언덕을 오르는데 후처의 자식은 땀을 흘리고, 자건은 덜덜 떠는 모습을 그의 아버지가 보았다. 자건은 갈대로 솜을 대신해 옷을 해 입히고, 계모의 자식은 두툼한 햇솜으로 옷을 해 입힌 것이었다.

자건의 아버지는 부인을 불러 그런 마음가짐으로는 함께 살 수 없다고 호통을 치니 밖에서 엿듣던 자건이 진실에서 나오는 소리로 "아버지 제발 그러지 마십시오. 어머니가 집에 계시면 자식 하나가 추우면 되지만 어머니가 떠나시면 세 아들이 모두 떨게 됩니다(母在則一子寒 母去則三子寒)."라면서 눈물을 흘렸다는 이야기가 있다.

진심에서 우러나오는 민자건의 이야기를 듣고 아버지도 울고 계모도 울고 모두 부둥켜안고 울음바다를 이루었다. 그 후에는 사이좋게 행복하게 살았다고 한다.

어느 백성, 어느 중생에게든 이러한 정성을 던진다면, 천지의 법칙 그대로가 사는 법이다.

일본 임제종에 백은선사라고 있다. 송음사 주지로 스님의 도력이 높아 많은 대중들이 숭앙하였다. 그 동네에 떡집이 하나 있는데 무남독녀 외딸과 부부가 모두 스님을 부처님처럼 여기면서 살았다.

이 딸이 성장하면서 바람이 났다. 한 사내의 아이를 잉태하였다. 내외가 불러 앉혀놓고 아이 아버지를 따져 물었다. 딸이 생각하기를 좋아하는 남자의 이름을 대면 앞으로 만날 수 없겠다 싶어 부모님이 부처님으로 여기는 백운스님의 이름을 댔다. 부모님이 아무 말도 못할 것이라고 생각하였기 때문이다.

그 부모님들을 가장 존경하던 스님이 딸을 망쳤다고 생각하니 치가 떨리도록 분했다. 꾹 참고 아이를 순산시킨 뒤 딸은 다른 곳으로 시집보내고, 어린애는 강보에 싸서 백은스님에게 데려갔다.

당신 아이니까 알아서 키우라고 하는데 아무 말 않고 그 애를 받았다. 심 봉사가 심청이를 키우듯이 돌아다니며 아이 젖을 먹였다. 그 일이 소문이 나면서 백은선사는 절에서 쫓겨나 3년을 떠돌며 아이를 키웠다.

시집간 딸이 곰곰이 생각해도 하늘의 벌을 받고, 큰 죄를 지었다는 가책 속에 괴로워하다가 친정부모를 만나 실토하고 말았다. 큰 스님께 잘못을 저질렀음을 안 부모는 그때부터 부랴부랴 스님을 찾아 다녔다.

그런지 3년 만에 어느 마을에서 누더기를 입은 늙은이와 꼬마가 정겹게 노는 모습을 보았다. 달려가 확인해보니 틀림없는 백은선사였다. 그 앞에서 죄를 빌며 스님을 모시고 갔다고 한다. 스님이 '사실은 내 애가 아니다'고 했다면 아이는 어찌 되었을지 모른다. 생명의 도리를 깨우친 까닭에 생명을 존중한 것이다. 또한 6년간 고생하며 키운 아이를 다시 달라고 하면 우리네의 심정은 내주고 싶지 않을 것이나 스님은 부모에게 돌려주었다.

거울 앞에서 물건이 비치고 지나가면 거울은 맑디 맑고 공하다. 그러나 우리의 마음은 집착이 있어 지나간 것까지 남겨 두고 만다.

처음 가진 아이가 유산되었거나 어릴 적에 죽으면 이를 평생 가슴에 담아두고 아쉬워한다.

독을 짊어지고 팔러 다니는 사람이 있었다. 마을 어귀에 독이 가득한 지게를 내려놓고 지게작대기로 버티어 놓은 채 소변을 보았다. 소변을 보면서 그는 이것을 몇 개 팔면 얼마가 남고 그것을 어떻게 하면 땅을 사고 부자가 되고 등 끝없이 상상을 부풀려 가다가 지게작대기를 툭 치게 되었다. 지게 위의 크고 작은 독들이 모두 깨어지고 말았다. 이를 독장사 구구라고 하며 한문으로 옹산(甕算)이라고 쓴다.

우리가 사는 것도 전부 그러하다. 비워두지 못하고 지난 것을 잔뜩 품어 안고 산다. 과거 억겁 전부터 하던 찌꺼기가 솥바닥에 눌은 밥처럼 붙어 있다. 이것이 바로 물욕이다.

우리가 번뇌망상을 떨치고 깨달음의 언덕에 도달하려면 반야의 지혜를 타고 건너야 한다. 반야용선을 타야 하는 것이다. 실제 반야용선은 우리의 깨친 밝은 마음기운이다. 깨달음과 미혹한 생각은 한 가지 일을 집중적으로 행함으로써 상응한다고 한다. 진언을 외든, 화두를 들든, 독경을 하든지 상관이 없다.

활을 쏠 때 처음부터 멀리서 쏠 수는 없다. 가까이서 명중시킨 이후에 차츰 뒤로 나가 쏘게 된다. 이러한 기술과 노력이 거듭 될수록 과녁이 한 점으로 보여 어느 지점에서 쏘아도 백발백중이 된다.

관세음보살을 염할 때도 이와 같다. 꾸준히 정성을 들여 염해야 한다. 흔히 입으로는 염불하면서 생각은 딴 데 가 있는 경우가 있다. 아무리 오래 염불하여도 그건 소용이 없다.

기창이란 청년이 있었다. 외모도 훤하고 힘도 좋은 젊은이였다. 당시에 비애라는 나이 많은 활 잘 쏘는 선생이 있었다. 활을 잘 쏘아 세인들은 신궁이라 불렀다.

비에 선생의 화살은 고개(嶺)를 넘어 누구 집 어느 곳을 맞추라고 해도 맞추는 기술이 있었다. 이 청년이 나도 활량이 되어 비애 선생을 닮겠다고 원을 세웠다. 그리하여 행장을 차려 비애 선생을 찾아가 마치 선재동자가 선지식에게 하는 것처럼 가르침 받기를 원한다고 청하였다.

비애 선생이 말하기를 서두를 것 없이 눈을 깜짝거리지 않는 방법부터 연습하라고 일렀다. 어떻게 하느냐고 물었더니 집에 가서 무슨 방법으로든 해보라는 것이었다.

집으로 돌아온 청년은 여러 가지로 궁리를 하다기 부인이 베틀에 앉아 베를 짜는 모습을 보게 되었다. 어지럽게 느끼던 중에 꾀를 내어 베틀의 말코 밑에 목침을 베고 누워, 북이 오가는 모습을 눈을 깜박이지 않고 바라보기로 작정하고 3년을 지속하였다.

사람의 눈이 깜빡이는 것은 앞의 생각과 뒤의 생각이 이어지지 않기 때문이다. 예컨대, 그믐날 마당에서 하늘에 가득한 별들을 바라보자. 별이 우리를 보고 깜빡이던가. 그것은 아니다. 우리의 생각이 끊어지다 이어지곤 하여 별이 깜빡거린다고 생각한다.

산중의 계곡에 앉아 있으면 물 흐르는 소리를 듣게 된다. 잠이 들면 물소리를 듣지 못해 밤이면 물도 휴식한다고 여기는 것과 똑같다.

이 청년은 3년을 나고 보니 눈을 깜빡이지 않는 일이 익숙해졌다. 우리도 생각이 하나로 이어지면 잠을 자도 초롱초롱해 진다. 화두를 들면 잠을 자도 화두가 연속된다고 한다. 아미타불을 염하더라도 잠자면서 그 생각이 남아 있어야 한다. 그러므로 보리심을 한번 발하면 언제든지 영원토록 남게 된다.

비애 선생에게 달려가 이렇게 공부하였노라고 알렸다. 그러자 작은 것을 크게 보는 방법을 익혀 오라고 하였다.

작은 것을 크게 본다는 것은, 저쪽에서 날아오는 총알이 크게 보여 피할 수 있어 사격술의 조건 가운데 하나이다. 이 청년은 공간적으로 확대하여 물건을 보는 연습을 하려 머리를 짜내다가 허리춤에서 이를 한 마리 잡았다. 이의 알인 서캐를 보니 아주 작은지라 이것을 머리카락에 꿰어 밝은 창가에 달아놓고 쳐다보기만 하였다.

몇 달을 부동의 자세로써 꼼짝 않더니 어느 날부터인가 서캐가 허공에 가득 차보이게 되었다. 비애 선생에게 경지를 이야기하자 그 때부터 제대로 공부를 익힐 수 있었다고 한다.

경 선재동자가 남쪽으로 유행하여 나라소국에 이르러 여기저기 비목구사를 찾아다니다가, 큰 숲을 보니 아승지 나무로 장엄을 하여 이른바 가지와 잎이 달린 나무가 울창하게 펴져 있으며, 갖가지 꽃나무는 만개하여 빛나고 아름다웠으며, 갖가지 과실나무는 과일이 탐스럽게 익었고, 갖가지 보배나무에서는 마니의 실과로 비 내리며, 큰 전단나무는 처처에 행렬을 지었으며, 모든 침수향나무에서는 가장 좋은 향기가 흘러나오며, 뜻을 즐겁게 해주는 향나무에서는 묘한 향으로 장엄을 하였으며 파타라수가 사면에 둘러섰으며, 니구율수(尼拘律樹)는 그 나무모양이 영석하게 솟았으며, 염부단수는 달콤한 과일을 비 내리며 우발라화와 파드마 꽃으로 못가를 장엄하였더라.~

강의 파타라수는 호두나무와 비슷한 나무이다. 니구율수는 버드나무를 가리키는 것으로 열매는 포플라 열매와 비슷하다고 한다.

갖가지 보석처럼 제각기 나무로 장엄된 숲속의 정경이다. 우리 인간도 계를 잘 지키면 좋은 냄새가 난다고 한다. 화장품이나 향수보다 좋은 것이 우리 마음에서 풍겨나는 향내이다. 계를 받아 잘 지키면 변함 없고 진실 된 향 냄새가 풍겨 나온다고 한다.

9) 나라소의 비목구사 선인

경 이 때에 선재동자가 선인을 바라다보니 전단향수 아래에 풀을 깔고 앉아 있으며, 공부하는 제자가 1만이나 되는데 어떤 사람들은 사슴가죽을 해 입고, 어떤 이는 나무껍질로 옷을 입고, 어떤 이는 풀을 엮어서 옷을 만들었는데 모두 상투를 틀고, 거기에 드리워진 털이 가득한 사람들이 전후에 선인을 에워싸고 앉았더라.

선재가 이를 보기를 마친 후에 앞으로 나아가서 오체투지하며 말하였다.

내가 이제 참 선지식을 만났나이다.~

강의 모든 공부는 올바른 스승을 만나야 진정한 공부를 할 수 있다. 도선국사는 고려 태조 왕건의 스승이다. 도선국사가 지리산에서 공부할 때에 가장 귀한 것이 소금이었다. 하루는 소금이 떨어져서 바닷가에서 소금을 짊어지고 토굴로 오는데 길에서 머리가 하얀 노인과 동행하게 되었다. 집 앞에 있는 고개까지 와서 쉬는데 그 노인이 자꾸 쳐다보더니 "스님께서 공부를 하면 장래에 큰 인물이 될 것입니다. 크게 되어 생활하려면 도만으로는 어렵습니다. 필요하니까 크고 작은 술법을 익히십시오."라고 권하였다. 그리고는 터 잡는 법부터 배우라는 것이었다.

배울 생각이 있으면 어느 곳으로 오라고 노인이 일러주었다. 이튿날 약속한 시간에 바닷가로 나가니 노인은 벌써 나와 있었다. 노인은 배우는 사람이 이렇게 늦게 오느냐 호통치면서 내일 다시 오라고 하였다. 이튿날 새벽같이 노인을 찾아가 며칠 만에 공부를 마칠 수 있었고 이어 혜철국사의 제자가 되었다.

하루는 도선스님이 개성을 지나다가 집을 짓는 곳을 보게 되었다. 혼잣말로 '좋은 터에 벼를 심지 않고 조를 심는 구먼'하며 지나갔다. 집을 짓던 이는 왕융으로 후일 고려 태조가 된 왕건의 아버지였다. 스님의 이야기를 듣고는 정신없이 쫓아가 스님을 모셔와 융숭한 대접을 올리며 왜 그런지 이유를 물었다.

하도 정성으로 졸라 묻기에 도선스님은 집을 이렇게 지으라고 일러주면서 그리하면 20년 안에 이 자리에서 왕자가 나온다고 하였다. 왕융에게는 아직 자식이 없는데도 도선스님은 '장래에 삼한을 통일할 분에게 편지를 전한다'며 편지를 써놓고 갔다. 왕건이 고려를 이룩하도록 만드는데 도선국사의 힘이 컸다.

무학대사의 경우도 조선 태조 이성계에게 임금이 되도록 많은 도움을 주었다. 종묘를 지은 뒤 현판의 이름을 무학스님에게 맡기자 창엽문(蒼葉門)이라고 지었다. 창(蒼)자는 스물 입 변에 여덟 팔 변에 임금 군이니, 임금이 스물여덟명이 나온다는 것이며, 엽(葉)자에서 스물 입 변에 인간 세 자는 대(代)와 같은 뜻으로 20대가 이어진다는 것이다. 20대란 형제 간에 왕이 되는 경우도 있기 때문이다. 500년 전에 500년

후를 정확히 예견했으니 대단한 일이다.

경 제가 듣자오니 성자께서는 능히 사람을 잘 가르쳐주신다고 하오니 저를 위하여 설명을 해주시옵소서.

이 때에 비목구사가 그 제자들을 돌아보면서 이렇게 말씀하셨다.

선남자들이여, 이 동자가 이미 아뇩다라삼먁삼보리심을 발하였느니라. 선남자여, 이 동자는 능히 일체 중생에게 두려움 없는 법을 베풀어주며, 이 동자는 널리 일체 중생에게 이익을 일으켜주며, 이 동자는 항상 일체 모든 부처님의 지혜바다를 관찰할 줄 알며, 이 동자는 일체 감로법우를 마시고자 하며, 이 동자는 일체 광대한 법해를 측량하고자 하며, 이 동자는 일체 중생으로 하여금 지혜바다에 머물게 해주며, 이 동자는 널리 광대한 대자비운을 일으키려 하며, 이 동자는 널리 광대 법우를 내리고자 하며, 이 동자는 지혜의 달로 널리 세간 사람들을 비춰주고자 하며, 이 동자는 세간의 모든 사람들의 번뇌와 독한 열을 멸해주고자 하며, 이 동자는 중생의 일체 선구를 기르려 함이로다.

이 때에 모든 대중들이 이 말 듣기를 마치고 각각 갖가지 상묘한 향내 나는 꽃으로 선재동자의 머리에 뿌리고 몸을 던져 예배드리며 그를 에워싸고 앉아 공경을 하며~

강의 도가 높고 위엄이 있어야 두려움 없는 법을 베풀 수 있다. 일체 사람에게 두려움 없는 것을 베푸는 선재동자의 능력은 참으로 가상한 것이다.

비목선인의 선재동자가 장하다는 찬탄을 들은 이들이 모두 선재동자를 공경하는 대목이다.

> **경** 이와 같이 말하기를

이제, 동자께서는 반드시 일체 중생을 구호하는 이가 될 것이며, 반드시 마땅히 모든 지옥고통을 멸해주는 이가 될 것이며, 반드시 마땅히 모든 축생도를 끊고 말 것이며, 반드시 마땅히 염라대왕의 세계를 바꾸어 놓을 것이며, 반드시 마땅히 길이 무명의 어둠을 깨뜨리게 될 것이며, 반드시 길이 탐애의 속박됨을 끊을 것이며, 마땅히 참회의 묶임을 끊을 것이며, 반드시 마땅히 복덕 대륜의 산으로서 세간을 에워싸게 될 것이며, 반드시 지혜의 수미산으로 세간에 현시하게 될 것이며, 반드시 청정한 지혜의 날을 출현하게 해줄 것이며, 반드시 마땅히 선근의 법장을 계시해 줄 것이며, 반드시 세간으로 하여금 밝게 험하고 쉬운 것을 알게 해줄 것이니라.~

> **강의** 온(蘊)이란 쌓인 것을 말한다. 나쁜 것이 쌓인 것을 악근이라 하는데 고(苦)의 온이란, 나쁜 기운이 쌓여 장차 고를 받게 될 원인을 말한다.

> **경** 이 때에 비목구사가 여러 신선에게 고하여 말씀하셨다.

선남자여, 만약 능히 아뇩다라삼먁삼보리심을 발하는 이가 있다면 그는 반드시 마땅히 일체 지혜도를 성취하고 말 것이니 이 선남자가 이미 아뇩다라삼먁삼보리심을 발하였으니 마땅히 일체 불공덕을 청정하게 할 것이니라.

이때에 비목구사가 선재동자에게 고하여 말씀하셨다.

선남자여, 나는 보살의 무승당해탈(無勝幢解脫)을 얻었느니라. ~

강의 비목구사가 선재동자에게 자신을 소개하고 있다. 무승당해탈이란 뒤에 더 자세히 나오는데 한마디로 말하면 그가 누구의 손이든 한번 잡으면 그전에 보이지 않던 일체 삼천대천세계가 다 보이는 경지이다.

경 선재가 사뢰어 말씀하였다.

성자시여, 무승당해탈경계가 어떠합니까?

이때에 비목구사가 오른손을 펴서 선재의 머리를 만져주며 선재의 손을 잡으니 그 즉시에 선재동자의 몸뚱이가 수시로 시방시불찰미진수 세계에 가고, 십불찰미진수의 모든 부처님 처소에 나가서 저 모든 부처님들의 세계와 모든 부처님 밑에 있는 대중과 낱낱 부처님의 회상에 모든 부처님 상호의 가지가지 장엄을 한꺼번에 보게 되며 또한 저 모든 부처님들이 일체 중생이 낱낱의 좋아하는 바를 따라서 모든 법을 연설해주는 것을 듣게 되며, 한 문구와 한 글구를 듣고서 다 한꺼번에 통달하게 되며, 또 각각 수지를 하되 이 부처님 법문과 저 부처님 법문을 섞어 알지 아니하였다. ~

강의 시방시불찰미진수 세계란 이 땅덩이를 몇 백억만 개를 부 셔서 먼지 낸 엄청난 수의 세계이다. 비목선인이 선재동자의 손을 잡 자 몸뚱이가 여러 수억만 개가 되어 부처님의 세계에 저절로 갔다.

비목구사와 악수로 한번에 통달한다. 후에 선재동자는 바수밀다를 만난다. 그녀는 선재동자를 끌어안고 입을 맞추는데, 그러자 일체 좋 은 불법이 거짓말처럼 다 알아졌다.

『화엄경』에는 선과 악이 따로 존재하지 않는다. 조촐한 것과 더러운 것이 달리 없다. 세상의 법은 한계가 있어 여러 사람이 나누면 분배가 적어지지만 이 마음자리는 모양이 없는 신성한 자리여서 아무리 많이 써도 쪼개지는 것이 아니다.

『법화경』에 보면 부처님께서 미간 백호상광을 놓으니까 그 광명이 동방으로 1만8천토를 비추어 어둠 가운데 보이던 세계가 가라앉고 보 이지 않던 부처님의 경계가 보였다고 한다.

1만8천토가 한꺼번에 비쳤다는 것은 안으로 육근과 밖으로의 육진, 중간의 육식이 녹아져 따로 보이던 18계가 하나로 보인다는 의미이다. 버리면 국토를 1만8천토나 비친다는 것이다.

중국에 '홍자성'이라는 사람이 『채근담』이라는 책을 썼다. 송나라 사 람 왕신명이라는 사람의 시조에 '사람이 항시 나무뿌리를 씹어 얻을 것 같으면 백 살을 가히 지낼 만 하다(人常咬得菜根則百事可做)'는 대목이 있 다. 가난한 살림살이가 이 정도면 족하다는 뜻이다.

'홍자성'의 책도 배고프고 주린 사람에게 조금의 요기라도 되리라고 생각하여 붙여진 이름이다. 『채근담』에 실린 글 하나를 소개하겠다.

風來疎竹 風過而竹不留聲 雁度寒潭 雁去而潭不留影
是故 君子 事來而心始現 事去而心隨空

바람이 서끌 대나무 위로 지난 다음에 대나무는 바람소리를 붙들어 두지 않고

기러기가 빈 연못을 지난 뒤에 연못은 기러기 모습을 찍어 놓지 않는다.

이러한 까닭에 군자는 물건이 오면 마음이 비로소 나타나고 물건이 가면 마음도 따라서 공적해진다.

세상 법이 이와 같은데, 물건이 지난 뒤에 마음도 따라 공하지 못한지라 새까만 머리가 모두 희어지고, 팽팽한 얼굴에 주름이 생겨버린다.

옛날 중국의 변방에 사는 노인이 있었다. 새옹(塞翁)이라고 불렀다. 그는 한평생을 자질구레하게 신경 쓰지 않고 살았다.

그에게 아끼는 말이 한필 있었는데 어느 날 온데간데없이 사라져 버렸다. 이웃 사람들은 그렇게 귀히 여기고 아끼던 말이 사라져 서운하겠다며 위로해 주었다. 그러나 노인은 세상일은 있다가도 없는 일이 허다한 법 장래에 좋은 일이 생길 징조라며 대수롭잖게 대답하였다.

며칠 후 말이 되돌아 왔는데 기이하게도 다른 말을 하나 몰고 왔다. 이웃 사람들은 다시 모여 축하를 했으나 새옹은 어쩌면 해로울 징조일지도 모른다고 말하였다. 그로부터 다시 며칠 뒤에 새옹의 손자, 손녀가 말을 타고 놀다가 손자가 낙마하여 팔이 부러졌다. 이번에도 역시

노인은 '좋은 일이 생길 징조'라고 여겼다.

전쟁이 터지고 집집마다 남자들은 모두 군인으로 뽑혀가는 데 유독 새옹의 손자는 팔이 부러진 연유로 징용당하지 않았다고 한다.

새옹이라는 노인처럼 좋은 일이 생겨도, 나쁜 일이 생겨도 걱정될 바는 없다. 본디 공수래공수거(空手來空手去)가 아니던가. 우리는 날 때에 이미 몸 속에 사는 힘을 지니고 태어났다. 그러므로 걱정되는 바 없고 힘써 부지런히 살면 그것이 다인 것이다.

도깨비 방망이가 있다고 한다. 돈 나와라 뚝딱, 밥 나와라 뚝딱하면 원하는 것이 나온다는 방망이, 이는 곧 우리들이 사는 마음이다. 각자가 모두 낱낱이 방망이이며 두드리면 나오게 되어 있다. 그러나 성을 낸다거나 욕심을 낸다거나 하는 불필요한 것을 추구하면 결코 안 된다.

옛날 공부를 열심히 하는 도인이 있어 산에서 공부에 전념한 나머지 마을에서 탁발을 할 겨를도 없자 부처님께서 가엾게 여기시고 돌에서 쌀이 하루 먹을 만큼씩 나오게 하였다. 그런데 신기하게 손님이라도 오면 2인분이 나왔던 것이다.

공부하던 가운데 욕심이 생긴 이 도인은 돌을 깨보았다. 그런 이후로 쌀은 영영 나오지 않았다고 한다. 그것은 사심을 내는 통에 우주법칙이 유통이 되지 않고 막혀버린 것이다.

천지만물은 살기를 좋아하고 죽기를 싫어하는데 이를 거스르면 역천자(逆天者)라고 한다. 그리고 역천자는 망한다고 일렀다. 유교에서도 '하늘의 법칙에 순종하는 사람은 존경받는다.'고 일렀다.

삶을 정성스레 전개할수록 만 가지를 올바르게 보고 알게 된다. 어느 경지에 다다르면 달리 책을 펴고 공부할 필요가 없다. 곧 보고 알아지기 때문이다.

화두란 우주의 법칙이 바르게 보이는 것을 제자에게 곧바로 일러주는 것이다. 누구에게 주려고 만든 것이 아니라 찾아와 법을 추구하는 제자들의 근기에 맞게 가르쳐 주는 것이어야 한다.

이제 스님들은 옛 조사스님이 이렇게 했으니 네가 해보라고 주는 경우가 많다. 이것은 엄밀히 말하면 조주스님의 것을 훔쳐다 주는 것일 뿐 자신의 법이 아니다.

자신의 정도에 따라 나타나는 것을 제자에게 물려주는 것이 산 기운이며 참다운 할구가 아니겠는가.

선재동자는 선인의 손을 한번 잡음으로써 일체를 다 알게 되었다. 손잡는 것도 사람마다 저마다 달라서 사랑하는 이의 손을 잡는 것과 친구끼리 손을 잡는 것이 다르다. 이는 속에서 받아들이는 힘이 다르기 때문이다.

인식의 경우도 마찬가지이다. 사물을 바라보는 것도 과거의 업과 익힌 성질의 정도에 의해 제각기 다르다. 우리가 밥을 해먹고 개수통에 설거지를 하여 쓰레기를 버리면 벌레들은 그리로 모인다. 벌레는 설거지 찌꺼기를 좋아하고 구더기는 시골 화장실을 좋아하는 것이다.

업의 기운이 모이면 아는 기운이 생기는데 이를 업식(業識)이라고 한다. 업이 굳게 박혀 있어 법성과 상응하는 노력을 기울여야 기운이 터진다.

이것을 『법화경』에서는 고향 떠난 사람에 비유하였다. 고향이 멀리 있는 사람이 고향에 가려면 오랫동안 시간이 걸릴 것이며 고향이 가까운 이는 쉽게 갈 것이다. 노력하며 들이는 시간은 각자의 근기에 따라 다르다.

부석사는 『화엄경』을 숭상하는 사찰이다. 의상대사의 법통을 이어 내려오던 중에 원융국사 때의 이야기이다.

부근에 살고 있던 한 부자가 원융국사를 집으로 모셔 공양을 올리고 법문을 들었다. 객실에 모셨는데 문밖으로 『화엄경』 독경 소리가 들려왔다. 방문을 열고 보니 스님은 목침을 베고, 주무시고 계셨다. 다시 문을 닫으니 『화엄경』 독경소리가 나는 것이었다. 알고 보니 원융스님은 잠들어 호흡하는 것 마저 모두 『화엄경』 이었다고 한다. 깨달은 이가 진실하다는 것은 행동·생각까지도 그러함을 말한다.

경 또한 저 부처님들이 갖가지 견해를 가지고 조촐하게 모든 원을 다스려주며, 다스려주는 것도 한꺼번에 알아보시며, 또한 저 모든 부처님들이 청정한 원으로 모든 힘을 성취하는 것도 알았으며 또한 모든 부처님들이 중생의 마음을 따라 나타내는 모습도 한꺼번에 다 보이며, 또한 모든 부처님들의 대광명망의 갖가지 색광들이 청정하고 원만함이 함께 보이며, 또한 모든 부처님의 걸림 없는 지혜대광명력을 한꺼번에 알게 되며, 또 자기 몸뚱이가 저 모든 부처님 처소에 나아가 하룻밤과 하루 낮을 지내며 이레와 이레 밤을 지내며 반달과 한 달, 일년, 십년, 백년, 천년, 억년을 지내기도 하며~

강의 꿈은 자신의 업이 남아있는 것이 흘러 다니는 것이다. 나에게 업식(業識)이 있기 때문에 꿈속에도 나타나는 것이다.

경 혹은 아유타억 년, 나유타억 년, 혹은 반 겁, 일 겁, 백 겁, 천 겁, 백천억 겁을 지내며, 내지 불가설 불가설 불찰미진수 겁을 지내보았느니라.

이 때에 선재동자가 보살의 무승당해탈 지혜광명을 비춤으로써 그 자리에서 곧바로 비로자나장삼매광명을 얻게 되며, 또 무진지해탈삼매광명을 비치게 되는 연고로 널리 모든 제방의 다라니광명을 한꺼번에 얻게 되며, 금강륜다라니문광명이 비치는 연고로 극청정지혜심삼매광명을 얻게 되며, 보문장엄장반야바라밀광명이 비치는 연고로 부처님의 허공장륜삼매광명문을 얻게 되며, 일체불법륜삼매의 광명이 비치는 연고로 삼세무진지삼매광명문을 얻게 되었느니라.

이 때에 저 선인이 선재의 손을 놓으니 선재동자는 자신의 몸이 다시 본체에 돌아온 것이 나타나더라.~

강의 귀한 사람이 손을 잡아주면 훈훈하고 뭔가 얻어진 것 같은 생각이 든다. 만약 부처님께서 우리의 머리를 만져주고 손을 잡아주신다면 아무 말씀하지 않고도 전달되는 것이 있을 것이다. 어른들이 자녀들을 위하여 좋은 말을 해주는 것도 교육에는 무척 큰 효과가 있다. 아울러 복을 짓는 일이기도 하다.

경전에도 '생각이 달라지면 몸도 달라진다.'고 하였다. 복을 짓고 안

짓고에 따라 모습이 다르게 변화하기 때문이다.

옛날 직지사에 명신이라는 스님이 계셨다. 손자 상좌를 하나 두셨는데 얼굴이 못생겼다. 스님의 시봉을 들던 어느 날 속가에 다녀오겠다는 것이다. 며칠 다녀오게 하였는데 떠나는 길에 장마가 지는 통에 고생이 심하였다.

절에서 어른들께 '복 지으면 좋다. 죽어가는 물건 살리면 복이 된다.'는 말을 들은 터이라 왕개미 수천마리가 뭉쳐서 물에 떠내려가는 모습을 보고는 그저 기쁜 마음으로 건져서 언덕에 올려주고 집에 다녀왔다.

절에 돌아와 큰스님께 인사를 드리니 큰 스님이 대번에 하는 말씀이 "네놈이 어디에서 복이 붙어왔구나"하시며 집에 가서 어떤 훌륭한 일을 하였는가를 물으니 하나도 없다는 것이었다. 오가는 길목에서의 일을 자세히 들어보니 왕개미 떼를 살린 이야기가 나온다.

이와 같이 세상에는 복 지을 일이 지천이다. 사실 따져보면 사람이 제 몸 아끼는 것이나 벌레가 자신의 몸을 아끼는 것은 똑같은 것이다. 벌레 한 마리 잡아 죽이는 것도 사람을 죽이는 것과 같은 벌이라고 한다.

불교는 생명을 존중하는 종교이다. 중생을 모두 아끼고 돌보라고 일렀다. 일체 생명은 똑같이 한군데의 생명체에서 시작되므로 더하고 덜한 것은 없다.

경 이때에 저 선인이 선재에게 고하여 말씀하셨다.

선남자여, 아까 지난 것이 생각나느냐?

선재가 말하되,

오직 이는 성자의 선지식의 힘으로 된 것이옵니다.

선인이 말씀하셨다.

선남자여, 나는 오직 이 보살의 무승당해탈을 알 뿐이거니와 저 모든 보살마하살들이 일체 수승한 삼매를 성취하여 저 일체 때에 자재를 얻는 그런 대목이라든지, 부처님의 지혜등잔을 지니고 자기 몸을 장엄하여 널리 세간을 비춰주는 대목이라든지, 한 생각 속에서 널리 삼세의 경계에 들어가며 몸을 나투어서 두루 시방국토에 다 나가며~

강의 생명의 본체를 깨달으면 몸을 수천 개 나투어 마음대로 행할 수도 있다. 마치 TV를 각 방마다 틀어놓으면 같은 사람이 방마다 보이는 것처럼 깨달으면 그러한 능력이 되는 것이다.

경 지혜의 몸뚱이가 널리 일체 법계에 들어가서 중생의 마음 낱낱을 따라 낱낱이 그 앞에 나타나며 그 근기의 행하는 것을 낱낱이 관찰하여 모두 하나도 남김없이 이익을 입히는 법이며, 또 조촐한 광명이 심히 애락(愛樂)한 것을 비추어주는 그런 법문이야 내가 어떻게 그 공덕행을 알기나 하며 능히 설할 수가 있겠느냐.

또 저 수승한 원과 저 장엄찰과 저 모든 지혜경계와 모든 삼매의 서원과 저 신통변화와 저 해탈 유희와 전 신상의 차별과 저 음성청정과 저 지혜광명, 그런 것을 나는 가르쳐 줄 수가 없느니라.

선남자여, 이 곳에서 저 남방으로 가면 한 마을이 있으니 이름이 이사나(伊沙那)이고, 그 곳에는 바라문이 한사람 있는데 이름은 승열(勝熱)이니 네가 거기에 나가서 묻되 보살이 어떻게 보살행을 배우며, 어떻게 보살도를 닦느냐고 물어볼지니라.

이 때에 선재동자가 즐거운 생각으로 뛰면서 그 발에 예배를 드리고 무수잡을 돌며 은근히 첨앙(瞻仰)하면서 사퇴하고 남으로 향하여 갔느니라.~

강의 이제 선재동자가 떠나는 곳은 이사나라는 마을이다. 반듯한 곳이라는 뜻으로 한문에는 장직(長直)이라고 되어 있다. 길고 쪽 곧은 마을인 것 같다.

승열바라문을 만나보라고 하였다. 승열은 아주 뜨거운 것으로 불을 피워놓고 죄 지은 이를 넣고 태운다.

신라시대에도 화형하는 방법이 많았다. 태종 무열왕의 이야기이다. 김춘추가 왕위에 등극하기 전 김유신과는 막역한 사이였다. 김유신에게는 보희와 문희라고 하는 여동생이 둘 있었다.

하루는 보희가 꿈을 꾸는데 남산에 올라가 소피를 보니 사태가 나서 경주 장안을 쓸어버렸다. 깨어 생각하니 부끄러울 따름이었다. 동생 문희에게 자초지종을 들려주자 문희는 대뜸 꿈을 팔라고 하였고 보희도 선뜻 꿈을 팔았다.

하루는 김유신과 김춘추가 화랑들과 함께 우리식 축구를 하다가 김유신이 춘추의 옷고름을 고의로 밟아 떨어지게 만들더니 미안하다면서 집으로 데리고 왔다. 큰 여동생을 불러 옷고름 좀 달아드리라고 하니 부끄러워 나오질 못하고 있었다. 이 때 문희가 달려 나와 섬섬옥수로 옷고름을 달아주었다. 문희의 영리하고 손맵시가 좋은 것에 반한 김춘추는 자주 김유신의 집에 드나들었고 남모르는 사이에 둘은 사랑을 나누었다.

어느 날 선덕여왕이 남산에 출행하였다. 조정의 대신·공신들이 함께 따라갔는데 이날 김유신은 불참한 채 수십 짐의 나무로 불을 때고 있었다. 당시에 처녀가 아이를 가지면 양반집에서는 화형을 하였다. 여왕이 남산에서 장안을 바라보니 어느 한 집에서 연기가 무럭무럭 나고 있었다. 이유를 묻자 공신들이 김유신의 동생 문희가 아이를 가졌다고 전했다.

선덕여왕은 일행을 둘러보며 누구의 짓인가를 야단치자 춘추의 얼굴이 새파래졌다. 이를 본 선덕여왕이 "죽기 전에 네가 가서 구해라. 어명이다"

그리하여 혼인을 하였고 후에 왕후가 되었다. 김유신도 아마 불만 때고 죽이는 척 했던 모양이다.

무문 혜개선사가 쓴 『무문관(無門關)』이라는 책 서문에 보면 '참선을 하려거든 모름지기 실다이 참선을 하고, 깨달으려거든 모름지기 실다이 깨달아야 한다(參禪實參 妙悟實悟).'고 하였다. 믿으려면 진실 되게 믿는 자세가 필요한 것이다.

서울 도봉산 천축사에는 '무문관'이라는 선방이 있다. 문 없는 집이 아니라, 송나라 혜개선사가 무(無)자 화두로서 깨친 연후에 무자 화두를 위시해 마흔 여덟 가지 화두에 해석을 붙인 『무문관』이란 서적의 이름을 딴 것으로서, 무자 화두를 통해 깨달음을 추구한다는 의미에서 붙여진 이름이다.

책 『무문관』 서문에는 또 이런 대목도 있다.

參禪須透祖師關 妙悟要窮心路絶 若祖關不透
心路不絶則 使 是依草附末精靈
'참선을 하려면 모름지기 조사의 관을 뚫어야 하고, 묘하게 깨달으려면 마음의 길이 끊어져야 한다. 만약 조사의 관을 뚫지 못하고 마음의 길이 끊어지지 않으면 문득 나무에 붙고 풀에 붙는 정령이 된다.'

이를 아뢰야식이라고 하는데 아뢰야식이 사람에게 붙으면 사람이 되고 벌레에 붙으면 벌레가 된다. 집착하는 마음, 깨닫지 못한 마음을 '식(識)'이라고 한다.

집착하는 마음이 내 몸에 붙으면 아집이고 물건에 집착하면 법집이라고 한다. 집착을 끊지 못하면 이 몸은 비록 죽어 썩더라도 집착이 남아 다른 곳으로 옮겨 붙는다.

가령, 음식점에서 문을 열지 않고 오후에 낮잠을 한숨 잤다고 하자. 다음날 문을 열었는데 손님도 없으면 또 자고 싶은 생각이 든다. 바로 그 시간에 말이다. 이는 인(因)이 생기기 때문이다.

남녀 간에 서로 사랑하다가 여건이 어려워 나무에 목을 매고 죽은 경우가 있다. 예를 들어 날씨가 습하고 비가 뿌릴 듯한 때에 목을 맸다면 몸뚱이는 비록 죽지만 그 식이 나뭇가지에 붙는다. 평상시에는 괜찮지만 그날의 날씨와 흡사한 때에 그 자리에 가면 작용하는 파동에 의해 나무에 붙어있던 식이 사람에게 옮겨 붙어 그 사람도 목을 매게 된다. 누군가 물에 빠진 그 자리에서 사고가 자꾸 나는 것이 그러한 이유이다.

인간에게 몸뚱이를 떠난 영혼을 귀신이라고 한다. 이 육신은 필경 나고 죽는 습관으로 모여진 것일 뿐 우주 법계성의 진여 자리라고 할 수가 없다. 때때로 우리들은 이 몸뚱이 속에 들어있는 기운과 우리 본래의 우주를 관통하는 기운과 혼동하고 있다. 이 식심을 툭 깨치고 견성을 하여야 한다. 불현듯 깨치지 않는다고 하여도 자꾸 기도하고 공부하면서 식심을 맑게 만들어야 한다.

앞에서 보희의 꿈 이야기가 나왔지만, 착하고 성실하게 사는 사람일수록 꿈도 한결 맑다.

부처님께서 깨달으신 이치는 우주의 법칙과 한덩이가 되어 자타가 없는 대자대비의 마음이지만 우리는 남을 좋아해도 편애를 한다. 치우쳐 사랑하는 것은 완전한 사랑이 아니다. 기도로써 마음을 맑히는 노력을 기울여야 하겠다.

기도를 열심히 한 이로 조선 태조 이성계를 꼽을 수 있다. 그는 임금이 되기 전에 산천을 다니며 기도를 하였다. 하루는 안변의 어느 지방을 다니다가 꿈을 꾸었는데, 집이 썩어가는 초가에서 잠을 자던 중 서까래 세 개를 등에 지고 나왔다. 그러자 만발해 있던 꽃이 동시에 떨어지고, 경대의 거울이 뚝 떨어지고, 몇 천집의 닭이 동시에 꼬끼오 울고, 수십 집에서 달밤에 다듬이질을 하는 꿈이었다.

깨고 나니 흉몽인지 길몽인지 판단이 서지 않아 그 동네에서 용하다는 점쟁이 집에 찾아갔다. 점쟁이의 말이 그토록 큰 꿈은 해몽을 못하며, 한 십리를 가면 설봉산에 공부하는 스님이 있으니 그 분을 만나라고 하였다.

설봉산의 스님을 찾아가니 훌륭한 옷차림의 사람이 먼저 점을 보고 있었다. 그이가 물을 문(問)자를 짚자 스님이 "문 앞에 입이 있으니 걸인의 상이라. 얻어먹는 사람이니 팔자는 바꿀 수 없다"는 것이었다.

다음에 이성계의 차례였다. 자기도 시험해보려고 물을 문자를 짚었다. 그러자 "오른 쪽도 임금이요, 왼쪽도 임금이니 임금이 될 상이라"는 것이었다.

어째서 앞 사람과 해석이 다른가하고 물어보니 글씨를 짚는 사람의 기상이 다름을 보고 안다는 대답이었다. 그때서야 꿈 이야기를 하였다.

헌집은 쓰러져가는 고려의 형세이며 서까래 셋을 등에 지었으니 임금 왕(王)자이고 꽃이 떨어지니 능히 열매를 맺고 거울이 깨지니 큰 소리가 한번 나며, 꼬끼오를 한문으로 쓰면 고귀위(高貴位)이며 천집이 임금이 될 기상에 응해주는 소리라며 임금 될 분 절 받으라고 하고는 스님이 일어나 절을 하는 것이었다.

"후일 그대가 임금이 되면 이 토굴자리에 절 하나를 지어 달라. 또 임금이 되기 전에 길주의 광덕사에 가라. 그곳은 지금 폐사 직전인데 그곳의 5백 나한들의 법당을 지어드리고 5백일기도를 올려라. 원산만으로 배를 대고 한 분씩 등에 업고 이곳으로 모셔오며 기도 올려라."

그리하여 이성계는 5백일기도를 드렸다. 일설에 의하면 5백 나한 가운데 한 분이 화가 나서 묘향산으로 달아났다고 한다. 모셔놓기만 하면 달아나서 아직도 흙으로 빚은 등상불 한 분이 없다고 전한다. 마지막엔 두 분을 업고 왔더니 한분이 심통이 났다고 한다.

설봉산의 그 스님은 조선조 국사가 된 무학대사(無學大師)이다. 그 곳 터에 세운 절이 석왕사(釋王寺)이다. 왕이 될 것을 해석하였다고 하여 석왕사라 이름 하였던 것이다.

법성을 깨치면 아집이 없어 보고 듣고 행하는 모든 바가 두루 통하나, 그렇지 못한 우리들은 막혀있는 생각 때문에 자기의 주관대로 판단한다.

별 문제 아닌 것을 가지고 부부간에 서로 언짢아한다거나 친구사이에 멀어지는 것 등이 바로 그것이다. 말 한 마디조차 복되게 하여야 한다.

『채근담』에 이르기를 '성품이 조급하고 마음이 급하면, 해 놓은 일도 성취가 되지 않는다(性躁心粗 一事不成).'고 하였다. 예를 들면 공들여 집을 멋지게 지어도 불이 나면 없어지듯이 평소에 착하게 살던 것도 나쁜 일을 저지르면 불난 뒤와 같아진다는 것이다.

'마음이 화합하고 기운이 평평해야 만복이 낮은 골짜기에 물고이듯 모인다(心和氣平 百福自集).'고 하였다. 느긋하게 사는 태도가 필요한 것이다. 집착이 생기기 시작하면 자신 뿐 아니라 주변의 사람들에게도 좋지 않은 영향을 끼친다.

세조는 어린 조카 단종을 내몰고 등극하였다. 세조의 주위에는 세조를 옹호하여 녹을 받으려는 인물들이 줄을 이루고, 또 한편에서는 어린 임금을 복위시켜 행세하려는 이들로 들끓고 있었다. 단종을 옹위코자 하는 신하들의 세력이 커지는 것을 막기 위해 세조는 그 주변 인물들을 제거하였다. 한번은 왕방현이라는 이에게 사약을 내렸는데 그의 형수가 단종의 어머니 권 씨였다. 한날 밤 꿈에 권 씨가 세조에게 달려들더니 "네 조카가 무엇을 잘못했기에 왕위를 뺏고 죽이더니 주변 사람들마저 죽이느냐"면서 세조에게 침을 뱉었다.

그리고는 내 자식을 네가 죽였으니 오늘은 내가 너의 자식을 가만두지 않겠다며 동궁으로 달려가 세조의 맏아들을 죽였다.

사람은 몹시 화가 나면 입가에 거품이 오른다. 독한 기운이 들어있는 것이다. 이런 독기 있는 침이 세조의 얼굴에 묻은 탓인지 그 후로부터 세조는 문둥병을 앓기 시작하였다.

세조는 서북의 호랑이로 불리던 김종서 등의 뛰어난 신하들을 죽이는 것조차 서슴지 않았다. 이를 보다 못한 딸이 세조에게 충언을 하였으나 세조는 그것마저 노여워하는 것이었다. 계속되는 딸의 충언에 세조는 딸마저 죽이려 하였다. 그래서 딸은 궁중의 나인을 데리고 피난을 떠났다. 충청도 보은까지 내려와 석양길을 걸어가고 있었다. 귀족 같은 이가 봇짐을 메고 산길로 접어들기에 따라가 어디에 사느냐고 물어보았다. 그는 집도 절도 없다며 하루 밤만 재워달라고 부탁하여 움막에 들어가 며칠을 쉬었다. 그사이 외로운 남녀가 서로 좋아하게 되었는데 알고 보니 그 남자는 김종서의 아들이었던 것이다. 원수 간의 사랑이었다.

둘은 패물을 팔아 논·밭을 사서 아이도 낳고 열심히 살았다.

이 때 문둥병이 든 세조가 속리산의 복천암으로 기도하러 간다고 하였다. 공주는 네댓 살 먹은 아이에게 큰 가마가 지나가면 할아버지를 부르라고 이르고 길에 내보냈다.

행차길에 갑자기 꼬마가 뛰어들며 할아버지를 부르자 일행은 길을 멈추고 그 사연을 알아보았다. 만나보니 자신의 딸인지라 눈물을 흘리며 상봉하였다.

세조는 복천암에 올라 지극정성으로 기도하였으나 고치지 못해 금강산으로 길을 떠났다. 한 고갯길에서 바라보니 금강산의 1만2천봉의 장관이 펼쳐져 보이는데, 세조가 갑자기 머리 깎고 중이 되고 싶다고 말하였다. 신하들의 반대로 인해 머리 깎는 시늉만으로 백회를 치기만 하였다. 그래서 세조가 백회를 쳐 머리를 조금 잘랐다는 의미에서 지금까지 단발령이라고 부른다.

그러나 금강산에서도 병은 낫지 않았다. 오대산으로 옮겨가 상원사에서 지극정성으로 기도를 하며 요양하였다. 하루는 기도를 하고 있는데 고양이가 오더니 소매를 자꾸 잡아당겼다. 이상하다 싶어 탁자 밑을 보니 역적들이 칼을 들고 숨어 있었다. 고양이가 세조의 목숨을 구해준 것이었다.

어느 날 그곳 계곡에서 혼자 목욕을 하고 있는데 조그마한 동자가 와서 세조의 등을 밀어주었다. 시원하게 씻은 세조가 동자에게 "어디 가서 대왕의 옥체에 손을 댔다고 소문내지 말라"고 이르자 동자는 방굿 웃으며 "대왕께서는 문수보살을 친견했다는 소리를 하지 마십시오."라며 사라져 버렸다.

그 때부터 상처가 아물기 시작하여 세조의 병은 씻은 듯이 나았고 그 고마움에 답하기 위해 문수동자 상을 조성하였으며 지금도 상원사에는 문수보살 상이 모셔져 있다. 그리고 상원사에 수많은 토지를 하사하였다.

권 씨의 침이 세조에게 문둥병을 주었듯이 독한 뜻, 독한 행동이 실제 피해를 줄 수가 있다.

앞서서 승열바라문의 이야기가 나왔다. 바라문은 인도에서 도 닦는 이들이다. 비목선인이 동진주라면 승열바라문은 왕자주이다.

10) 이사나의 승열 바라문

경 저 때에 선재동자가 보살의 무승당해탈을 비친 바가 되는 연고로 모든 부처님의 불사의 신력에 주하게 되며, 보살의 부사의 한 해탈신통지에 증득하게 되며, 일체 때의 삼매를 닦는 지혜광명을 얻게 되며~

강의 우리 중생들은 생각에 의지하여 성취하며, 몸뚱이도 생각에 의지하며 버티어 준다. 눈(雪)과 얼음(氷)은 찬 기운에 의지하듯이 우리의 일체 행은 곧 생각을 바탕으로 존재하는 것이다.

경 일체 세간의 수승한 지혜광명을 얻어서 저 일체 처에 다 그 몸을 나투어서 구경의 지혜로 둘도 없고 분별도 없는 평등법을 설하게 되며, 밝고 조촐한 지혜로 널리 경계를 비추어서 한번 듣는바 법을 하나도 놓침 없이 다 인수해 가지며, 청정한 신해로 저 법자성에 분명하게 알게 되며 마음에 모든 보살들의 묘행을 버리지 아니하게 되며 일체 지혜를 구하여~

강의 선재동자는 수승한 기운 속에 먼저 선지식으로부터 배운 것을 새기며 길을 가고 있다.

경 이렇게 선지식을 마음속으로 그려가며 점차로 유행을 하여 이사나 취락에 들어가서 저 승열바라문을 바라보니 모든 고행을 닦아서 일체 지혜를 얻었더라.
 사면에 불덩이가 오히려 큰 산과 같은데 그 가운데 도산(刀山)이 하나 있어 높이가 한량없는지라 그 산꼭대기에 올라 몸을 불구덩이에 던지고~

강의 승열바라문은 가르침을 구하러 오는 이에게 불구덩이 속에 들어갔다 나오라고 한다. 불구덩이에 들어갈 생각을 가진 사람만이 법을 알아듣기 때문이다. 설산의 선인이 나찰에게 몸을 바친 이야기처럼 깊은 신심이 있어야 법이 귀에 들어온다는 것이다. 큰스님들께서 법당에서 삼천 배를 올리지 않으면 만나주지 않는 것도 같은 이유이다.

승열바라문은 뜨거운 불이다. 불은 무엇이든 녹이는 성질을 가졌다. 뜨거운 불이란 결국 지혜의 불이다. 지혜의 불은 번뇌망상도 녹인다. 즉 그 불 속에 들어만 가면 도가 성취되는 것이다.

도산(刀山) 이야기가 나온다. 지옥 가운데에 도산지옥이 있다. 산이 칼로 이루어져 있다고 한다. 풀과 나무, 꽃이 모두 칼로 되어 있다. 죄 지은 이를 산꼭대기에서 굴리면 밑까지 구르면서 칼에 찔리고 피가 나고 그 고통은 이루 말할 수 없다.

거짓말을 많이 하는 사람은 발설지옥에 간다고 한다. 혀가 빠지는 곳이다. 독한 말, 거짓말을 많이 하는 이는 죽은 뒤 이 지옥 속에 빠진다. 그리고 혀가 자꾸 커져서 태평양처럼 길고 넓어진다고 한다. 그러면 농부가 와서 농기구를 대고 논밭을 갈 듯이 혀를 갈아 일군다고 하니 얼마나 고통스럽겠는가. 여기서의 도산은 이 지옥과는 다르다.

경 이 때에 선재동자가 앞으로 나가서 그 발에 예배를 드리고 합장을 하고 서서 이와 같이 말하였다.

성자시여, 내가 이미 아뇩다라삼먁삼보리심을 발하기는 하였지만 보살이 어떻게 보살행을 배우며, 보살이 어떻게 보살도를 닦게 되나이까. 내가 듣자오니 성자께서는 사람을 잘 가르친다고 하니, 원하옵건대 나를 위하여 설해주옵소서.

이 때에 승열바라문이 입을 열어 말씀하셨다.

선남자여 네가 이제 만약 저 도산 위에 올라가 몸을 이 불구덩이에 던지면 모든 보살의 행이 다 저절로 이루어지느니라.~

강의 우리가 지은 신, 구, 의 삼업이 낱낱이 티끌 속에 들어있어 후일 우리가 죽은 뒤 염라국에 가면 죄가 비치는 거울 앞에 서게 된다고 한다. 저울이 있어 그간 죄를 무게로 달기도 한다.

우리 중생의 한마디 소리와 행동까지 진진찰찰의 낱낱분자에 가서 녹음이 되고 사진 찍힌다. 음파, 광파가 모두 파동을 쳐, 내가 믿다는 생각을 한다거나 벌레가 하는 일이나 모두 낱낱에 관하여 하는 것이 곧 『화엄경』의 도리이다.

천태 지의선사가 법화삼매에 드니까 영산회상에서 부처님이 옛 모습 그대로 설법을 계속하였다고 한다. 우리들도 눈이 뜨이면 옛날 것도 다 보이고, 미래의 것도 다 바라볼 수가 있다. 이처럼의 경지가 되려면 다라니를 공부해야 한다.

다라니에는 티끌 하나라도 그 속에 시간과 공간의 어떠한 것이든 모두 비쳐 보일 수 있다. 이를 사사무애(四事無碍) 즉, 걸림이 없는 경지라고 한다.

이 세상의 사물에는 작은 티끌조차 삼세제불의 과거·현재·미래 만상이 다 들어 있으며 일체 중생의 하는 바가 다 들어있고, 일체 기세간에서 모든 것이 하는 일이 다 반영되어 있다고 하여 사사무애라고 한다.

트인 사람은 티끌 하나를 보아도 일체를 다 안다. 그런데 왜 우리는 알 수 없는가. 그건 욕심 때문이다. 욕심으로 인해 본디 맑고 밝은 마음자리가 바뀌고 만 것이다.

옛날 중국에는 사람이 죽어 묻힐 때 그 사람이 평소 소중히 여긴 물건과 노비, 첩을 함께 묻는 풍습이 있었다. 이를 순장(殉葬)이라고 하는데, 귀한 목숨들을 재물과 함께 묻고 말았던 것이다. 죽으면서까지 허황되게 욕심을 냈기 때문에 무고한 사람들이 생매장되었다.

중국의 진나라 때 '위무부'라는 이가 있었는데 그는 일흔이 넘은 나이에 갓 스물 안팎의 처녀에게 새장가를 갔다. 그에게는 '과' 라는 아들이 있었는데, 아들에게 내 죽으면 네 젊은 어머니의 청춘이 불쌍하니 좋은 자리를 보아 시집 보내달라고 이르곤 하였다.

그런데 어느 날 부터인가 병석에 누운 뒤로부터는 죽은 다음에도 함께 살고 싶다는 욕심으로 아들에게 순장을 해달라고 하였다. 후에 위무부는 죽었다. 아들이 곰곰이 생각해 보니 옳게 행동하고 싶었다.

죽을 때 순장해달라는 유언에도 불구하고 장사를 마친 뒤 적당한 인물을 구해 시집을 보내주었다. 이웃에서는 모두 부모의 유언을 따르지 않은 불효막심한 자식이라고 손가락질을 하였다. 위과의 말인즉 "생전의 아버지는 정신이 맑을 때에 시집보내라 하셨습니다. 정신이 없을 때에 순장하라 하신 말씀을 따를 수는 없습니다."

몇 해 후에 전쟁이 났을 때 위과는 장수가 되어 전쟁에 임하게 되었다. 그러나 워낙 상대가 큰 세력이어서 걱정근심 속에 지내고 있었다.

하루는 적진에서 이쪽을 향해 추격하고 있는데 머리가 하얗게 쉰 노인이 초원의 풀을 잡아 묶으며 다니는 것이었다. 말을 타고 달려오던 적군은, 모두 묶인 풀에 말발굽이 걸려 넘어지고 말았고, 이쪽 편이 승리를 거두었다.

그날 밤, 머리가 하얀 노인이 나타나기에 누구인가를 물으니, 시집

가버린 어머니의 아버지라고 하였다. 아버지의 유언을 옳게 지켜주어 내 딸을 구해주었으니 이 은혜를 어떻게 갚을까 하고 고민하던 중에 이번 기회에 도와줄 수 있었다고 말하는 것이었다. 이것을 결초보은(結草報恩)이라고 한다.

옛날에 어떤 두 사람이 각기 염소를 한 마리씩 길렀다. 어느 날 둘은 염소를 각기 잃고 말았는데 그 이유는 한 사람은 책에 열중하다가 잃었으며 또 한사람은 장기에 열중하다가 잃고 말았다. 공부를 하거나 놀았다는 것이 차이가 있을지 모르나 잃어버렸다는 사실에서는 두 사람 모두 차이가 없다.

염소를 잃었는데 글을 읽은 것은 좋고 장기를 둔 것은 나쁘다고 할 수가 없는 것이다. 즉 본대의 자기 성품을 잃고 살아가는 것은 마찬가지라는 이야기이다.

중국에 백이와 숙제라는 이가 있다. 이 둘은 제후국시절에 임금의 맏아들과 막내아들이었다. 원래대로 라면 맏아들인 백이가 대를 이어야 했으나 임금은 어질고 덕이 많은 막내아들에게 왕위를 전하겠노라고 하였다.

임금이 승하하자 막내는 백이에게 맏아들이 서서 용상에 오르라하였고, 맏아들은 숙제에게 아버지 유언을 따르라고 하였다. 서로 양보를 거듭하다가 함께 그 나라를 떠났다.

그러나 우리의 주변에는 백이와 숙제 같이 우애있는 형제의 모습을 흔히 보기가 어려워진 것 같다. 부모가 죽은 뒤에 재산 갖고 싸우는 경우가 허다하다.

두 형제가 있었다. 하루는 아버지가 신기한 절구를 얻어왔다. 절구질을 하면서 돈 나오라고 하면 돈이 나오고, 쌀 나오라고 하면 쌀이 나오는 절구였다. 후일 아버지가 돌아가셨다. 형제는 절구를 놓고 서로 싸움을 벌였다. 마침내 산에서 절구를 굴려서 동쪽으로 내려오면 형의 것이고 서쪽으로 내려오면 동생이 갖기로 정했다.

산꼭대기에서 절구를 굴렸다. 굴러 내려오던 절구가 갑자기 움푹 패인 구덩이 속으로 들어갔다. 산이 절구를 먹어버린 것이다.

바닷가에 사는 어떤 이가 여의주를 얻었다. 원하는 바는 무엇이든 얻을 수 있는 구슬이었다. 이 사람이 죽은 뒤 두 자녀가 서로 양보하다가, 바다에서 주운 것이니 다시 바다에 갖다 두자며 함께 바다로 나갔다. 그곳에는 또 하나의 여의주가 기다리고 있었다고 한다.

이처럼 욕심을 버리면 복을 얻는다. 내 생명이 따로 있다고 하는 집착을 버리면 우주 전체의 생명을 만나게 된다. 우주가 자기의 것이 될 때를 지혜, 보리(菩提)라고 한다.

우주 전체의 법성인 생명은 하나인 줄 모르고 내가 따로 있다고 생각하는 것을 식(識)이라고 한다. 이 식 때문에 안으로는 육근이 생기고 밖으로는 육진이 생겨서 아련히 18계가 벌어지게 된 것이다. 흐르는 우리의 무명망념을 어떻게 없앨 것인가. 깨치지 못한 우리가 어떻게 깨달을 것인가. 이는 흐르는 생각을 막는 일부터 시작하여야 한다. 흐르는 생각은 모든 물건 앞에서 중단된다. 아는 경계를 따라 흐르기 때문이다.

'어떻게 하면 부처가 됩니까?'

'뜰 앞의 잣나무이니라.'

알지 못함으로 인해 흐르지 못하면 쌓이고 쌓이는 것이 어느 날 갑자기 확 트인다. 화두란 흘러가는 생각을 멈춰 깨달음을 추구하는 수단인 것이다.

진언(眞言) 속에도 깨달음이 들어 있어서 꾸준히 외면 좋은데도 그다지 열심히 하지 않는 것 같다.

탐심을 제하는 또 다른 방법은 육바라밀의 실천이다. 첫째, 보시를 하라는 것이다. 정당하게 땀 흘려 돈을 벌고, 올바르게 보시 하는 것이 탐심을 지우는 일이다. 노력 않고 버는 재산은 오래 가지 않으며 자신의 욕심을 부추기는 일에 지나지 않는다.

중국의 문인 두보의 시 가운데 이런 문구가 있다.

不貪夜識金銀氣
탐심을 털어내니 한밤중에 금은의 기운이 보이고,
遠害朝看麋鹿游
해로운 생각을 멀리하니 아침에 사슴이 뜰에 와 노니네.

마음속에서 일체의 탐심을 털어내 버리면 산속에 금은이 들어 있는 것을 환하게 볼 수 있고, 생명을 해롭게 하려는 생각을 멀리하면 만물이 훤히 보이고 서로 동화되는 것이다.

금강석 자체에는 타는 성질이 없기 때문에 불에 넣어도 타지 않는 것과 같이, 내 속에 남을 해하거나 욕심을 내려는 생각이 없다면 일체의 흔들림이 없는 것이다.

　『화엄경』의 도리가 이처럼 법계성을 다루고 있다. 공부를 해나가는 것도 이와 같아서 섣부른 욕심내지 않고 차근차근 부지런히 닦아 힘써야 할 것이다.

법성계 의상스님

法性圓融無二相 [법성원융무이상] :
법성은 원융하여 이상이 없어서

諸法不動本來寂 [제법부동본래적] :
제법이 부동하여 본래 적적함이로다.

無名無相絶一切 [무명무상절일체] :
명도 없고 상도 없어서 일체가 끊어졌으니

證智所知非餘境 [증지소지비여경] :
증지로 알 바이고 여유 있는 곳이 아니로다

眞性甚深極微妙 [진성심심극미묘] :
진성은 심히 깊고 극히 작고 미묘하여

不守自性隨緣成 [부수자성수연성] :
자성을 지키지 않고 연을 따라 성립함이로다.

一中一切多中一 [일중일체다중일] :
하나 속에 모든 것이 있고 모든 것 속에 하나가 있으며

一卽一切多卽一 [일즉일체다즉일] :
하나 그대로 모든 것이며 모든 것 그대로 하나다

一微塵中含十方 [일미진중함시방] :
한 티끌 속에 시방을 머금고

一切塵中亦如是 [일체진중역여시] :
모든 티끌마다 또한 그러해

無量遠劫卽一念 [무량원겁즉일념] :
한량없이 먼 시간이 한 생각이요

一念卽是無量劫 [일념즉시무량겁] :
한 생각이 한량없는 시간이며

九世十世互相卽 [구세십세호상즉] :
구세와 십세가 서로 가깝지만

仍不雜亂隔別成 [잉불잡란격별성] :
뒤섞이지 않고 제 모습을 이루네

初發心時便正覺 [초발심시변정각] :
처음 발심할 때가 바른 깨달음이며

生死涅槃常共和 [생사열반상공화] :
생사와 열반은 항상 서로 어울림이로다.

理事冥然無分別 [이사명연무분별] :
이와 사가 명연하여 분별없으니

十佛普賢大人境 [십불보현대인경] :
이것은 십불과 보현의 대인의 경계로다

能人海印三昧中 [능인해인삼매중] :
부처님께서 해인삼매 가운데서

繁出如意不思議 [번출여의부사의] :
여의와 부사의함을 나타냄이고

雨寶益生滿虛空 [우보익생만허공] :
보배비가 내려 중생을 이익케하여 허공에 가득하니

衆生隨器得利益 [중생수기득이익] :
중생들은 그릇 따라 이익을 얻음이로다.

是故行者還本際 [시고행자환본제] :
이런 연고로 행자가 본제에 환원함에

叵息妄想必不得 [파식망상필부득] :
종전의 망상이 반드시 다시 일어나지 않는다.

無緣善巧捉如意 [무연선교착여의] :
분별을 떠난 방편으로 뜻대로 여의보배를 잡아

歸家隨分得資量 [귀가수분득자량] :
집(불성)에 돌아가 분에 따라 자량을 얻네

以陀羅尼無盡寶 [이다라니무진보] :
다라니(연기실상)의 무진보를 가지고

莊嚴法界實寶殿 [장엄법계실보전] :
법계의 참된 보배궁전을 장엄함이로다.

窮坐實際中道床 [궁좌실제중도상] :
마침내 실제의 중도 자리에 앉으니

舊來不動名爲佛 [구래부동명위불] :
예부터 움직이지 않아 부처라 이름하네.

관응스님의 입법계품 강의
깨어나는 삶, 화엄의 길

2025년 12월 5일   초판 1쇄 발행

지은이	관응문도회
펴낸이	이규만
디자인	B&D
펴낸곳	불교시대사

출판등록	1991년 3월 20일 제 300-1991-27호
주소	(우)03149 서울시 종로구 인사동 7길 12 백상빌딩 1305호
전화	02 · 730 · 2500
팩스	02 · 723 · 5961
이메일	kyoon1003@hanmail.net

ISBN 978-89-8002-187-1   03220

※ 잘못된 책은 교환해 드립니다.
※ 이 책은 저작권법에 따라 보호받는 저작물이므로 무단전재와 무단복제를 금지하며,
   이 책 내용의 일부를 이용할 때도 반드시 지은이와 출판사의 서면 동의를 받아야 합니다.
※ 이 책의 수익금 1%는 어린이를 위한 나눔의 기금으로 쓰입니다.